新编公共行政与公共管理学系列教材

组织管理的心理基础

The Psychological Foundations of Organizational Management

景怀斌 /著

U0823931

北京大学出版社
PEKING UNIVERSITY PRESS

图书在版编目(CIP)数据

组织管理的心理基础/景怀斌著. —北京:北京大学出版社,2015.4
(新编公共行政与公共管理学系列教材)
ISBN 978-7-301-25700-5

Ⅰ. ①组… Ⅱ. ①景… Ⅲ. ①组织管理学—管理心理学—高等学校—教材
Ⅳ. ①C936

中国版本图书馆 CIP 数据核字(2015)第 078618 号

书　　名　组织管理的心理基础
著作责任者　景怀斌　著
责任编辑　武　岳
标准书号　ISBN 978-7-301-25700-5
出版发行　北京大学出版社
地　　址　北京市海淀区成府路 205 号　100871
网　　址　http://www.pup.cn
电子信箱　ss@pup.pku.edu.cn
新浪微博　@北京大学出版社
电　　话　邮购部 62752015　发行部 62750672　编辑部 62753121
印 刷 者　北京大学印刷厂
经 销 者　新华书店
730 毫米×980 毫米　16 开本　19.5 印张　340 千字
2015 年 4 月第 1 版　2015 年 4 月第 1 次印刷
定　　价　40.00 元

前言

罗素在其名著《西方哲学史》序言中说,他写作的目的不是在已有的哲学史书籍中再多一本,而是从社会、政治生活的视野下分析哲学如何发展。他还说,就其对某一哲学家的知识掌握来看,不见得比专门研究这个哲学家思想的专家更多,但是,哲学史的脉络是需要在综合性的历史中才能处理的,单一领域的知识并非哲学史的唯一依据。

借用罗素的主张,本书的宗旨不是要在已有的众多《管理心理学》中多一本,而是尝试以"自己的方式"对管理心理机制进行综合性梳理。"自己的方式"主要体现在以下方面:

一是,本土视野及其内容。长期以来,管理心理学有突出的"以西判中"特征。这一取向可以说是历史的必然。但是,其负面后果也需要反思。大凡只要有人的存在,就必然有管理。历史的管理经验(思想)纵然不"科学",但起码是一个社会的管理经验或生活常识,而人类文明恰恰是在生活经验或常识中产生和推进的。如此看来,对于"管理"这一有突出文化属性,甚至本身亦为文化现象的人类活动,"以西判中"无论如何都不是唯一的知识阐述方式。故而,在如今时代,构建中国管理体系有三个缺一不可的资源——中国的历史传统、近现代整个中国社会转型的管理实践与经验、西方的实践与理论。它们的关系不应是后者替代前者,而是三者相互补充、升华的关系。

由此,"以中观西"就成为理解中国管理实践,提炼管理理论的选择之一。本书的安排逻辑即以中国文化为中心或基点,对近代以来的中西方管理心理思想进行比较性的宏观梳理:首先,在体系上,按照自己的学术理解逻辑进行。即从管理心理(学)的存在空间,文化和人性特征,到个体、群体、组织、领导过程的思路展开。其次,在内容上,补充中国传统的管理思想。中国传统的管理思想不是现代理论,但作为思想资源,是可以用现代心理学的思维方式总结、提炼的。如中国的伦理文化与德治管理模式,传统的人性理解与中国式职业精神,情感激励,庙算决策,中国式领导,等等。

二是,问题中心-心理层面的思维方式。现代社会科学源自近代自然"科学"。崇尚实证的科学研究带来科学的迅猛发展,是人类伟大进步的思维基础,但同时也应看到"科学"仅仅是人类认知世界的一个方式。按丹尼尔·贝尔的说法,人类生活是以文化意义为中心方式展开的。可见,全部的人类活动不适合纳入所谓的"科学"的单一模式中,把管理变成"狭义"的科学实在是削足适履。当人的整体性的"意义"转变为"心理变量关系",人丰富的生命存在感就消解为空洞的变量图式了。管理学日益为人诟病的"技术化""科学化"即此模式的后果。由此,超越单一学科的简单分析是值得尝试的思维方式。

本书试图回归管理的现实或常识层面。在管理现实中,问题从来不是单一学科,不是如管理学、组织行为学、组织学等可以单独解释的。这意味着,管理的问题不能以简单的某一学科知识框架进行,而应在跨越学科的"问题中心"定位上进行。

对管理心理学来说,"问题中心"的定位意味着管理问题思考的心理层次视野。如果说管理心理学是一门有短暂历史的学科知识框架,那么心理层面的分析则可以把古今中外的思想资源打通。因为,无论古今,还是中外,人的心理都是人的个体或社会活动的天然动因和必然伴随物。正如此,将本书命名为《组织管理的心理基础》更为恰切,而不是《管理心理学》。

三是,研究性教材。大学教材的首要任务固然是对一个学科重要领域及其理论成果的提纲挈领式介绍,但这不意味着它就可以忽略学术性。实际上,任何优秀的大学教师的授课从来都不是现实知识的简单传授,而是知识与知识创造方式的结合,这必然需要教师自己的学术体悟。

信息社会带来了知识传播方式的重大变化,互联网的信息易得性、多元性和扁平性对传统垄断性的教材(教学)方式进行了挑战,似乎教材和教学已不再必要。那么,互联网新条件下的教材该如何编写?作者认为,这要从互联网不能提供什么开始。互联网提供了信息,但不一定能提供研究者内在的学术思维方式;互联网提供了知识,但欠缺提供知识获得的逻辑;互联网提供了权威的知识讲授,但权威并非独断,知识具有多样性;互联网给出了答案,但不一定能提供知识的完整框架。由此,本书着力提供具有作者研究色彩的学术思考与结论、知识获得逻辑过程和管理心理的知识框架结构。

如今，在“学术 GDP”体制驱动下，编写教材，尤其是试图在体系和内容上试图有所突出的教材，确实是“吃力不讨好”的事情。况且，今人的研究领域分界十分清晰，“往日雄鹰般的宏观研究已为土拨鼠式的狭隘经营所取代”（丹尼尔·贝尔语）。“土拨鼠”经营的领地不是能够随便进入的，对于作者来说，某些内容板块并非十分熟知，因此，作者虽然在心力上尽力，但书稿未必“尽美”。这是作者的自我开脱，也是欢迎读者批评的“理由”——谨此以待方家指正。

作 者

2014 年 11 月 2 日

目　录

第一章　概论　/ 1

第一节　"心理"的概念　/ 3

第二节　"管理"与心理学　/ 8

第三节　管理心理学状况　/ 12

第四节　中国管理心理的挑战　/ 19

第五节　管理心理研究的原则　/ 23

第六节　本书的视野与框架　/ 25

第一编　理 论 基 础

第二章　管理的组织空间　/ 31

第一节　组织与组织空间　/ 32

第二节　组织设计　/ 36

第三节　组织生态　/ 43

第三章　文化与管理模式　/ 54

第一节　管理的文化性　/ 55

第二节　文化的衡量　/ 60

第三节　中国文化的心理机制　/ 67

第四节　美国文化的心理结构　/ 73

第五节　中美管理模式　/ 79

第四章　人性理解与管理方式　/ 84
第一节　人性认定与管理的关系　/ 85
第二节　儒家的性善论及其德治管理方式　/ 87
第三节　“经济人”及科学管理　/ 89
第四节　“社会人”及其参与管理　/ 91
第五节　“复杂人”及其权变管理　/ 94

第二编　个体心理与管理

第五章　个体心理结构与心理资源　/ 99
第一节　心理结构与心理机制　/ 100
第二节　心理资源及其管理　/ 104
第三节　心理资源管理的原则　/ 111

第六章　工作激励　/ 116
第一节　工作激励的含义与过程　/ 117
第二节　内容激励理论　/ 120
第三节　过程激励理论　/ 124
第四节　中国的情感激励思想　/ 128
第五节　激励的综合方法　/ 131

第七章　压力管理　/ 134
第一节　压力的含义与产生过程　/ 135
第二节　压 力 理 论　/ 142
第三节　压力的组织诊断　/ 145
第四节　压力的个人管理　/ 147
第五节　压力管理总体原理　/ 153

第三编　群体心理与管理

第八章　工作群体与团队　/ 157
第一节　群体的含义与分类　/ 158
第二节　群体影响机制　/ 161
第三节　团队　/ 163

第九章 沟通 / 171
第一节 沟通的含义与过程 / 172
第二节 沟通的心理理论 / 176
第三节 沟 通 管 理 / 180

第十章 冲突 / 186
第一节 冲突含义与过程 / 187
第二节 冲突管理理论 / 190
第三节 冲突管理原则与方式 / 194

第四编 组织心理与管理

第十一章 组织心理 / 201
第一节 组织行为形成机制 / 202
第二节 组织社会行为 / 206
第三节 组织个人行为 / 211

第十二章 危机管理 / 216
第一节 危机管理的含义与机制 / 217
第二节 危机形成机制 / 220
第三节 危机管理策略 / 223

第十三章 组织变革 / 230
第一节 组织变革与内容 / 231
第二节 组织变革理论 / 233
第三节 推动组织变革的原则与方式 / 237

第五编 领导有效性

第十四章 有效领导 / 245
第一节 领导与领导力 / 246
第二节 领导品质理论 / 255
第三节 领导方式理论 / 258
第四节 权变理论 / 261
第五节 领导实践与艺术 / 265

第十五章　决策　/ 274
第一节　决策的含义与视野　/ 275
第二节　决策理论　/ 276
第三节　提高决策水平的措施　/ 283
第十六章　管理心理的核心问题　/ 287
第一节　管理心理的基本特征　/ 287
第二节　管理心理研究　/ 291
第三节　管理者的自我管理　/ 293
主要参考文献　/ 296
后　记　/ 303

第一章 概 论

本章重点

一、心理实质及心理学发展基本状况
二、心理研究对管理学的作用
三、管理心理学的发展状况与趋势
四、中国管理心理学研究的挑战

1972年6月17日,以美国总统尼克松的共和党竞选班子成员J. M. 麦科德为首的5个人,在潜入华盛顿水门大厦民主党总部安装窃听器时被捕,这就是轰动一时的"水门事件",白宫和争取总统连任委员会都被卷入其中。1974年7月30日,众议院司法委员会根据收集到的证据,向众议院呈送三项弹劾条款,其中第一、二两条指控尼克松妨碍司法工作和滥用职权,得到了两党支持。尼克松8月8日发表辞职演说,翌日中午辞职生效。因为手下人员的非法活动,尼克松在赢得大选后,不得不辞职离开白宫。

水门事件无疑是政治事件,可以从多角度对其进行分析,从心理层面看,有这样几个"常识"被忽视了:

- 这个行动是G. 高登·利迪的主意。他负责总统竞选连任委员会(CRP)中的情报搜集工作,在委员会高层人员中素有"古怪"的名声,人们对他的可靠性和判断力一向存有疑问。
- 他的计划十分昂贵,要花掉25万美元。
- 3月底,利迪的提议在主任约翰·米切尔和他的助手麦格拉德和费雷德里克·拉如参加的会议上获得批准，此时正是尼克松当选前景最被看好的时候。爱德芒·马斯基，唯一被民意测验表明有可能与尼克松一决雌雄的总统候选人，在初选中表现极差。

- 这个破门计划风险很高，需要十个人参与且每个人都必须保守秘密。
- 他们打算破门而入并装上窃听器的地方是民主党全国委员会主席劳伦斯·奥布瑞恩的办公室，而实际上，这个办公室并没有什么足以对现任总统造成危害的资料。

尽管如此，这个由一个公认的判断力有问题的人提出来的花钱多、风险大、毫无意义且很有可能是灾难性的计划却得到了批准。

为什么像米切尔和麦格拉德这样的聪明人会作出如此蠢事呢？为什么这种事后看来不可能发生的事件最终竟然成为了现实？

答案也许可以从一个很少被人提到的事实中找到：这个被批准的耗资25万美元的计划并不是利迪提出来的第一个计划，在这个计划之前他还提出过两个计划。他的第一个计划是在两个月前与米切尔、麦格拉德和约翰·迪恩的一次碰头会上提出的，那个计划要耗资100万美元。除了到水门大厦安装窃听器外，还需要用一架有特别装备的联络追踪飞机以及一条用来讹诈民主党政客的载有“高级应召女郎”的游艇，此外还包括破门闯入行动的小分队。一周之后利迪又向这群人提出第二个计划，该计划删掉了原计划中的某些方案，把费用降低到50万美元。当这两个计划都被否定后，利迪才向米切尔、麦格拉德和弗雷德里克·拉如提出他的“精简”的25万美元计划。虽然这个计划还是很愚蠢，但似乎比以前的计划要好得多，因此获得了批准。

他们为什么会接受这个并不高明的方案？恐怕是因为拒绝-退让策略的心理效应。拒绝-退让策略是互惠原理和对比原理结合的产物。政客们在看过100万美元的天文数字之后，觉得25万美元似乎还可以接受。马格拉德事后的证词被认为是对批准利迪计划的那次关键性会议的最准确描述，他说，“没有谁对这个计划特别感兴趣”，但是，“在看过最初100万的天文数字之后，我们想25万也许还可以接受……我们不想让他空手而归”。事实上，与利迪最初的极端要求相比，25万美元好像变成了对他的“妥协”的一种“答谢”。利迪采用的办法正是经典的拒绝-退让策略。

拒绝-退让原理之所以常常能够立于不败之地，除了互惠原理之外，认知对比原理也在其中发生作用。人们在选取一些行为时，会先将这些行为与其他行为进行比较,然后选择其中他们认为划算的行为。①

由此看,尼克松政治大厦的崩溃是从心理互惠和认知对比下的错误决策引发的,微妙的心理因素对现实活动的作用竟如此巨大。

管理心理学正是要面对千千万万个类似心理的案例,对它们进行研究、总结,从而形成理论和学科。

第一节 “心理”的概念

“管理心理学”是研究管理现象的学科分支,这是个组合概念,按照汉语构词规则,可以分解出的词组为:心、心理、心理学、管理、管理心理学等。这些概念均有独特含义,通过解析它们,可以对管理心理学的基本框架进行初步把握。

一、心

古代由于生理学认识水平有限,无论中西方,均把“心”当成是思维或精神的器官。《孟子·告子上》:“心之官则思,思则得之,不思则不得也。”西方也有以“心”表达心理或思维的意思,如“heartbreaking”(令人悲痛的、使人心碎的),“heartsearching”(内心反省),“heartsick”(愁眉苦脸的、闷闷不乐的),bare one's heart(推心置腹地说出真心话)等。

汉语的“心”是一词多义,具有多层含义。从起源看,“心”是心脏象形字的演变结果。“心”后来超越了物质含义,成为哲学范畴,是中国古代哲学阐述人的道德、人生发展的核心范畴。儒家思想蕴含丰富的“心性论”思想。虽然孔子对人性并无详细论述,只说“性近习远”,但孟子从“心”提出了人性问题,即“善端说”,他认为人生来就有善端,所谓“恻隐之心,仁也;羞恶之心,义也;恭敬之心,礼也;是非之心,智也。仁义礼智,非由外铄我也,我固有之也,弗思耳矣。故曰:求则得之,舍则失之。或相倍蓰而无算者,不能尽其才者也。”②人的这“四端”,是人走向“仁义礼智”的天然心性基础。由此,他乐观地说,“人皆有所不忍,达之于其所忍,仁也。人皆有所不为,达之于其所为,义也。人能充无欲害人之心,而仁不可胜用也。人能充无穿逾之心,而义不可胜用也。人能充无受尔汝之实,无所往而不为义也。”③在孟子看来,人的善心是人生来就有的。既

---

① 〔美〕罗伯特·B.西奥迪尼:《影响力》,张力慧译,中国社会科学出版社2001年版,第57—60页。

② 《孟子·告子上》。

③ 《孟子·尽心下》。

然人心是善的，那么"放心"，即把人的善心发扬出来就可以发展出人的美德。宋明理学对"心"有更为抽象的论述，如朱熹有心、理、性、命、气等系统观点。他认为"理"是世界本体和本原，是"天"之性，但"心"生成性地蕴含着"性"，自然也蕴含了"理"，"理"可以通过格物致知而体悟，道德也因之而发展和形成，它们存于人"心"中，心既是物质的，也是精神的，是理、性、仁等的载体。由此天地之仁道，人之善端相连贯通，"成德"成为人不得不从的人生道路，也是"人之所以为人"的根本道路。这一终极学说在中华民族的发展中起到了极为重要的作用。①

英语的"心"则是多词近义。西方关于心的直接词汇有："mind"（心灵），"mentality"（心态），"spirit"（精神），"soul"（灵魂）以及"psych"（心理的词根）等。其中，"spirit"有着独特的文化地位。在《圣经》中，该词指"上帝的呼吸"，具有人分享了上帝的"神性"之意。②"spiritual person"意味着某个人具有了上帝的精神（Spirit of God）或处于上帝精神的影响下。③"灵"与"心"是有很大差异的。

从现代生理科学看，"心"是生理器官，是血液流动的动力器官，身体通过血液流动补充营养并维系生命。人的思维是由脑神经系统实现的，而不是由"心"完成的。

然而在概念使用上，无论西方还是东方，由于文化传统习惯，仍用"心"指代"脑"，将之视为人的精神或心理活动的物质器官。

二、心理

"心理"是组合名词，字面意思为"心"的"道理"，通指心理活动现象。关于"理"的词源有多种说法。一种说法是，"理"表示玉的纹理。古人按照玉的纹理对玉进行剖析、雕琢，称为"治玉"。也有学者认为，"理"表示把土地分成块。从发展看，"理"在汉代以后才发展成为表示抽象的"规律""道理"。而"理"的抽象哲学意义在北宋时期形成，程朱理学以"理"表示天道，指世间存在的德性本质。在现代科学语境中，"理"表示事物内在规律性的过程或机制，"心理"也

---

① 景怀斌：《孔子"仁"的终极观及其功用的心理机制》，《中国社会科学》2012年第4期，第46—61页。

② Peter C. Hill and Kenneth I. Pargament, "Advances in the Conceptualization and Measurement of Religion and Spirituality: Implications for Physical and Mental Health Research," *American Psychologist*, Vol. 58, No. 1, 2008, pp. 64—74.

③ Philip Sheldrake, *A Brief History of Spirituality*, New Jersey: Blackwell Publishing, 2007, pp. 2—4.

就有了心理活动规律的含义。

那么,现代心理学对“心理”实质作何解释? 这有不同说法,代表性观点是:心理是脑的功能,是对客观现实的主观反映。这虽是颇具哲学意味的“老生常谈”,但较好地解释了心理的物质基础,表明了“心理”共同性(某一时期存在的共同性)和差异性(个体之间)的关系。

心理是以“脑”为物质基础的,“脑”指大脑为主的整个神经系统。人的神经系统包括中枢神经系统和周围神经系统,中枢神经系统包括脑和脊髓两部分。脑由脑干、小脑和大脑三部分构成。其中,脑干又分为延脑、脑桥、中脑和间脑四部分。大脑则由对称的左右半球构成。大脑半球是脑的最高层部分,是人脑中最复杂、最重要的部位,制约着其他各部分的活动。现代脑科学表明,每一大脑半球上都分别有各种运动区、体觉区、视觉区、听觉区和联合区等,大脑两个半球又有功能上的相对划分:左半球支配右半身,右半球支配左半身;每一半球的纵面,在功能上也有层次之分。上层支配下肢,中层支配躯干,下层支配头部,形成上下倒置、左右交叉的奇妙构造。大脑皮层中蕴藏各种神经中枢,分担着不同任务,形成各功能区。可见,没有脑的存在,人的心理便无法依存。

人的大脑重量为1500克左右(黑猩猩是400克左右),有极为复杂的神经网络结构和功能。目前研究发现,大脑有1000多亿个神经细胞。就细胞类型看,人体内的器官一般只有少数类型,而大脑的神经类型根据其化学、形状和连接的不同,多达几千种。严格来说,对大脑复杂性的认识还很不够。①

大脑的功能作用表现为人的心理活动,心理活动构成了人的“心理世界”。“心理世界”可以理解为与物质世界对应的精神存在空间,是构成人的精神活动的所有因素、结构框架及其含义的统称。心理世界没有物质世界的空间和时间特性,而是有无限范围。个体以自己的心理世界为基础解释和构造自己的生活。“心理世界”的丰富性由人的知识、经历和自我体悟等因素决定。

当然,心理与脑神经活动的内在关系尚难完全解释清楚。17世纪法国哲学家笛卡儿持二元论——主张世界有精神和物质两个独立本原的哲学学说,认为精神和物质是两种绝对不同的实体,精神的本质在于思想,物质的本质在于广袤。二者彼此完全独立,不能由一个决定或派生另一个。二元论割裂了物质和精神的关系,为不少思想家诟病。但也隐含一个底层问题,精神与物质的临界点到底是什么? 这是仍需进一步探讨的人类基本问题研究。

---

① Department of Health and Human Services, *Mental Health: A Report of the Surgeon General*, PA: U. S. Public Health Service, 1999, p. 32.

虽然心理是脑的功能，但心理又是个人主观性的精神过程。人以自己的方式解释世界并给出自己的答案，个人的价值观、性格、思维方式决定了个体对外在世界的解释和反应。①

心理又是人对“客观世界”的反映。反映指物质相互作用留下痕迹的现象。从心理演化历程看，生命物质具有感应性特征。感应性是生命物质对生物刺激所作的应答，如植物的花朝着阳光方向开放。动物是由低级向高级发展的，当动物演化到一定阶段，便出现了协调动物机体各个部分活动的神经组织，动物不仅对外界刺激作出应答，而且还能对信号意义刺激作出应答，如猛兽的吼叫引起小动物的逃避行为。从低等动物到高等动物，直至人类，心理表现出不同的发展水平。一般分为感觉阶段、知觉阶段、思维萌芽阶段和意识阶段等四个阶段。

心理是脑的功能，说明了没有大脑或大脑功能系统不正常，人就不能表达自己的心理体验和展现自己的才能；心理是对客观现实的反映，说明了某一时代的人具有共同性。如古人即使再聪明，也想不到今天的手机、网络通信，而今人再也不会有远古人对自然崇拜的心理体验。心理是主观反应，说明了由于人的经历和心理特点不同，不同个体对同一事件产生各自不同的反应，从而体现出个人之间的差异性。

三、“心理学”

心理学是英语“psychology”的对译，该词由“psych”和“ology”构成，前者意为精神的、心理的，后者表示一门学科。中文“心理学”一词是从日文转译过来的。

心理学是“研究人和动物心理活动和行为表现的一门科学”②。它是科学革命的产物，其诞生标志是德国心理学家冯特于 1879 年在莱比锡大学设立第一个心理学实验室。心理学作为一门学科，虽然只有短暂的历史，但有悠久的过去。因为人类不是因为有心理学才有“心理”的，心理是人类活动的动因和伴随物，凡人之活动均有心理。

作为科学的心理学，具有现代科学的基本特性。表现为：

第一，科学性。心理学是在西方现代科学精神推动下发展起来的，具有西方现代经验科学的特点，早期心理学家试图建立一个类似于物理、化学等自然

---

① 景怀斌：《心理意义实在论》，暨南大学出版社 2005 年版，第 70—89 页。

② 《中国大百科全书（心理学卷）》，中国大百科全书出版社 1991 年版，第 1 页。

科学的学科。经过一百多年的发展,心理学的研究领域得到极大拓展,有些学科分支偏重自然,有些偏重社会文化,但相对于其他人文、社会科学来说,心理学更接近自然科学,具有狭义的科学性特征。

第二,内在性。关于人的社会活动,诸多学科都在研究,但因学科的不同,从而在视野、框架、理论等方面也各不相同。如社会学侧重于从个体与群体社会互动角度以及不同利益集团博弈的角度来研究问题,心理学则侧重于从个体内在心理规律的角度来研究相关问题。这也说明,同样的问题可以从不同角度进行研究,不同科学之间不是替代关系,而是互补关系,它们共同揭示了社会的规律。

第三,理论多元性。人的心理是复杂的,心理的复杂性带来解释的多样性,这使得心理学理论呈现多元性特征,心理学不同理论之间的关系更不是替代关系,而是互补关系。

第四,文化性。人的本质是文化性的,文化塑造了人,人的心理也具有浓重的文化属性,文化性是心理学的基本特性。故跨文化比较研究是心理学的重要研究领域和任务。

四、"心理"的价值

心理,看不见,摸不着,但作为人的活动的天然动因与必然伴随物,心理无时无刻不在对个人、社会生活产生巨大作用。这一结论已被管理学的研究证实。20 世纪 60 年代以前,心理学(行为学)对管理学的影响还很弱,但到了 20 世纪末,据一项调查,管理学领域中最卓越或最有影响力的研究者中,有 47% 来自心理学科。有学者认为,在管理学的必修课中,没有哪门学科能够像人类行为科学这样更适合未来的管理精英学习。因为管理的本质和管理者的基本素养必须建立在对人类行为的底层理解之上。①

心理作用有如下独特性:

首先,动因性,即做任何事情都有心理。有人会说自己的行为是无意识的,但无意识也是心理的一种表现。对此,弗洛伊德有过深刻揭示,这是他对心理学的一大贡献。

其次,伴随性,即人在任何活动过程中都有心理伴随。

最后,微妙性,即心理以不经意的方式影响人。如第一印象、晕轮效应等。在这个意义上,心理的影响是一种软力量。

① 〔美〕丹尼尔·A. 雷恩:《管理思想史》,孙建民等译,中国人民大学出版社 2009 年版,第 489 页。

由此亦可看出心理学知识和原理的价值：

第一，心理学是对生活现象的描述。人们的心理具有一定规律性，心理学对这些规律进行研究、总结，就形成了理论。如归因理论就是对人归因机制规律的总结。归因研究发现，当人们成功时，习惯于把原因归结为自身因素，而失败时则把原因归结为外在因素。通过这种规律性的认识，我们能够更好地把握人。心理学的各种理论构成了对人类复杂心理世界的解释框架，其作用类似理解世界的“地图”。正如心理学家勒温所说，“再也没有什么比理论更重要的了”，离开这些理论就失去了认识世界的依据。

第二，心理学是基础学科。由于心理是人活动的动因和伴随物，人们做任何活动都有心理因素。因此，任何科学，特别是社会科学，都不能不考虑人的心理因素的影响。即便是总体上比社会科学更“科学”的自然科学，也不免会受到科学家本人的心理和价值观影响，这在科学史上有太多例子，此不赘述。当把心理学因素作为学科构成因素考虑时，心理就成为这个学科的基础成分。事实上，现代心理学已成为诸多学科的基础学科。

第二节　“管理”与心理学

一、管理的本质

“管”在中国古代既有“钥匙”的含义，如“郑人使我掌其北门之管”①；也有“枢要”的意思，如“圣人也者，道之管也”②。可见，“管”具有核心性地把握的内涵。

“管理”现象自古就有。人作为社会性动物，个体的力量是微小的，相反，人的集合能够发挥巨大能量，作出伟大事业，而人的集合需要通过管理来实现。从现代学科角度看，“管理”显然是管理学研究的现象。那么，管理意味着什么？它的实质是什么？对此，有不同概括。③统合这些观点，总结出如下代表性观点：

1. 最大效益论

现代管理过程学派认为，管理的目的在于以较少的投入取得最大产出。如

---

① 《左传·僖公三十二年》。

② 《荀子·儒效》。

③ 王心娟：《管理的十大学说阐释》，《商业时代》2006 年第 10 期，第 25—26 页；钱颜文、孙林岩：《论管理理论和管理模式的演进》，《管理工程学报》2005 年第 2 期，第 15—17 页；张剑锋、刘秀荣：《论“服务是管理的社会本质和自然本质”》，《江苏商论》2012 年第 4 期，第 148—151 页。

古典管理理论的创始人之一法约尔就持此看法，后经穆尼、孔茨等发扬光大，成为现代管理理论学丛林中的一个主流学派。

2. 控制论

以泰罗、韦伯为代表的古典管理学派认为，管理就是控制，强调制度的严密性与严厉性。如泰罗认为，“管理是管理别人的科学”，主张通过工作定额原理、标准化原理、差别计件工资制、计划与执行相分离等来控制工人；韦伯认为，等级、权力和行政制是一切社会组织的基础，主张建立“理想的行政组织体系”，严格控制成员的行为，这也是其著名的官僚组织理论。

3. 协调整合说

管理是为实现组织目标，对组织要素的人、财、物、时间、信息等进行有效配置和利用的行为，从而使各种资源各得其所，各尽其用。如孔茨认为，管理的核心在于协调；唐纳利认为，管理就是由一个或更多的人来协调他人活动，以便收到个人单独活动所不能收到的效果。

4. 目标说

管理的目的是为了实现预期的组织目标，世界上既不存在无目标的管理，也不可能实现无管理的目标。

5. 决策说

赫伯特·西蒙认为，“管理就是决策”，管理是制定和贯彻决策的活动，决策是否科学、贯彻是否有效，关系着组织的命运，即决策的成败关系到组织的生死存亡，组织最大的失误是决策失误，最大的效益往往也是决策效益。

6. 领导论

管理就是通过别人来使事情做成的一种职能，即管理就是领导。真正的领导人不一定有多强的能力，但他能够管理并团结自己的下级，能够更好地利用在某些方面比自己强的人，从而使自身的价值通过他们得以提升。这就涉及领导的行为艺术与处事方法。

7. 文化说

认为管理是一定文化影响和支配下的行为。这一学说认为，管理同其文化背景、历史传统以及资本结构等一系列基本因素有关。如西方遵循以“法”为重心的管理模式，最后形成制度管理，具体表现为：条例管理、效率管理、例外管理、分层管理和逻辑管理等。

8. 理念实践论

管理是付诸实践的某种思想和仪式。戴维认为,管理只是一种思想,确切地讲,只是管理者的思想。德鲁克等人也认为,管理是一种实践,其本质在于行;其验证不在于逻辑,而在于成果;其唯一权威就是成就。

9. 资源配置论

管理是组织内资源配置的构造、过程、方式和方法。管理中的资源配置不仅仅通过行政命令,更通过协调、控制、激励等手段进行。概括来说,管理是人力、财物、信息和知识、技术资源的合理有效配置。

10. 服务论

管理的本质是服务,包括社会服务与自然服务两个方面。管理的社会服务本质可以从管理存在的本质要求、统治阶级管理意志的体现、现代公共管理首要职能、现代企业管理最基本的经营管理理念、管理者与被管理者之间的"双向服务"关系等方面论证;管理的自然服务本质可以从"服务"与管理主体、管理客体、管理职能、管理目标之间的关系等方面论证。

可见,不同视野对管理本质的理解不同。从操作定义看,纽曼的理解较有代表性,即管理是一群人在对其共同目标进行努力实现的过程中,对其指导、领导和控制,包括计划、组织、资源准备、指导和控制等。①

总之,管理活动是有目的的(价值观的-理性效益的)、控制的、优化的、方法策略的过程。就社会层面看,一个大的组织系统的诞生是由理念引发的,这是因为人的社会行为根本上是由信仰或价值理念决定的。如西方社会结构与基督教信仰密切相关,中国社会结构与儒家思想体系有关。在组织大系统确定后,需要次级组织,即根据一定的目的、任务形成的人的集合,去完成组织的任务,这便需要控制和管理,组织没有控制就不成为组织。组织要达到组织目标还需优化,而要完成组织的管理和优化,又离不开技巧和方法。在这个意义上,管理是通过一定的方式,调动人的积极性,为组织目标服务的过程,其背后是通过人而做工作。

二、管理心理学

管理心理学是以组织为对象,研究管理活动中的心理活动规律及其应用的心理学分支。在组织中,心理活动表现在不同方面,如领导者、被领导者、个体

---

① 〔美〕丹尼尔·A. 雷恩:《管理思想史》,孙建民等译,中国人民大学出版社 2009 年版,第 455 页。

群体等。从研究角度看，心理规律体现在心理的因果关系链条上，是心理原因和结果之间的本质联系，如个体心理性格与人的工作岗位的关系。心理规律对于管理极为重要。霍桑实验通过继电器装配实验、福利实验等发现，工人是社会人，而不是经济人；企业中存在着非正式组织，它与正式组织相互依存，对生产率有重大影响；生产率主要取决于工人的工作态度以及他和周围人的关系。由此而形成的Y理论：员工并非好逸恶劳，而是自觉勤奋，喜欢工作；员工有很强的自我控制能力，在工作中执行完成任务的承诺；一般而言，个人不仅能够承担责任，而且还主动要求承担责任；绝大多数人都具备作出正确决策的能力。管理心理学即通过研究管理活动中的这些心理规律为管理服务。

作为学科，管理心理学有以下特征：

第一，研究的是组织中"人"。现代人存在于"组织"中。"组织"是有制度、有层次、有沟通渠道的人的集合。管理心理学中的人，是组织中的人，而不是家庭的或个体性的人。管理心理学的参照系统是组织，即组织中人的心理过程。

第二，"领导者"的视野。用英语表述是"perspective vision"，即从领导的角度看个人、群体、组织的构成。

第三，交叉学科。管理心理学是没有固定界限的学科，其中社会心理学、社会学、人类学、管理学、文化学等相互渗透、交叉，构成了管理心理学的体系。

第四，应用学科。管理心理的最大目的是通过运用心理规律提高效益，其重点不在于探讨心理学的基本理论，而是探讨心理学知识在管理实际中的应用；它不是哲学的，而是经验学科。

三、管理心理学与组织行为学

"管理心理学"与"组织行为学"是经常混淆的概念。有人认为它们是两个学科，在学科对象、理论基础、学科性质等方面有差异。① 也有人认为它们是同一个学科，获得过诺贝尔经济学奖的著名心理学家赫伯特·西蒙曾于1984年在中国讲学，他说："在管理心理学和组织行为学之间，可能别人认为不同，我没有看到有真正的差别。"②

那么，如何理解它们之间的异同或关系呢？

首先，从概念形成看，"组织行为学"形成于20世纪50年代。此时心理学

① 张昱：《论组织行为学与管理心理学的区别和联系》，《中南财经大学学报》1994年第2期，第115—122页。

② 孙彤：《组织行为学教程》，高等教育出版社1990年版，第31页。

最有影响的学派是行为主义。行为主义心理学家是极端的科学主义者，认为心理学应当研究看得见、摸得着的行为，而不应当是看不见的“心理”，行为主义者试图用“行为”替代“心理”。在50年代，行为主义是心理学的代名词，因此当心理学开始应用于管理领域时，就被称为组织行为学。然而，心理学在70年代后期有了认知转向，重新重视认知的作用，认为只看重行为而不看心理内在过程是不符合心理实际的，用行为来表达全部心理也不恰当。可见，对于心理学家来说，管理心理学是合适的，但对于管理学科来说，由于习惯以及其以应用为目的的需求，仍沿用了组织行为学的称呼，于是出现了“组织行为学”的管理学用法和“管理心理学”的心理学用法。

其次，从内容构成看，组织行为学是多学科的融合，其理论和知识源泉比管理心理学更为广泛，除了来自心理学，还来自社会学、文化学、人类学、经济学、生物学和生理学等，而管理心理学则主要来源于心理学知识体系，是侧重于心理层面解释的学科。

最后，从知识特点看，组织行为学看重结果，而管理心理学则是从人的内在过程看管理活动的规律。

总之，从知识构成看，组织行为学和管理心理学的内容大同小异，基本上可以看做是同样的学科，但就学科特性而言，组织行为学具有外在性、综合性等特点。管理心理学是研究管理过程中人们的心理现象、心理过程及其发展规律的科学，更多地具有心理学特性，即内在性和心理规律性。

第三节 管理心理学状况

管理心理学是随着管理科学的发展而成长的一门心理学应用学科。理解管理心理学的现状必须从管理学的发展态势出发。

一、管理学状况

管理学以泰勒(Taylor)的名著《科学管理的原理》(1911)和法约尔(Fayol)的名著《工业管理和一般管理》(1916)为诞生标志。

现代管理学已有很大发展。总的来说，管理学理论经历了古典管理理论、行为科学理论和现代管理理论三个发展阶段，研究方法也经历了工业工程、心理学、社会学等发展阶段，特别是现代系统论、信息论、控制论、数学、统计学、经济学等研究方法的出现，极大地丰富了管理科学研究。目前的管理学各家争相著书立说，理论纷呈，此被孔茨描述成“管理理论丛林”阶段。他归纳得出，截至

1980 年管理学至少已发展有 11 个学派，包括管理程序学派、行为学派、群体行为学派、社会系统学派、决策理论学派、系统管理学派、经验主义学派、权变理论学派、管理科学学派、社会技术系统学派和经理角色学派等。①现代管理学的基本框架如下（图 1.1）：②

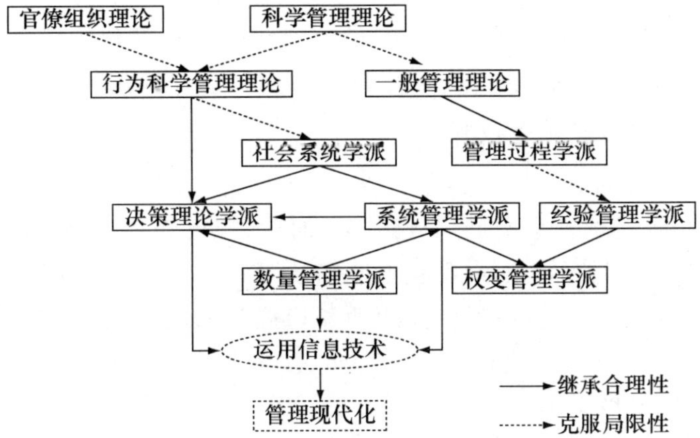

图 1.1 管理学理论知识体系的相互关系

管理学各学派依据自己的理论理解，创造出花样繁多的管理工具，但是这些理论与方法尚不能纳入统一框架，各个学派也有自己的局限性和片面性，这也是由管理这一社会现象的特征所致。管理是复杂的社会现象，不同视野下有不同的解释，而不同的派别不是替代关系，而是互补关系。

二、管理心理学简史

管理心理学是在管理学的大树下成长起来的，但又有其独特性。管理心理学有不同的定义。这里定义为，研究组织中人的心理活动规律，进而改进管理工作，提高组织效率，保证组织良性发展的心理学分支。从“管理心理学”视野看，其发展阶段可以这样理解：

1. 经验时期

总体而言，管理心理学如同心理学一样，有一个悠久的过去。说其悠久，是

① 陈黎琴、赵恒海：《管理学理论发展及其研究方法综述》，《兰州学刊》2009 年第 3 期，第 76—79 页。

② 郑庆华、张智光：《管理学发展历程和趋势的教学改革研究》，《产业与科技论坛》2012 年第 21 期，第 136—139 页。

因为无论中外，凡人类存在，均一定以群体方式生存，而群体的整合，必然通过管理的方式。如此古代的管理思想价值不能忽视。例如，中国《尚书》就记载了大致从上古时代公元前23世纪至公元前7世纪，共约一千六百年间的若干历史或传说，保存了上古时期先人在政治、哲学、天文、地理、刑法等方面的珍贵史料，蕴涵着珍贵的管理思想。如水火木金土世界观；协和万邦，天人合一的和谐观；敬德保民，民本的国家理念。这些是中国传统国家管理的基本形态。[1]虽然这些管理思想并不是现代意义的科学理论，但其影响深远。

2. 官僚组织与科学管理阶段

自18世纪开始的西方工业技术革命，为管理心理学的产生提供了社会条件，也就是说，人类的社会发展进入到工业时代，现代管理心理学的产生才有了社会基础。1782年，瓦特发明了蒸汽机，解决了工业社会的动力问题，标志着生产力从铁器时代进入了机器时代。19世纪电磁学的发展，引起了第二次技术革命，把生产力推进到电力时代。与此同步，技术革命不断推进，到19世纪后半期，欧洲和美国发展至重工业时代。

工业时代，生产方式从传统的家庭作坊式向组织化形态转变。家庭作坊是以家庭亲属为主的工作方式，而在工业化生产时代，家庭成员不能够承担这样的功能，出现了以非亲属人群组成的、以利益为导向的生产组织。这种生产组织在组织制度、任务、人际关系、利益分配等方面都发生了根本变化。生产规模的日益扩大化，生产组织的日益复杂化，促使一批工程技术人员和管理人员突破传统的管理观念，形成新的管理理论，即以效益为最终目标，调动人、财、物进行“科学”的管理。其代表人物有法国的法约尔、德国的韦伯以及美国的泰勒等。

法约尔（Henri Fayol，1841—1925）在担任法国矿业及冶金公司的总经理期间，提出了一系列行政管理的职能和原则。他于1916年发表的《工业管理与一般管理》一书认为管理有五种职能，分别是：计划、命令、协调、组织和控制。其中，计划是最高管理阶层的主要责任；命令是一种建立在职位和权威基础上的工作方法，它设法让每个人都能履行自己的职能；协调是管理过程的核心，它调和所有的活动及力量；组织指根据所订立的目标，诠释企业的结构，使之成为达到目标的工具和行动的准则；控制指所有的活动都按照规定的标准和下达的命令来进行。他还具体论述了十四条管理原则：（1）工作分工；（2）权威与责任；

① 曾宪年：《〈尚书〉行政思想的现代简析》，《湖南社会科学》2007年第2期，第46—48页。

(3) 纪律;(4) 指令单元;(5) 指导单元;(6) 个体与整体利益;(7) 人事报酬;(8) 集中化;(9) 层次链;(10) 命令;(11) 平等;(12) 工龄稳定性;(13) 首创精神;(14) 团队协调。法约尔的理论是西方古典管理思想的重要代表,也是以后各种管理理论和管理实践的重要依据,对管理理论的发展有深刻影响。

泰勒(Frederick W. Taylor,1856—1915)通过在伯利恒钢铁公司进行的"搬铁块实验""时间-动作分析""铁锹实验""金属切削实验"等,系统地研究工人的操作方法和动作所花费的时间,提出了"劳动定额""工时定额""工作流程图""计件工资制"等一系列操作性科学管理制度。他于1911年发表的《科学管理原理》一书是科学管理学派的代表作。科学管理可以概括为六项原则:(1) 科学确定工作量与报酬。他通过各种试验和测量,对劳动动作和工作进行研究,并在此基础上制定了有科学依据的工人的"合理日工作量"。强调为了使工人完成较高的工作定额,还必须把工人使用的工具、机器、材料以及工作环境加以标准化。最后,根据工人的定额完成情况,实行差别计件工资制,使工人的贡献大小与工资高低紧密挂钩。(2) 科学地挑选和培养工人。把工作组织的所有责任分配给经理而不是工人。由管理人员负责工作计划和设计,让工人执行工作任务,运用科学方法决定每一工作任务的最好方式。由经理设计每位工人的工作,确定完成任务的标准和方法。(3) 对每一种工作选择最适合的人。经理应该使每位工人的能力与各自工作的需要相匹配。(4) 对工人进行培训,以便其正确从事工作。经理应该训练工人在工作中运用标准的方法。(5) 对工作进行监控,以保证正确执行具体工作程序,并取得适当成果。经理应该实施规范的控制,确保所管辖的工人总是以最佳的方式开展工作。(6) 通过计划工作任务分配和消除中断动作来提供进一步支持。经理能够帮助工人继续完成高水平工作任务。

3. 管理心理学的产生

1879年,冯特在莱比锡大学成立心理学实验室,标志着心理学的产生。心理学逐步成为一门独立的科学,具有自己的体系、概念和实验手段。两次世界大战推动了心理学的社会应用。美国1917年就成立了17个战争心理问题研究会,把心理学应用于飞行员、气象观察员、海底电话员、潜艇监察员等兵种的人员选拔,此外还有对情绪不稳定人员的心理治疗。

最早把心理学引入生产领域的是哈佛大学教授雨果·闵斯特伯格(Hugo Munsterberg,1863—1916)。他在1912年出版《心理学与经济生活》中强调心理学可以为选择高素质的工人提供原理;强调人的愿望、兴趣在生产活动中的重要性，提出利用心理学研究工人的工作动机和减轻工人疲劳。该书把心理学运用到管理工作中，是心理学与管理学的首次结合，标志着工业心理学的诞生，闵斯特伯格也因此被誉为“工业心理学之父”。最早使用“管理心理学”这一术语的是美国管理学家莉莲·吉尔布雷斯，1914 年，她完成博士论文《管理心理学：精神在判断、指导和实施最少浪费方法中的作用》，力图把早期心理学的概念应用到科学管理的实践中去，但是这本著作在当时并没有引起人们的足够重视。

对管理心理学有重大推进的哈佛大学教授梅奥等于 1927 年进行实验研究。梅奥在芝加哥城的霍桑电气工厂进行了多年的现场实验，该研究最早从泰勒的科学管理理论出发，探求诸如湿度、温度、休息时间、福利等方面与生产效率之间的关系，但研究结果发现：影响生产效率的重要因素是工人的社会心理因素。1933 年梅奥出版了《工业文明中的人的问题》一书，对霍桑实验作出总结，提出人际关系的管理理论。其基本观点是：工人不是只追求金钱收入的“经济人”，还有社会心理方面的需要，管理要以人为中心，重视工人群体作用，建立新型的领导、监督关系。人际关系学说实际上把管理问题引向了管理心理学。

德国心理学家勒温对管理心理学的形成也有很大贡献。他借用物理学中“磁场”的概念来说明人的心理、行为与周围环境的相互作用。他认为，人的需要未得到满足时，会产生内部性力场的张力，客观环境中的一些刺激起着促进或激发作用。人的行为取决于内部力场与情境力场的相互作用。1933 年以后，他把心理场理论用于研究群体行为，提出了群体动力概念，认为群体的行为不是群体中成员个人行为的简单算术和，而是整合的、互相激发的新行为形态。此后，勒温的学生对影响群体行为的诸因素（如群体规范、沟通、领导等）进行了深入研究，这些研究构成了群体心理的基本内容。

1954 年，美国心理学家马斯洛出版《动机与个性》一书，提出需要层次理论，该理论突破了精神分析和行为主义对人的心理和行为的机械认识。马斯洛认为，人天生需要发挥自己的潜力、表现自己的才能，只有当人的潜力充分发挥出来才会感到最大的满足。他认为，人的需要是多层次的，呈现出从生存需要到自我实现需要的阶梯式递进关系。各层次需求之间不但有高低之分，而且有前后顺序之别；只有低一层需求获得满足之后，高一层的需求才会产生。需要层次理论使管理心理学家和管理学家抛弃了科学管理的“经济人”人性假设，是对人际关系学派的“社会人”人性假设的进一步深化。

1957 年美国心理学家麦克雷戈在美国《管理评论》杂志上发表了《企业的人性方面》一文（该文 1960 年以书的形式出版），该文提出了两种对立的管理理论，即 X 理论和 Y 理论。X 理论对“经济人”人性假设进行了概括，Y 理论对

"自我实现的人"人性假设进行了概括。他主张管理应采取与X理论相对立的Y理论,Y理论肯定了人的成长和发展的可能性,管理的任务就是发挥职工的潜力,创造条件使个人需要与组织目标结合起来,反对管理中运用权力实现指挥和监督。

1958年,美国斯坦福大学教授、著名管理学家莱维特(H. J. Leavitt)出版了《管理心理学》,标志着管理心理学的正式诞生。

当时,心理学为行为主义主导,行为科学理论涉及管理的方方面面,既包括个体的激励、满意,也涉及群体动力、领导行为,以及组织管理的一般问题,这些问题也成为管理心理学理论体系的重要组成部分。此后,随着认知心理学的兴起和发展,人类信息加工的思想也对管理理论和管理心理学产生了巨大的冲击。在认知能力、因果关系归因、激励理论、管理决策、人员选拔与评价、领导模式、组织设计和学习组织等领域,都提出了注重管理心理深层次认知成分的理论模型。目前,随着心理学中的"终极意义"回归,带来管理心理学对信仰、信念等的重视,这将在一定程度上推动管理心理学的新发展。

三、管理心理学的任务

1. 提高组织效益

管理心理学的首要任务是提高组织的效率。组织是基于一定理念或任务而形成的人的集合,人是组织活动的决定性因素,因此,理解组织中的"人"是组织管理的核心环节。从心理层面对人进行理解是根本性的,掌握组织中个体、群体、组织、领导人的心理活动的规律,便可以制定出相应的管理方法,促进管理水平的提高。管理心理学的重要目的,即从组织心理出发,发挥人的能动性,提高组织效益。

2. 促进组织人的成长

管理具有二重性,即管理的自然属性和社会属性。管理的自然属性是指对人、财、物、时间、信息等资源进行组合、协调和利用的管理过程的特征,管理的社会属性是指管理发生在一定的社会文化、政治、经济制度中,必然受到生产关系的制约和社会文化、政治、经济制度影响的特性。

马克思从阶级分析的角度指出,资本主义的生产过程既是社会劳动过程,又是资本的价值增值过程,是"作为劳动过程和价值增值过程的统一",资本主义制度下的管理,一方面是资本家组织社会劳动的需要,具有生产性;另一方面也是资本家实现剥削的需要,具有剥削性。"资本家的管理不仅是一种由社会劳动过程的性质产生并属于社会劳动过程的特殊职能,它同时也是剥削社会劳动过程的职能。"①

超越阶级分析,就个人与组织的关系看,管理的二重性体现在人与组织存在一致性和紧张的二重关系。这是因为,人是利益和意义化的存在,个人与组织的利益、要求或期望不是必然一致的,管理对人有压抑、控制的一面。

由此,管理如何促进人的发展,是管理的任务,也是组织应承担的责任。组织不仅仅是生产性的,还是人的成长性的。对劳动者进行管理教育是管理心理学的一个重要任务,应运用管理心理学,让员工成为可管理的、健康的、具有效率的组织人。

3. 推动理论的发展

管理心理学作为一门应用学科,除了要解决其实际任务外,还需要完善自己的理论体系和方法论基础。这是管理心理学自身发展的任务,需要从管理实践出发,描述问题,解释问题,形成理论。

四、管理心理发展趋势

管理根本上有三个方面:人、过程、组织。与此相应,形成了管理的三个知识板块:人的管理、管理过程和组织制度理论管理。②

现代管理思想在四方面进一步发展:一是在法约尔基础上的一般管理理论和管理活动研究;二是基于人文主义、心理学的组织行为和人力资源理论;三是基于韦伯等组织理论的组织与环境,跨文化管理路径;四是基于亚里士多德、科学管理等思想之上的问题解决及其系统管理路径。各种理论路径都希望对管理的目的、过程有更好的理解,都希望对管理涉及的政治、技术、社会文化有更好的回应。③

就研究视野看,在一定程度上,当前管理科学发生了范式变迁(paradigm shift),表现为:第一,从预测期望到混乱管理。传统的管理以确定的、预测式的方式进行,而目前的管理理论越来越认识到,管理是对无序现象的管理,甚至通过无序方式使组织更为有效地运作。第二,从命令控制或恐吓性管理到信任与授权,过去的管理是以控制的方式进行的,但现代管理越来越认识到,信任与授

① 〔德〕马克思:《资本论》第1卷,人民出版社1975年版,第367页。

② 〔美〕丹尼尔·A.雷恩:《管理思想史》,孙建民等译,中国人民大学出版社2009年版,第314页。

③ 〔美〕丹尼尔·A.雷恩:《管理思想史》,孙建民等译,中国人民大学出版社2009年版,第452—560页。

权可以有更好的效果。第三,从简单管理到复杂管理,过去的管理活动比现在简单得多,目前的组织现象更为复杂。第四,从交换式领导到转化型领导。人们越来越认识到,组织的发展依赖于变革的领导方式,过去更多关注交换式领导,现在越来越重视转化型领导。第五,从封闭系统到复杂的适应系统管理。传统组织具有一定程度的封闭性,但随着社会的发展,目前的组织更多以复杂方式适应社会调整。第六,从经济利益重心到利益—生活质量—终极需要平衡,从自我中心向关系中心,从自利追求到管理服务,从物质主义到精神满足(spiritual orientation)。20世纪后期,整个西方社会出现了心灵运动(the spirituality movement),组织出现重人转变,开始重视为员工的心灵追求提供条件,方式是通过组织意义、目的和共同体感使员工获得生命的根本价值。对此,有人称之为是继20世纪50年代以来的管理的新浪潮,被形容为继托夫勒(Toffler)(1980)所说的技术性质的第三次浪潮(technological third wave)之后的第四次浪潮(an organizational fourth wave)。如英特尔(Intel)、可口可乐(Coca-Cola)、波音(Boeing)和西尔斯(Sears)等公司通过举办圣经研读、跨信仰对话、冥想训练、服务型领导训练等活动,给员工提供生活目的感和工作意义。[①]

就管理心理学的研究领域看,近十几年来,随着知识经济的来临、全球一体化进程加快以及企业的不断变革,整个学科的研究呈现出以下趋势:一是从个体理论向整体组织理论扩展;二是重视吸收认知心理学的研究成果;三是强调组织的动力学和人力资源的系统开发;四是研究领域不断拓展。[②]

第四节 中国管理心理的挑战

一、中国管理心理学的发展

1. 中国传统的管理心理思想

中国历代的管理实践形成了丰富的管理心理思想。例如,儒家的天道神圣、家国同构、人性本善、民为邦本、遵道从理、修己安人、循礼合义、执经用权、以和为贵;法家的以人为本、法德并举、赏罚有度;兵家的以人为本、内修文德、外治武备、审敌虚实、因形用权等。

---

① Fahri Karakas, "Spirituality and Performance in Organizations: A Literature Review," *Journal of Business Ethics*, Vol. 94, No. 1, 2010, pp. 89—106.

② 路红等:《我国管理心理学研究的科学地图:文献同被引分析》,《中国软科学》2008年第6期,第124—132页。

这些管理思想与其说是"学科"的,不如说是先人的社会治理经验总结,是社会经验的、"前学科"性质的。但鉴于人类存在的组织性和文化的天然传承性,其中的诸多思想或原理仍可以应用于当今的管理实践。

2. 管理心理学引介

中国现代社会科学意义上的管理心理学是从引进、翻译国外早期心理学著作而开始的。陈立于1935年出版的《工业心理学概观》从环境、疲劳、休息、工作方法、事故与效率,以及工业组织、激励与动机等,论述了中国工业心理学和管理心理学的基本问题。中华人民共和国成立初期,劳动心理学的研究得到重视,研究主要围绕技术培训与工作环境、电站设计、劳动竞赛等问题展开。①

1980年中国心理学会工业心理学专业委员会成立,标志着中国管理心理学的组织化发展。中国管理心理学界在20世纪80年代完成了几项工作:首先是翻译、撰写和出版了一批用于高校教学和干部培训的管理心理学书籍。其次,在激励、人员测评、领导行为、管理决策和跨文化研究等方面进行许多研究。②随着社会的发展,一些新的研究领域也开始出现,如社会经济转型中的组织变革与发展、人力资源系统的开发、组织文化与组织学习模式的研究、经济心理与国家金融安全的研究等。③

二、中国管理心理学的任务

1. 理论本土化

由于心理的文化性,心理学也不可避免地具有文化属性。现代心理学是建立在西方文化上的,心理学,包括管理心理学引入到中国必然面临文化的适应性问题。虽然在生理意义上,中国人与西方人一样,但在文化心理上却有许多不同于西方的方面,简单地把西方理论拿来即用,是不合适的。

中国几千年的历史发展形成了自己的思维方式并积累了丰富的管理实践经验。但是,近代以来,随着中国被动或主动地对西方开放,中国社会或文化在古—今、中—西两个维度下展开实践,这些实践经验需要理论总结,从而为以后的社会发展提供管理理论支撑。因此,中国管理心理学的根本任务是实现管理本土化。中国传统文化基础与现代复杂性科学思想相结合,可以开发出不同于

① 李永鑫、侯祎:《中国管理心理学25年发展回顾与展望》,《华北水利水电学院学报(社会科学版)》2006年第1期,第10—14页。

② 卢盛忠:《中国管理心理学发展的回顾和展望》,《应用心理学》1995年第1期,第7—12页。

③ 时勘、卢嘉:《管理心理学的现状与发展趋势》,《应用心理学》2001年第2期,第52—56页。

西方科学主流——还原方法论的研究方法论。[①]

2. 网络时代的管理心理问题

20世纪60年代互联网作为科学通讯而出现,70年代作为军用通讯而加速,90年代才逐步应用到社会其他领域,并扩展到社会的方方面面,对人、社会的影响极为巨大。有人说,互联网可能是人类的第五个时期(旧石器、新石器、农业社会、工业社会和互联网社会)。

互联网是新型的传播方式(包括互动、广播、信息自主寻找、群体讨论、人机互动且可以综合利用各种文本如声音、图像、视频),也是新型社会资本,导致新型的政治参与,组织或其他经济机构,推进文化参与和文化多样性的表现,也带来巨大的问题,如数字鸿沟(Digital Divide),即"信息富有者和信息贫困者之间的鸿沟"。[②]

对于中国来说,互联网带来的组织或社会变化突出表现为:[③]

(1) 社会互动方式的变化。交往是人的社会本性,通过交往人们才能互换和共享资源与知识。互联网作为一种新的媒介形式,全面打破了传统的时空限制,将世界各地的信息和个人联系在一起。互联网的全球性、普遍性、无限性、匿名性等特征改变了中国传统的交往与互动模式。传统的中国社会是一个以农业生产为主要活动内容和基本生存手段的社会,是伦理本位社会,是"关系社会",素有看重"人情面子"的传统。此外,在"血缘取向"下的"差序格局"社会中,民间组织力量较弱,而公益性社群组织的运行则更为艰难。互联网的匿名特征使人际互动中完全的身体缺席成为可能,消解着传统人情社会的互动方式。

(2) 意见表达方式的变化。传统社会以精英言论为主导,互联网对精英和大众这两个群体都给予了更加顺畅的意见表达渠道。一方面,更多的精英通过网络涌现出来,成为"意见领袖";另一方面,大众的利益诉求也通过网络得以更加充分地释放。更为重要的是,互联网在大众与精英之间搭建了一个沟通互动的平台,并且已经成为"大众孕育精英"的有效发生机制。

(3) 组织运行机制的信息化。网络的虚拟性、开放性、不稳定性和参与性等挑战传统的组织理论和看法。如随着电脑技术的发展和充分向下属授权的

① 国家自然科学基金委员会管理科学部:《管理科学发展战略暨管理科学"十一五"优先资助领域》,科学出版社2006年版,第26页。

② Paul DiMaggio, Eszter Hargittai, W. Russell Neuman, and John P. Robinson, "Social Implications of the Internet," *Annual Review of Sociology*, Vol. 27, 2001, pp. 307—336.

③ 李强等:《互联网对社会的影响及其建设思路》,《北京社会科学》2013年第1期,第4—10页。

潮流冲击,命令链、权威、命令统一性等传统概念的重要性大大降低了,这些都构成了现代社会或组织状态、特征对传统管理理论的挑战。

(4) 社会结构的变化。互联网使信息获取、教育取得、物品获得等方式发生了重大变化,使传统社会结构中各社会要素上下垂直的结构形态发生了变化,各个阶层的人可以方便地了解社会中其他人的日常生活、关注的问题,并能便捷地表达自身的想法。信息自由发布和获得的非等级化,使得传统意义上的金字塔社会结构变为扁平化的社会结构。

互联网对人的心理影响也是巨大的:

(1) 信息与心智关系发生变化。

互联网的使用可能会使用户的心理状态发生改变,人们的时间感、空间感、现实的知觉(perception of reality)、自我感(sense of self)会在互联网中发生改变。互联网的使用,使以线性的要素主义为特征的现代人的思维模式可能转变为后现代主义的非线性的思维模式。"电子化的个体"(electronic individual)正在逐步增多。①

(2) 人与人的关系发生变化。

互联网作为一种新的媒介形式,具有全球性、普遍性、无限性、匿名性等特征,全面打破了传统的时空限制,将世界各地的信息和个人联系在一起,为人们提供了一种强大的交往沟通工具,改变了人们的交往与互动模式。

(3) 思维方式发生变化。

互联网形成了所谓的互联网思维方式或精神,即充分利用互联网的精神、价值、技术、方法、规则、机会来指导、处理、创新、工作的思想。人类活动本质上是由两种交流构成:信息流和物流。信息技术飞速发展,很多原本需要承载于实物上的信息交流便可以虚拟化了,这改变了传统工业化的特征。生产者和消费者的权力发生了转变,消费者主权形成。可见,互联网思维是伴随互联网形成的一种商业民主化和用户至上的思维,其根本特征是"平等""开放"和"互动"。

总之,互联网的社会形态对许多传统的管理理论带来极大挑战。如互联网下的组织生态、特征及其相应的管理;虚拟企业与组织文化;互联网的心理塑造,如何避免互联网时代的理念自愿奴役心态;互联网下的领导方式与机制;信息时代的冲突模式与机制等。

就公共管理视野看,以 Web 2.0 为平台的网络对社会有巨大影响。所谓

① 李宏利等:《互联网对人的心理影响》,《心理学动态》2001 年第 4 期,第 376—381 页。

Web 2.0 技术是相对于 Web 1.0 而言的。Web 1.0 的主要特点在于用户只能通过互联网浏览、获取信息,而 Web 2.0 则更注重用户的交流与互动,用户既是互联网内容的浏览者,也是互联网内容的制造者、服务的提供者、信息的传播者、行为的创新者。尤其是 2004 年以后,以 Facebook(脸书)、Twitter(推特)、Youtube、MySpace 等为代表的新一代社交媒体开始出现并迅速壮大。互联网 2.0 时代"正在再造个体行为能力、重塑政治议程、拓展外交路径"等方面改变着社会形态。①

由于互联网的新时代性,中国与世界处于同步地位,中国学者如何创造性地开展研究,成为中国管理学,包括管理心理学的希望之地。研究该领域,不应仅仅被动地应对互联网信息,而应以主动的姿态去分析、反思互联网对管理带来的改变,提出的管理措施。

第五节 管理心理研究的原则

任何一门学科都是研究成果的积累与总结。管理心理学如何进行研究?这是了解该学科的一个基本方面。鉴于此方面内容本身可以构成专门著作,这里仅对其原则进行简介。

一、心理层面原则

管理心理学是心理学的分支,应体现出心理学的特征,而心理学的根本特征,即心理层面的分析,应从个体、群体、组织的心理过程对管理问题进行探析。

二、问题中心的跨学科原则

现代社会是学科分化的时代,学科日益分化,学科门类日益增多,但社会问题总是存在在那里的,学科视野下的研究固然可以得出深度理论,但也面临界限过于分明而失去整体性的问题,因此,应采用学科视野、思维与问题中心相结合的方式进行研究,而不是简单的学科分割方式。

三、科学实证原则

心理学具有现代实证科学的基本特质,②概括起来,表现在如下方面:

① 王文:《Web2.0 时代的社交媒体与世界政治》,《外交评论》2011 年第 6 期,第 61—71 页。

② J. M. Nelson, *Psychology, Religion, and Spirituality*, New York: Springer Science + Business Media, LLC, 2009, pp. 43—75.

1. 决定论

心理学的科学性来源于科学世界观，它有两个基本假设，即决定论和机械论。决定论认为自然界和人类社会普遍存在因果联系和客观规律。人的一切活动都是某种原因或几种原因导致的，可以根据先前的条件、经历来预测。与决定论对立的非决定论则否认自然界和人类社会普遍存在着必然的因果联系，认为事物的发展、变化是不可预测的。当然，从目前的科学发展看，这样的观点受到了挑战。但心理学作为实证或经验科学，仍以决定论和机械世界观为特征。

2. 还原思维方式

思维方式可以理解为人们按一定的方式、规则分析认识事物，回应事物的思维活动形式。“还原思维方式”的基本思想是：把复杂的对象分解为简单部分，从简单部分已知的特性来把握对象整体，以低级运动形式解释和说明高级运动形式，进而说明世界的图景。这是用一种解剖式和分解式的思考问题的方法，探寻因果联系的线性关系。还原思维作为现代科学的研究方式，已经成为研究的基本思路，仍在起着作用。

3. 从因果变量关系确定规律

心理学同其他科学一样，是通过因果关系研究来确定学理世界的规律的。变量实际上是研究对象性质的名称界定。心理学研究有三类变量：自变量即引起其他变量变化的变量，它是研究中有意加以改变、控制的事物、条件和特征，如外在刺激、环境条件、被试背景等；因变量是由于其他变量的变化而导致自身发生变化的变量，多为行为或态度变量；控制变量是研究过程中控制而保持恒定的变量，在研究某个因素对心理的影响时，只改变这个量，而保持其他量不变，从而确定这个因素是否影响心理的变化，找出影响心理变化的所有因素，确定心理规律。

4. 可验证性

可验证性即在同种条件下研究结果可以被重复。如果能够重复再现，则可以断定研究的结果是正确的。可验证性是科学的基本依据，一个科学家的发现只有被其他科学家重复验证，才可以说其研究结论是成立的、发现的规律是科学的。

5. 预测性

研究心理规律的目的是应用人的行为规律，达到效率目的。心理学中的预测是对行为发生的可能性的陈述。通过对这些行为的预测规律来引导人的行为,从而产生理想的应用效果。

第六节　本书的视野与框架

一、管理心理学存在的问题

如今,管理心理学已不再是陌生学科,但管理心理学在理论体系上还不同程度地存在着一些问题:

其一,管理心理学的普通心理学化。一些管理心理学书籍以普通心理学的知识结构比照管理而罗列知识,如以“知觉与管理”“感觉与管理”等来进行内容章节的安排。

其二,管理心理学的管理学化。即以管理学为框架比照,如把组织管理的内容作为管理心理学的内容。

其三,管理心理学的组织行为学化。即以注重行为结果和应用的组织行为学替代心理学。

不能说这些学术尝试没有价值,但从学理上看,管理心理学毕竟是管理与心理学结合后而形成的新的知识体系,它不应是两个学科的简单相加,而应是两部分有机融合后而呈现的新的学科形态。

二、本书的视野

针对以上这些问题,本书的视野是:

1. 本土视野

本书最大的尝试在于,试图改变管理心理学或组织行为长期以来存在的“以西判中”的做法。且不说近年来原版引进《组织行为学》《管理心理学》数不胜数,仅就中国学者编纂的《管理心理学》而言,亦多是介绍西方的思想或理论,不少论著具有以西方的理论批判中国的管理实践与经验的原则。这当然有历史的原因。自1840年近代以来,受到西方列强侵略欺侮,救亡图存成为中国的国家任务,这客观上需要通过批判传统,向西方学习来完成国家使命。这一取向可以说是历史的必然,不得不如此,但其负面后果是,导致中国整个社会对传统文化的忽视,甚至出现没有了解,更谈不上研究就先在性地、价值认定性地否定了中国传统文化的情况。这与历史事实不符。大凡只要人的群体存在,就必然有管理。历史的管理经验(思想)纵然不“科学”,但无疑是一个社会存在的管理方式,最起码是一个社会的管理常识。人类文明恰恰是在生活(常识)中产生和推进的。在这个意义上,离开生活常识和经验,“理论”将是“空中楼阁”。如此看,对于“管理”这一有突出文化属性,甚至本身亦为文化现象的人类活动,“以西判中”的做法无论如何都不是唯一的知识阐述和应用模式。

在如今的时代,构建中国管理体系有三种不可或缺的资源:中国的历史与传统,近现代整个中国社会转型的管理实践与经验,西方的思想实践与理论。它们的关系不是后者替代前者,而是互相补充、滋养的关系。

由此,“以中观西”成为理解中国管理实践与思想的必然选择之一。这意味着,研究、理解管理,可以采用以中国文化为中心,以中西对比的视野进行。本书的内容安排即以中国文化为中心或基点,对近代以来的中西方管理心理思想进行比较性的宏观梳理:

首先,在体系和内容上,试图按照作者的理解进行。即从管理心理的存在空间,文化和人性特征,到个体、群体、组织、领导过程的思路展开。

其次,在内容上,每章都疏理补充了中国的管理经验或思想。传统的管理思想不是现代理论,但作为经验素材,是能够以现代心理学的思维方式进行总结,而提炼为管理心理学原理的。如中国伦理文化与德治管理模式,人性理解与职业精神,情感管理与激励,群分思想,庙胜决算,中国式领导等。

2.“问题中心”,超越学科界限

现代社会科学源自自然科学模板,自然科学的迅猛发展,使人类社会走上了前所未有的“科学”之路,这是人类的伟大进步。但同时也应看到,“科学”仅仅是人类认知世界的一种方式,人类的存在是以“意义”为核心的生命存在。人类活动无法全部纳入所谓的“科学”中。也因为如此,心理作为人的活动,包括管理活动的天然动因和必然伴随物,不是所谓的“科学”能够完整、彻底解释的。如今,心理学的理论越来越小型化,人的心理也越来越由“整体”的意义转变为“变量关系”。管理学日益为人诟病的“技术化”“科学化”的现状与此思维模式难脱干系。由此,超越单一学科的简单分析,是值得尝试的方式。

3. 公共性

本书虽然讨论组织管理的心理问题,但并不仅仅局限于企业管理,而是兼顾更广泛的社会组织的管理问题,具有一定的公共性。公共性即属于社会大众的,非简单的最大利润型,而是兼顾组织的价值性与效益性。如政府组织不是简单地追求效应,还兼具国家管理职能,而国家是建立在政治性的价值理念之上的。本书的组织管理问题讨论,兼顾这类组织。

三、内容框架

本书按照“1+2+4”的框架展开：

“1”指领导的视野。即整个管理心理学都是从领导的视野来分析问题的，虽然作为学习者，不一定是领导者，但在学习管理心理学时，是潜在地以领导者的视野来分析和思考问题的。

“2”指人性估计和文化心理。任何管理都有一个前提，即对人性的认定。人性认定在管理历史上有经济人、社会人、自我实现人、复杂人等理论；文化则是一个文明塑造人的基本依据，文化与管理的各个层面有关。因此，管理的各个层面都具有人性认定和文化的影子。

“4”指管理心理学四个逐级展开的层次。第一，个人层次，即从个体心理的角度讨论管理问题，包括个体的心理品质与管理、个体工作激励、个体工作压力；第二，群体层次，从群体的角度讨论管理问题，包括群体心理、沟通、冲突管理；第三，组织层次，以组织为分析单元，讨论管理问题，包括组织设计中的心理因素、组织心理、组织变革心理、组织应急管理；第四，领导层次，以领导者为对象，讨论组织管理问题，如领导的有效性、领导艺术决策，管理的总体问题等等。

思考题

1. 如何看待心理学的价值和作用？
2. 试述管理心理学的框架。
3. 试述管理心理学的任务。
4. 如何理解中国文化与管理心理学的关系？

第一编　理论基础

任何一门学科，都有其理论基础——贯穿一门学科所有方面的底层理论。

对于管理心理学来说，理论基础就是那些决定这个学科基本性质和特征的理论或思想。这包括管理心理行为发生所在的“组织”知识，决定管理模式的“文化”理论，影响管理方式的“人性”认知。

对于管理来说，这些基础知识是“普适”性的，它们渗透在各个管理领域，相关的理论也体现着这些基础理论。在这个意义上，管理的基础知识具有全息性。

掌握这些基础知识需要宏大的知识储备，也应从管理实践中提炼。

第二章　管理的组织空间

本章重点

一、组织的结构与特征
二、组织设计的心理原理
三、组织生态的心理理解
四、组织与心理的关系

“支部建在连上”

1927 年 9 月，毛泽东率秋收起义余部挺进井冈山。有感于南昌起义、秋收起义相继失败，毛泽东遂在江西永新三湾村改编部队，实行“支部建在连上”：在连队设党支部，在优秀士兵中发展党员，在班排设党小组，在连以上设党代表并担任党组织书记。毛泽东等在领导“工农武装割据”斗争中，深切体会到“红军所以艰难奋战而不溃散，‘支部建在连上’是一个重要原因”，遂纳入 1929 年底古田会议通过的决议案并形成定制，成为建党建军的基本原则和制度，并延续至今。“支部建在连上”，确保了基层党组织的战斗堡垒作用，大大提高了部队的战斗力。

“支部建在连上”是共产党的重要组织经验，是“党指挥枪”的根基，是基层制度建设的关键。

从我国的军队建设看，“支部建在连上”是共产党的重要组织经验，部队则由单一的军事组织发展为军事—政治组织。

就中国共产党历史发展看,“支部建在连上”对国家政治和组织建设而言则是一件大事,这不仅在于军队建设直接促进了战争的胜利,就国家层面看,它甚至是中华人民共和国社会组织设计的一个依据。

从管理机制看,“支部建在连上”的实质是组织再造,表现在:第一,使“党”这一政治因素成为军队的核心。军队组织的结构和形态发生了变化,军队由单一的军事首长转变为军事首长与党(政)的合作、参与制度。第二,党的信念使军队具有了政治使命。第三,由于基层党(员)的个体因素,党员的道德榜样,使军队组织建设的参与性提高。第四,从激励看,基层指战员参与使军队产生了极强的战斗激励机制。

这个案例提示了“组织”的基本问题:组织的基本含义是什么?组织构建的核心是什么?管理如何发生于组织空间?组织空间中的问题是什么?如何化解组织与个人的紧张?这需要对组织理论和组织设计有基本理解。

第一节 组织与组织空间

一、管理活动产生于组织空间内

西蒙指出,人类社会发展有两个重要的阶段:交易与组织化。在现代社会,无论是私营组织还是公共组织,都起着根本性作用。政治学科的目的不是建立神话的(mythical)和效用最大化(utility-maximizing)之上的公共选择理论,而是理解人的行为如何塑造(mold)复杂的社会结构以及如何被复杂的社会结构所塑造。①

随着资本主义的发展,现代社会模式发生了根本的变化。首先是社会结构发生了变化。社会形态从前工业(农耕、游牧等)向工业社会形态转变,相应地,早期以家庭(宗族或部落)为中心的、松散的社会结构转变为以组织为中心的、紧密的、任务性的社会,人的存在也从自然状态向人工组织状态转移。现代组织成为新的社会结构,全面制约着人的生存、生活。在塞尔兹尼克(Selznick)看来,现代组织有自己的历史,这个历史包含了可辨别和可重复的对内部或外部的反应模式,这种模式的固定化就成为现代社会结构。此种社会结构越发展,

① Herbert A. Simon, “Public Administration in Today's World of Organizations and Markets,” *Political Science and Politics*, Vol. 33, No. 4, 2000, pp. 749—756.

组织本身就变得越有价值，成为群体完善的体制性丰富者。其次，组织化生存成为人的生存方式。现代人进入组织，并不仅仅是一种满足个人愿望的“自我”选择，也是一种必然的社会存在方式。从学校到职场，从交往到社会生活，现代人需要在组织中完成，组织甚至起到了某种终极性作用。1998 年盖洛普（Gallup）调查了 800 个美国人，问他们的工作是否影响了他们的心灵生活，33% 的人回答工作极大地提高了他们的心灵生活。这提示，甚至信仰这样的个人性观念也已经超越教堂和家庭而进入工作场所。[①]

故而讨论管理，离不开组织背景，离不开组织的结构与特征，离不开组织空间。

二、组织的含义及类型

组织有不同的定义，一般可以理解为，组织是有意识地协调两人以上的群体互动和力量的合作体系。组织规定个人的责任、成员之间的关系，并调动成员的积极性。其中，组织章程具有核心作用，它以明确化的制度性的方式规定着组织的运行方式和员工的行为方式及岗位要求。

组织类型是多种多样的，按照营利取向，可以分为三类：政府（第一部门）、企业（第二部门）和非营利组织（第三部门）。就组织自身目标看，企业组织以效益为最高原则；第一部门由于是一个国家或政党的执行部门，除了自身的效益追求外，还有政治性使命；第三部门则是基于与社会主流价值契合的某种追求而建立起来的机构，同时具有价值-利益双重任务性，营利非其最高目标。

无论组织性质如何，效益或有效性均是重要方面。这自然需要管理过程来完成。

三、组织的特征

韦伯认为组织有这样的特征：第一，权威和层次。合理和法定的权威，即依法任命并赋予行政命令的权力，是行政性组织的基础。组织内部各种职务分成不同层次，形成一个指挥链，明确规定职权的范围，能保持经营管理的连续性与合理性，能按照才干来选拔人员并按照法定程序来行使权力。第二，专业化分工。专业化分工主要是针对岗位来讲的，为完成组织目标，需要将工作进行专业化划分，这样工人就容易精通本行业的活动和技艺，成为本行的专家。从人

---

① Jean-Claude, Garcia-Zamor, "Workplace Spirituality and Organizational Performance," *Public Administration Review*, Vol. 63, No. 3, 2003, pp. 355—364.

力资源角度来讲,专业化分工是基于岗位的分析而设定的,然后根据岗位分析进行员工选拔。第三,非人情化人际关系。韦伯认为,行政组织为了作出完全理性的决策,必须不受个人情感因素的影响,避免与下属人员、委托人和顾客等有感情上的接触。组织中的每一个人,无论是管理人员还是非管理人员,都服从同样的规章,所有职工都依专门知识技能进行绩效评价,不考虑个人的感情和个性因素。第四,终身职业。行政性组织中的职工应该具有终身制职业,在此前提下培育职工的专业技能。第五,封闭系统。现代组织是一个高度结构化的机械的封闭系统,很少考虑甚至不考虑外界环境的变化与影响。①

对于现代社会来说,终身职业和封闭系统可能不再适合了。现代人的职业发展具有可变性,现代社会的组织活动可以是超越时间空间的,现代组织甚至可以委托另外一个群体来进行某项目的研发,封闭系统已经不适应现代社会了。

概括来看,现代组织有这样的特征:

第一,目标任务性。组织是为实现某种理念性的任务而建立起来的,组织存在的目标是为了满足组织追求的任务。当一个组织不能实现自己的既定任务时,组织存在的可能性就很小了。

第二,效益取向。从起源来看,现代组织是为完成工业化的生产任务而建立的,这决定了现代组织的特征是效益性的,即组织以理性、效益为最高原则进行组织运作。它必须是有效的,能够实现其组织任务的,否则便没有存在的价值,也不可能存在。即使是非营利组织也有其为非营利目的而生存的理性诉求,倘若一个慈善组织没有效益性,那它存在的可能性就会大大降低。

第三,制度限制性。组织是由人构成的群体的集合,由于人有各自的利益和心理追求,群体不一定会以一致的方式互动。组织要想建立和持续,必须要以制度性要求为基础。其实人类在早期时代就有了制度的限定,现代组织更是对成员有各种各样的具体要求。组织的制度性体现在组织的规章制度上。

第四,整体性。组织可以把各个成员和各个部分联系起来,让各个部分达到实现组织任务的目的,体现出大于个体的简单相加的整体性特征,能够实现"1 +1 >2"的目的。如果组织出现"1 + 1 < 2"的状况,则说明组织处于不良状态,提示组织需要一定的改革。

① 〔德〕马克斯·韦伯:《经济与社会》(下卷),林荣远译,商务印书馆2006年版,第278—324页。

四、有效组织

组织主体之间由于观念和利益的不一致，存在着个体-组织，组织-社会的非契合性或紧张，带来成员的心理压力或工作-生活冲突，出现组织单纯追求利益而损害社会利益、缺乏社会责任等问题。

管理的实质是，基于组织制度的人、财、物的最优化协调。实现组织任务这意味着不存在绝对普适的管理模式，管理需要基于组织的结构、特征而设计。

在组织目标确认后，组织的最大任务是追求有效性。有效组织具有这样的特点：

1. 明确的次组织和层次性的个人义务

次组织指组织内部的、小的结构。有效的组织应该有不同的组织层次的制度安排，整个运行都应有明确的规定。如果领导的权利义务没有明确，下属也很难完成好任务。

那么，其背后应有什么样的原则？对一个组织来说，是交换原则。组织的最高目标是效益，但组织之所以能够成立，是按照交换原则进行的。

2. 权力路线明确

权力路线是被明确标记出来的，每个人的工作结果要对某一个领导负责的制度安排。不同层次的权利分割要很清晰，出了事要有相应的负责人。

3. 职责分解承担

一个有效的组织不能有“闲人”，要将职责进行最大限度地分解，直至每一个工作人员承担一个职能。这样的职责分解通过岗位分析决定，而非领导随便设立。

4. 适度控制幅度

这主要涉及团队或群体的问题，人数太多的团队不利于管理，要进行次一级的再分解，从而构成小的团队。这样使得管理幅度变小，能够实现有效的控制和沟通。下属一般不超过 7—8 人，且他们的职能是相关的。

5. 决定权尽可能到基层

这是现代管理的关键，关涉现代企业制度的决定权问题。权力到基层的好处在于，一是让员工参与，二是决定权意味着员工要承担责任。一旦做了决定，结果的好坏就直接与个人有关。

6. 建立横向关系

传统的简单控制方法具有一定的不稳定性，建立横向关系后权利关系就会发生变化利于组织的协同。

第二节　组 织 设 计

一、组织要素

组织结构的基本功能是：(1) 利于产生组织输出并实现组织目标；(2) 最大限度地缩小个人差异对组织的影响；(3) 结构是行使权力的载体（结构决定哪些职位具有权力）、组织的决策和活动场所。

对组织结构的理解存在差异。有学者认为，组织结构主要是组织的外在结构，例如部门设置、组织层级等。但也有些学者认为，组织结构不仅包括组织的外在结构，还包括权力分配、协调机制、规范化等内容。自 20 世纪 60 年代以来，相关研究发现，组织结构维度有 13 种以上，如人员比例、自治度、权力分配、授权、规范化、协调机制、专门化、标准化、差异化、复杂性、控制跨度、垂直幅度等。①

一般来说，组织结构设计应考虑六个关键因素：

1. 工作专门化

现代社会是分工社会，工作一般需要通过专门化来实现，即把一项工作分解为若干步骤，每一步骤由一个人独立去做，并且需要选择合适的人员完成。

2. 部门化

经过工作专门完成任务细分之后，还要按照类别对它们进行分组以便使共同的工作协调。工作分类的基础是部门化，如制造业的经理把工程、会计、制造、人事、采购等方面的专家划分成不同部门。根据职能进行部门划分适用于所有组织。还有一种部门化方法，即根据地域来进行部门划分，如跨国公司的某一国家公司。

3. 命令链

命令链是权力路线，它能够回答员工的类似疑问：“我有问题时去找谁？”

---

① 朱晓武、阎妍：《组织结构维度研究理论与方法评介》，《外国经济与管理》2008 年第 11 期，第 57—64 页。

“我对谁负责?”命令链是通过权威和命令统一性实现的。权威指管理职位体现的能够发布命令并期望命令被执行的权力。命令统一性原则有助于保持权威链条的连续性。它意味着一个人应该对且只对一个主管直接负责。如果命令链的统一性遭到破坏,一个下属可能就不得不应对多个主管不同命令之间的冲突,或面临优先次序的选择。

4. 控制跨度

即一个主管可以有效指导下属的数量。控制跨度非常重要,它决定着组织要设置多少层次,配备多少管理人员。一般的控制跨度保持在5—6人。

5. 集权与分权

集权化指组织中的决策权集中于一点的程度。一般来讲,如果组织的高层管理者不考虑或很少考虑基层人员的意见便决定组织的主要事宜,则这个组织的集权化程度较高。相反,基层人员参与程度越高,或他们越能够自主地作出决策,则组织的分权化程度就越高。集权式与分权式组织在本质上是不同的。在分权式组织中,采取行动、解决问题的速度较快,为决策提供建议的人较多,员工与决策者隔膜较少。近年来,分权式决策的趋势比较明显,这与使组织更加灵活和主动作出反应的管理思想是一致的。

6. 正规化

正规化是指组织中的工作实行标准化。在高度正规化的组织中有明确的工作说明书,有繁杂的组织规章制度,对于工作过程有详尽的规定。工作标准化不仅减少了员工选择工作行为的可能性,而且使员工无需考虑其他行为选择。

二、组织设计过程

组织设计是对组织的结构、正式沟通体系、分工、协调、控制、权威以及责任进行评估和选择,以实现组织目标的过程。

1. 组织设计的影响因素

第一,任务目标。组织建立的任务影响着组织性质和制度框架。一般来说,组织的建立是上一级组织为完成特定任务而设立的,组织的建立即服务于上一级目标,有具体的任务。任务目标是组织设立的基本依据。

第二,价值观念。组织是由人建立的,建立者的观念影响了他对组织性质的认定,自然影响到组织的设计。特别是领导人的心理和价值观直接或极大地决定了组织的性质和结构。

第三，组织结构。组织结构实际上框定了组织的发展情况。一个军事组织与一个生产组织的结构是不同的，它们的组织设计也不同。

第四，人员。人员素质对组织设计有很大作用。员工文化水平普遍较低的组织设计应不同于员工文化素质较高的组织。

第五，环境。环境是影响组织设计的重要外部因素。环境的变化往往导致组织的变革。如互联网时代导致组织内部沟通方式发生变化，带来组织结构变化。

2. 组织设计环节

(1) 理念确立。对于一个大的组织来讲，组织理念其实是价值认定，如社会制度的选择就是领导人理念的现实化。

(2) 组织结构设计。在理念之上，对组织的现实框架和结构进行设计。

(3) 部门设置。为使组织能够发挥理想的作用，要通过设立不同的部门或机构实现，这即部门设置，部门设置要因事设岗而非因人设岗。

(4) 工作岗位设计。工作设计要明确管理者和员工应完成的目标或任务，包括人与任务之间的相互关系，工作设计的目的是使工作具有刺激性、意义性和生产性。

(5) 员工聘任。有了岗位，就要由具体的员工来完成，这通过聘任和培训实现。

(6) 员工与组织管理。组织以效益追求为最高原则，效益的最大化涉及人、财、物诸多方面，这通过常规制度化管理实现。

三、组织设计理论

组织是在组织设计理论指导下形成的。鉴于组织设计不是管理心理学的领域，这里仅做简要介绍。

围绕组织设计，形成了不少理论，主要包括如下基本理论学派：

1. 古典科学管理的设计学派

它以一般组织理论和官僚组织理论为基础，注重组织效率，其核心是组织结构的合理化。多用静态的、结构的和法规的观点来分析研究组织的结构、分工、层次、责任、制度和职权等问题，阐述组织结构的形态，并且提出了组织管理的重要概念，如劳动分工或专业化、工作标准化、职权层次、权责一致的原则、统一指挥的原则、控制幅度、直线与参谋、分权制、部门化和管理过程。它是现代管理学的基础。

2. 组织行为学派

把人的行为和人际关系作为组织研究的基点，注意发挥人在组织中的主导作用，尽量满足人的需要，组织内主管领导人与下属的关系比较和谐，从而比传统等级制更能提高工作效益。强调注重满足员工高层次的需求，设计更有人情味的组织，运用参与制和自我控制来代替专业化、直接指挥和行政式控制。古典组织理论强调高度集权制的组织规章；而组织行为学派则强调人际关系信息的沟通，提倡参与性组织。

3. 权变理论

基本观点是有效的组织设计取决于环境特性，认为要依据组织所处的内外环境随机应变，而不存在普遍适用、一成不变或最好的管理理论和方法。组织结构按内外环境的特点来设计，可分成不同的结构模式。企业按照目标、任务、工艺和外部环境可分为“稳定型”和“适应型”两大基本类型。前者适宜采用“机械式”的组织形式——严格的组织规范、明确的任务、与权力对等的责任；后者则应采用“有机式”组织形式——强调权宜应变、系统内部相互关系、技能和经验。权变理论强调，并不存在一个最好的方法，分权并不一定比集权好，官僚机构也并不都坏，明确清楚的目标也不总是好的，民主参与式的领导风格也可能不适于某些环境，而严格的控制在某些时候也可能是适宜的。组织管理效果如何，完全取决于很多相互作用的内部和外部变量。管理的形式和方法必须根据组织的外部环境和内部条件的具体情况而灵活选用，并随着环境和条件的发展变化而变化。

4. 市场机制和行政等级管理学派

该理论产生于威廉森的经济研究，其实质是企业内各经营单位之间的交换活动是一种经济交易活动。公司内部管理的组织形态分为U型（一元结构）、H型（控股结构）和M型（多元结构）三种基本类型。

5. 层次分析法(AHP)

是由运筹学家提出的定性与定量相结合的组织设计分析方法。它能将难以定量的总目标进一步分解，利用精确化、定量化的子目标系统解决问题，并且能有效地测度子目标的一致性。利用层次分析法建立模型，采用两两比较判断的方式，将组织结构各影响因素排出优劣次序，作为组织结构设计的依据。

四、组织结构形态

当然,现实中的组织结构不是完全按照理论设计的,而是组织在实践中逐步确立的。一般来说,组织结构有这样的形式:

1. 直线制

直线制是最早也是最简单的组织形式,它的特点是企业各级行政单位从上到下实行垂直领导,下属部门只接受一个上级的指令,各级主管负责人对所属单位的一切问题负责。

直线制组织结构的优点是结构比较简单,责任分明,命令统一。缺点在于它要求行政负责人通晓多种知识和技能,亲自处理各种业务。当业务比较复杂、企业规模比较大时,管理者显然是难以胜任的。因此,直线制只适用于规模较小、比较简单的组织。

2. 职能制

职能制组织结构是指各级行政单位除主管负责人外,还相应地设立一些职能机构,如在厂长下面设立职能机构和人员,协助厂长从事职能管理工作。这种结构要求行政主管把相应的管理职责和权力交给相关的职能机构,各职能机构有权在自己业务范围内向下级行政单位发号施令。下级行政负责人除了接受上级行政主管人指挥外,还必须接受上级各职能机构的领导。

职能制的优点是能适应现代化组织生产技术比较复杂、管理工作比较精细的特点;能充分发挥职能机构的专业管理作用,减轻直线领导人员的工作负担。缺点是妨碍了必要的集中领导和统一指挥,形成多头领导;不利于建立和健全各级行政负责人责任制,中间管理层往往会出现“有功大家抢,有过大家推”的现象;另外,当上级行政领导与职能机构的指导和命令发生矛盾时,下级就无所适从,容易造成管理秩序混乱。

3. 直线-职能制

直线-职能制,也叫生产区域制,或直线参谋制,它是在直线制和职能制的基础上取长补短,吸取这两种形式的优点而形成的。这种组织结构形式把企业管理机构和人员分为两类,一类是直线领导机构和人员,按命令统一原则对各级组织行使指挥权;另一类是职能机构和人员,按专业化原则从事组织的各项职能管理工作。直线领导机构和人员在自己的职责范围内有一定的决定权并对自己部门的工作负全部责任;而职能机构和人员则是直线指挥人员的参谋,不能对直接部门发号施令,只能进行业务指导。

直线—职能制的优点是，既保证了企业管理体系的集中统一，又可以在各级行政负责人的领导下，充分发挥各专业管理机构的作用。缺点在于职能部门之间的协作较差，职能部门的许多工作要直接向上层领导报告请示才能处理，这一方面加重了上层领导的工作负担，另一方面降低了办事效率。为了克服这些缺点，可以设立各种综合委员会或建立各种会议制度，以协调各方面的工作。

4. 事业部制

事业部制最早由美国通用汽车公司总裁斯隆在1924年提出，故有“斯隆模型”之称，也叫“联邦分权化”，是一种高度（层）集权下的分权管理体制。它适用于规模庞大、品种繁多、技术复杂的大型企业。

事业部制是分级管理、分级核算、自负盈亏的一种形式，即一个公司按地区或产品类别分成若干个事业部，从产品设计、原料采购、成本核算、产品制造，一直到产品销售，均由事业部及所属工厂负责，实行单独核算、独立经营，公司总部只保留人事决策、预算控制和监督大权，并通过利润等指标对事业部进行控制。也有的事业部只负责指挥和组织生产，不负责采购和销售，实行生产和供销的分立，但这种事业部正在被产品事业部所取代。还有的事业部则按区域来划分。

5. 模拟分权制

这是一种介于直线职能制和事业部制之间的结构形式。所谓模拟，就是要模拟事业部制的独立经营和单独核算，而不是真正的事业部，实际上是一个个“生产单位”。这些生产单位有自己的职能机构，享有尽可能大的自主权，负有“模拟性”的盈亏责任，目的是要调动他们的生产经营积极性，达到改善企业生产经营管理的目的。它们之间的经济核算只能依据企业内部的价格，而不是市场价格，也就是说这些生产单位没有自己独立的外部市场，这也是其与事业部的差别所在。

模拟分权制的优点在于除了调动各生产单位的积极性外，还解决了企业规模过大而不易管理的问题。高层管理人员将部分权力分给生产单位，减少了自己的行政事务，从而把精力集中到战略问题上来。其缺点是较难为模拟的生产单位明确任务，造成考核上的困难；各生产单位领导人较难了解企业全貌，在信息沟通和决策权力方面存有明显缺陷。

6. 矩阵制

矩阵组织结构是指既有按职能划分的垂直领导系统，又有按产品（项目）划分的横向领导关系的结构。矩阵制组织是为了改进直线职能制横向联系差、缺乏弹性的缺点而形成的一种组织形式。其特点是,围绕某项专门任务成立跨职能部门的专门机构,由有关部门派人参加,力图做到条块结合,协调有关部门活动,保证任务的完成。虽然这种组织结构的形式是固定的,但人员却是变动的,任务完成后就可以离开。此外,项目小组和负责人也是临时组织和委任的,任务完成后就解散,有关人员返回原单位工作。因此,这种组织结构非常适用于横向协作和攻关项目。

矩阵制的优点是,这种结构是根据项目组织的,任务清楚、目的明确,各方面有专长的人都是有备而来。从各方面抽调来的人员有信任感、荣誉感,增加了他们的责任感,激发了工作热情,促进了项目的实现,加强了不同部门之间的配合和信息交流,克服了直线职能结构中各部门互相脱节的现象。其缺点是,项目负责人的责任大于权力,因为参加项目的人员都来自不同部门,隶属关系仍在原单位,项目负责人很难对他们进行管理,没有足够的激励与惩治手段,这种人员上的双重管理是矩阵结构的先天缺陷。另外,由于项目组成人员来自各个职能部门,当任务完成以后仍要回原单位,容易产生临时观念,对工作有一定影响。

五、组织结构的发展趋势

企业组织结构发展呈现出新的趋势,其特点是:重心两极化、外形扁平化、运作柔性化和结构动态化。团队组织、动态联盟、网络组织、虚拟企业等新型的组织结构形式相继涌现。其中,扁平化值得强调。所谓企业组织结构扁平化,是一种通过减少管理层次,压缩职能机构,裁减人员,使组织的决策层和操作层之间的中间管理层级减少,使组织最大可能地将决策权延至最远的底层,从而提高企业效率的一种紧凑而富有弹性的新型团队组织,它具有敏捷、灵活、快速、高效的优点。

另外,尤其是在心理学思想的推动下,出现了一些新的组织理论,如学习型组织和创新型组织。学习型组织是通过连续不断的学习过程和实践,创造出能适应外部商业环境变化的组织。创建学习型组织是运用系统思考思想,使组织对外界变化敏感,增强自身的学习能力。而创新性组织指具有创新的理念和运作风格的组织。①

---

① 张剑、王维才:《创造性组织环境研究的新进展》,《北京科技大学学报(社会科学版)》2005 年第 2 期,第 82—84 页。

第三节　组 织 生 态

组织生存的社会、自身结构构成了组织的生存生态。组织生态是理解组织运行和管理的必要视野。

一、组织生态概念

“生态”一般指生物的生理特性和生活习性，也指在一定的自然环境下生物生存和发展的状态。现代意义的生态学(ecology)的词源(eco-)源于古希腊字，意指家(house)或者我们的环境。1869年，德国生物学家E.海克尔(Ernst Haeckel)提出生态学概念，以研究动植物及其环境间，动物与植物之间及其对生态系统的影响。如今，生态学已经渗透到各个领域。

“组织生态学”与“组织生态”是有差异的。“组织生态学”借鉴生物学、生态学、社会学等学科的知识，结合新制度经济学和产业经济学等学科的理论来研究组织个体的发展以及组织之间、组织与环境之间的相互关系，目标是揭示影响组织结构随时间变化的规律。传统的组织理论所持的是组织聚焦视野(focal organization perspective)，分析单一组织问题，组织生态学则转向种群层次，研究某一特定类型组织整体的活动、变化规律。组织生态学按照组织和种群的边界、结构惯性和组织变革、竞争与生态位(niche)、组织种群动态模型展开。组织生态学研究的是组织种群的问题，涵盖了个人、群体、部门、组织、种群、群落等不同层次，然后将其整合、简化为三个层级，即组织内层级、组织层级和组织间层级。组织内层级侧重研究个人、群体、知识、工具和任务等构成组织的要素，组织层级重点研究组织过程、边界、活动系统和战略，而组织间层级则主要研究组织集合内部和相互之间的关系和相互作用。①

“组织生态”是基于生态心理学理论，分析组织内的生态特征，理解组织的视野。生态心理学强调人-环境是互相机理，认为是二者的结合构成了整体的生态系统。在生态系统下，生物、物理与心理共同决定了人的生态行为。人的生态行为过程是动力过程，要考虑时间、空间、距离、阶段总体状态之间的关系。生态心理学视野重点考虑两层关系：一是主体与环境的互动，即个体如何与环境的诸因素关联；二是，当个体评估相关情况(因素)产生行为时，行为动力过程

① 梁磊、邢欣：《论组织生态学研究对象的层次结构》，《科学学研究》2003年第12期(增刊)，第38—45页。

出现了，过程因素机制，变量关系也就成为考察的重点。① 生态学心理学的基本思想实际上是以生态的基本理念，考虑复杂的人内部、人际、组织、结构、物理环境、技术的关系和其他政治社会因素，强调背景性环境的价值，强调主体与环境之间的动态关系。人的行为一方面是通过感知环境，在遗传和行动方式上改变自己，适应环境而出现的；另一方面，个体和组织的适应行为以及组织间信息和能量的流动又对环境发生作用。②

二、组织的生态层次

组织生态包括如下几个层面：

1. 政治—经济—文化社会层

这指当前现代社会的整体文化状况与特征。当前社会正如贝尔所说，是经济—政治—文化三元轴心构成的社会形态，③它们分别以效益（享乐欲求推动）、平等、自我展现为原则相互作用，但缺乏交集和共同轴心。这导致社会规则的多元，也导致社会协调性降低。此外，与贝尔学说不同的是，在 21 世纪的网络时代，社会文化有了新的特质，即传播的普遍渗入特质。现代媒体除了提供传统的信息功能外，也具有新的“媒体功能”，表现在：

第一，为现代人的生存提供了生活榜样。日益社会化的媒体信息渗入式地教给人们生活方式，人们以媒体所宣扬的方式生活。

第二，典型化生存。新闻之所以是新闻，就在于它是生活中的典型，是生活的小概率事件，但在现代无所不及的媒体渲染下，人们以为这就是真实的生活，从而成为典型化生存，人的生活被“新闻典型化”了。

第三，信息过度。信息是人生存的基本条件，没有信息不行，但信息过度化也容易造成心理的浮躁、冲突。信息与人的我向性并不总是一致的，其矛盾冲突带来人们的心理波动。

第四，比较效应。现代社会使人们以媒体信息为标准进行比较，把自己作为对照样本，造成心理浮动。

---

① Naoya Hirose, "An Ecological Approach to Embodiment and Cognition," *Cognitive Systems Research*, Vol. 3, No. 3, 2002, pp. 289—299.

② Daniel Stokols et al., "The Ecology of Team Science: Understanding Contextual Influences on Transdisciplinary Collaboration," *American Journal of Preventive Medicine*, Vol. 35, No. 1, 2008, pp. 96—115.

③ 〔美〕丹尼尔·贝尔：《资本主义文化矛盾》，赵一凡等译，生活·读书·新知三联书店 1992 年版，第 25—26 页。

第五,诱导效应。现代媒体铺天盖地地提供着无数信息,而这些信息中有些是可以激发人的欲望的。贝尔说,人有需求,但不提倡"欲求"。现代人生活在欲求时代,有太多超越需要的无止境的欲求。社会的政治—经济—文化包括媒体构成了组织生态的社会层。

2. 组织层

组织是在一定理念指引下,为实现组织任务而建立起来的人的集合。任何组织均是依据一定的制度而得以形成的。正式制度是成文的组织制度。制度对人的影响是根本性的。在心理学家眼里,只有独立人。其实,人既是个体的,也是群体的,在现代生活中,更是制度的。"制度"规定了人的责任、义务、权利,以体制的方式塑造了"制度人"。制度人与生活情境下的人的思考是不同的。

制度在执行过程中,转化为在一个组织中表现的实际制度。实际制度通常由三个方面决定:明文制度、领导人因素和组织文化。其中,领导人因素是关键。领导人因素作用具体体现在权力的理解或自我赋权上,即领导人所理解的自己的权力正当性和自己的权力的大小。以制度为核心的组织构成了组织生态的组织层。

3. 群体层

组织成员因为正式的或非正式的联系,会形成不同的工作群体或心理群体。群体作为整体,会对成员心理产生各种各样的影响,甚至左右了群体的行为取向与特征。这构成了组织生态的群体层。

4. 个体层

个体是在其心理意义支配下进行社会认知与行为的,而心理意义是在个体的心理内容推动下形成的,心理内容典型体现在个体的价值观-需要系统上。价值观包括生命终极观、社会观与职业观。终极观决定着人的基本行为原则与方式,决定着一个人的社会观和职业观。职业精神决定了个体对外在压力事件的解释与忍受。此外,个体的性格特征、认知特征,特别是具有文化性的智慧,也影响着个体的我向性和适应性。

组织从个体到社会的层面,表现为从外到内的影响关系和组织以制度为边界的内在控制关系。前者表现为,在组织化生存的前提下,个体存在于群体,群体存在于组织,组织存在于政治—经济—文化的社会层面;后者则表现为,组织的制度对群体、个体有极大的控制。由此,可以形成如图 2.1 的组织生态结构图:

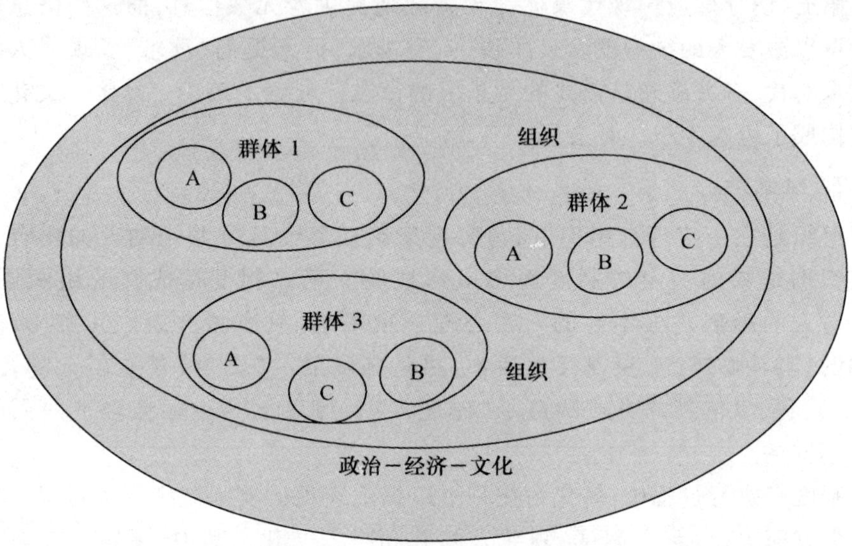

图 2.1　组织生态结构示意图

不同层面的因素的整合,依照"整体大于部分之和"的方式发挥着超出前一层次的作用,如个体之间的整合具有超越个人单一作用的效果,群体之间的整合具有超越单一群体的因素作用,从而使组织表现出在单一视野下难以被发现的特征。如中国公务员制度的"领导中心模式"即是通过生态学视野而得出的公务员组织生态特征的结论。① 可见,组织内部生态学的理解,会得出独特的学术结论。

组织生态视野有三个特征:第一,内在关联性。生态学提倡物种间的相关影响和内在联系,不同物种在整体上是相互影响和相互关联的。第二,整体系统性。生态学把物种纳入整体系统中来分析问题,认为物种是以整体的方式演变的。第三,开放性。生态学认为每个物种都是不断地通过内外物质和信息的交换而发展的。

三、组织生态的几对关系

基于生态系统的观点,组织存在于由几对关系构成的组织空间中。

① 景怀斌:《公务员职业压力:组织生态与诊断》,中央编译出版社 2011 年版,第 170—201 页。

1. 内外关系

这是指组织内部与外部之间的关系。

组织作为相对独立的单元,有以制度为表征的清晰的边界,这是内部环境。但是,组织存在于社会中,与社会有千丝万缕的关系,其关系可以概括为:

第一,社会结构和文化决定着组织的性质、结构和文化。组织存在于一定的社会文化制度中,作为社会的一部分,组织天然地具有所在社会的社会文化属性。如中国的组织无不表现出中国社会文化属性,美国的组织也具有美国社会文化属性。

第二,组织有相对独立性。组织作为有特殊任务的人的集合,有特殊的任务追求,有制度化规约,有清晰的边界和独立性,如大学组织、军队组织等都有各自的独特性。它们作为社会的有机组成,分工而又协作地完成社会的生产和运行功能。

不理解组织内部与外部的性质关系,就无法理解某一组织的基本运作机制。

2. 前后关系

这是指组织的历史。

凡是组织,一旦产生即生存于自己的历史过程中。组织的历史是理解组织的重要方面,如对军队的理解,无论是何种国家,都不能不从其历史进行。

组织的历史,存在着"大历史"与"小历史"的关系问题。"大历史"即时代性的历史更替,如中华人民共和国的历史关系;"小历史"即组织内部的先后发展关系,如中华人民共和国的建国与改革开放的历史。

理解组织的前后历史,可以更好地把握组织的特征、结构和体制。

3. 上下关系

这是指组织中上级与下级关系。

组织是通过对组织中人、财、物的统合利用而实现组织目标的,而这主要通过权力运作来实现。这就带来组织的上级与下级的关系问题。

组织的上下级关系体现在部门关系、组织领导关系和领导者关系中。部门关系主要是上级部门与下级部门的所属关系,组织领导关系是领导的制度关系,领导者关系则是领导人的关系。

4. 左右关系

这是指组织中同级的部门与人员关系。

大型组织是由不同部门组成的，因此，组织存在左右关系。左右关系主要是协作关系。协作往往是通过管理发生的，管理也体现在这些关系中。

四、组织-员工关系的紧张与化解

虽然有些组织宣称帮助人实现自我价值，但有一个条件，即个体的自我价值与组织的自我价值必须一致，反之则被组织抛弃。在世界各地，理性目标和心灵丰富的冲突随处可见。如调查显示，人们希望发现工作的意义来提高工作动力。[①]组织化生存与人的个人意向存在冲突。

1. 人的本质与我向性

(1) 人的"意义"本质。

从根本上看，人是本能性具有意义寻求需要的动物。"意义"是人及其活动的本质属性特性，具有活动、文化和道德实在性。这就是说，人的心理基本成分和表现特征是"意义"的，同时，正是这些"真切"的心理意义决定了人们的行为方式和行为性质。心理意义具有行为的心理力量并表现出社会文化道德感的"实在性"意义。

人们对"意义"有不同理解，常常约定俗成地把它理解为"含义""价值""作用"。这里，把意义定义为"个体意向事物的符号含义及相应的心理体验"[②]。这个定义显示着"意义"的若干特征：第一，"意义"是个体性的而不是普遍性的，即"意义"是个体情境性的，是个体已有的心理内容与环境信息的互动结果。第二，"意义"是意向的或心理选择性的。这里的"意向的"指个体心理指向的或已经选择的，是个体对事物的心理锚定。第三，"意义"可以是有意识或无意识的，是心理的有意无意的指向或选择。第四，"意义"为事物的符号含义表征。语言符号表征着指定事物的"意义"，人也借助于符号表征自己的意向。符号是某一个文明体对事物含义的标定，具有文明体的共享性。第五，"意义"具有情感（情绪）体验。情感伴随着意义过程伴随着情感活动，意义是有情感性的，情感更多是意义的副产品。

人的意义精神世界，可概括为如图2.2的结构或框架：

---

① Jean-Claude, Garcia-Zamor, "Workplace Spirituality and Organizational Performance," *Public Administration Review*, Vol. 63, No. 3, 2003, pp. 355—364.

② 景怀斌：《心理意义实在论》，暨南大学出版社2005年版，第15—19页。

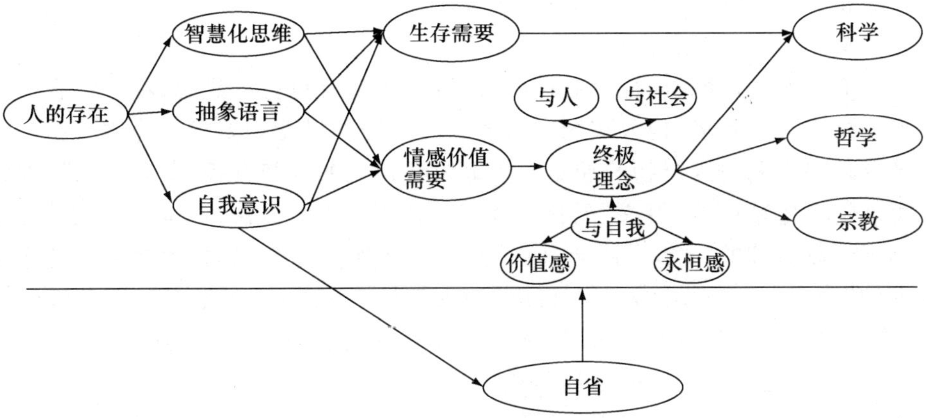

图 2.2　心理意义状况示意图

图 2.2 提示,人高度发达的大脑为人的意义精神生活提供了物质可能性,人可以使用符号语言使人的精神生活具有超越性和现实性;人具有自我意识,使人对于自我存在有预期追问,产生生死困惑和永恒追求感。这使人具有动物没有的二元精神特质:生存的理性精神世界和生命的情感精神世界。生存世界通过理性思维方式解决,而情感则通过终极感认定。终极问题体现在自己与自己、自己与他人、自己与社会几大方面。对人的二元精神世界及其困境的认知,形成了科学、宗教、哲学的解释路径,这些解释构成了人类文明的核心。

(2) 心理的我向性。

无论是个体已有的心理内容,还是心理内容与环境信息互动而产生的心理意义,个体的心理都具有我向性特征。我向性指个体心理具有自我标准,并以此来评判遇到的环境信息的性质。我向性表现在下列几个方面:第一,我向性心理内容。有些心理内容本身具有强烈的我向性,如价值观念、兴趣、爱好、意向等等。它们既是心理内容的一个方面,又表现了个体的自我标准。第二,心理内容的我向性习惯或定势。指个体的心理内容作为心理反应物所具有的习惯性和定势性。即在心理内容重复作用的情况下,个体心理内容会成为一种需要,成为相应心理活动的准备状态,影响着下一个心理活动。第三,我向性程度。我向性还表现在我向性程度的强弱上。①

2. 组织-人关系的紧张

上述分析显示,人的心理的基本特性是我向性,而现代人的存在又是组织

① 景怀斌:《心理意义实在论》,暨南大学出版社 2005 年版,第 51—53 页。

性。这样,我向性-组织强制性就构成现代人组织生存的天然内在紧张,或多或少地引发个体-组织张力或冲突。

从个体看,心理我向性是必然的,即每个人都有自己的意志,都有以自己的意愿为标准要求环境-他人按照自己的意向行为的潜意识要求。而现代组织因其任务性追求和对人财物的控制而使组织有强大的优势和控制力。这样,组织不可能把个体精神的"意义"看做关注点。按照韦伯的看法,资本主义前的社会是基于宗教信仰的"意义"社会,而在资本主义现代社会,工具理性文化解构了早期的"意义"。现代组织也不再以"意义"为评价指标,而是以经济绩效为指标,现代组织管理的训练也是以追求效益为主的工具理性训练。在现代组织中,个人的满意感、意义、社会福利被组织放在次要地位。

个体我向性与组织意志是紧张甚至对立的。一般来说,二者以组织为决定者方,即个体如果要在组织中生存,就要放弃自己的我向性,接受组织的意志。但是,个体天然地不愿放弃或消解自己的我向性,这样,个体和组织的紧张关系几乎是无所不在的。其作用框架可如图 2.3 所示:

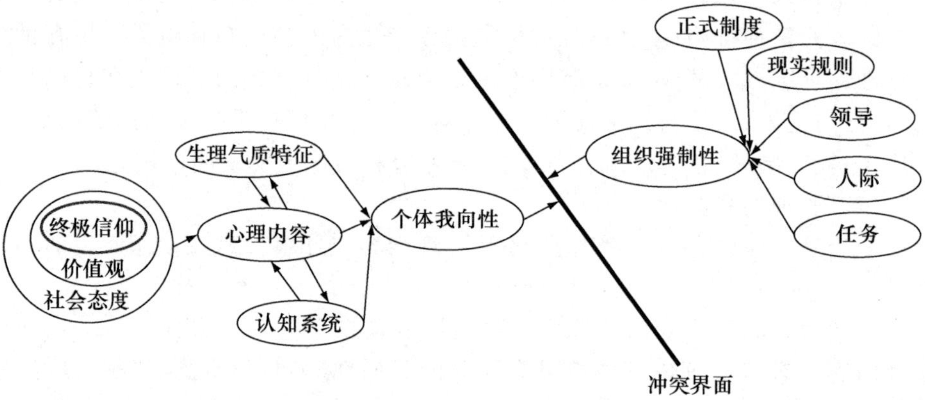

图 2.3　个体-组织关系紧张示意图

由于组织的任务性、制度强制性,组织成为消解和抑制个体我向性的强势团体。

首先,现代组织为实现其任务,必然采用制度的方式压制个体意图。现代组织通过规定个人的责任与成员之间的关系,通过不同的激励和晋升制度调动成员的积极性,这些制度规范着员工的行为方式和岗位要求。现代组织是以理性计算为原则对组织进行要求和管理。这样,组织以惯常的、效益的、非人情化的方式处理相关问题。对于个人来说,组织是"无情"的。在这个过程中,个体的存在被忽视、压制甚至被强制性地技术化了。

其次，组织拥有人财物的控制权，且总是以组织为最终的利益判别标准。对于现代人来说，个体是为生存而进入组织的，进入组织后就成为组织的“部件”而参与整体运作。为使这个过程顺利，组织自然以自己的制度、文化和行为方式改造个体，使其成为组织人。按照 ASA（attraction-selection-attrition）理论，个体被那些与自己价值观一致的组织吸引，于是就产生个人的价值观与组织价值观的一致性，组织也倾向于选择那些与其价值观一致的员工，在组织中，那些与组织价值观不一致的员工最后将主动或被要求离开。[①]

可见，现代组织秉承组织中心原则，它实际上要求个体放弃我向性。显然，这与个体的本性是不完全一致的。

3. 组织-员工关系紧张的化解

从人的基本特性和组织特性看，组织与员工有天然的内在紧张关系。因此，组织的管理有一个基本的任务，即化解这一组织紧张关系。

如何化解？

第一，人员筛选的方式。即以组织任务和章程为标准筛选认可、认同组织的员工，选择那些合适的人进入组织，由此消除员工与组织的紧张。

第二，人员培训。对选入组织的员工，进行组织文化、组织精神培训，使其进一步接受组织的目的、规则或制度。降低组织与员工的紧张。

第三，组织关注员工的需要，满足员工的心理要求。以此降低员工的内在抗拒。

第四，强制性措施，即通过金钱的、纪律的措施，强制性地使员工与组织目标一致。

通过这些方式，现代组织往往能够使员工与组织目标大致一致，但是毕竟二者存在内在紧张。真正的好的组织应做到双方利益兼顾，使员工献身组织，这需要对员工利益的兼顾，具有高超的管理理念与措施。

五、组织-社会关系的紧张与社会责任

任何组织都是围绕其任务而建立的，都有任务优先性。加之组织有清晰的边界，受制度限制，组织往往把其利益放在第一位。然而，组织又是生存于社会中的，作为社会成员，其必须承担社会责任。这二者之间存在一定的紧张性。

---

① Joel Podolny et al.，“Revisiting the Meaning of Leadership，” *Research in Organizational Behavior*, Vol. 26, No. 1, 2005, pp. 1—36.

一些企业为了自己的利益，甚至弄虚作假、官商勾结等，这些都是组织与社会责任关系紧张的体现。

如何化解组织与社会的关系紧张？这需要组织具有高度的社会责任感。

组织应有更高的服务社会的责任感。这是“科学管理”诞生时期一位名叫谢尔登的企业家基于组织的某些社区功能而提出的。组织的社会责任指组织对于社会有道义的义务。[①] 泰勒强调员工和组织的关系，而现在人们强调组织与社会的关系。一般认为，组织具有社会责任。企业（组织）社会责任的实质是“在企业产权制度以及承载企业的社会环境的当代演进中，企业与股东以外的其他社会成员的关系对于企业利益的重要性，使得企业在涉及股东之外的其他社会成员的利益关系时所产生的主动维护这些社会成员的利益的内在要求”[②]。*SA8000* 是社会道德责任标准 *Social Accountability 8000* 的简称。制定 *SA8000* 标准的想法源自于瑞士通用公证行国际认证部（SGS Yarsley ICS）和国际商业机构社会审核部主管人之间的一次谈话。双方共同认为社会审核领域在全球范围内正在不断扩展，有必要对社会道德责任进行审核，在工商界也应确立与公众相同的价值观和道德准则，为此，需要制定社会道德责任标准或规范，并开展审核认证活动。1996 年 6 月欧美的商业组织及相关组织召开了制定规范的初次会议，该会议在商业（包括大西洋两岸的领先的商业公司）和非政府组织中引起强烈反响。会议拟订了制定新标准的备忘录。基地设在伦敦和纽约的英美非政府组织——经济优先领域理事会（CEP）积极参加了制定新标准的最初几次会议，并被指定为维护新标准的组织。随后 CEP 设立了标准和认可咨询委员会（CEPAA），任务是跟踪、监督、审查新标准制定的进展情况。美国等国家的很多公司对应用新标准的反应非常积极，在纽约召开的第一次会议上产生了该标准的草案。1997 年，*SA8000* 社会责任标准通过，目前是企业社会责任的代表性指标，其内容为：

（1）不使用或不支持使用童工。

（2）不使用或不支持使用强迫性劳动。

（3）健康与安全，提供安全的工作环境和工作条件。

（4）结社自由及集体谈判权利。

（5）不从事或不支持歧视。

---

① Brian J. Hoffman and David J. Woehr, "Aquantitative Review of the Relationship Between Person-organization Fit and Behavioral Outcomes," *Journal of Vocational Behavior*, Vol. 68, No. 3, 2006, pp. 389—399.

② 陈永正、贾星客、李极光：《企业社会责任的本质、形成条件及表现形式》，《云南师范大学学报》2005 年第 37 卷第 3 期，第 38 页。

(6) 惩戒性措施,不能有身体或精神上的侮辱。

(7) 工作时间,一周不能超过48小时,每周至少休息一天。每周加班不能超过12小时。

(8) 工资报酬,最低工资标准和符合法律的支付方式。

(9) 管理体系,高层应制定有关社会责任和劳动条件的公司政策。

思考题

1. 如何理解管理与组织空间之间的关系?
2. 试述有效组织的特征。
3. 试述组织设计的主要理论。
4. 试述组织生态的层次。
5. 试述组织生态的几对关系。
6. 试述组织-个人之间紧张的原因及化解方式。

第三章 文化与管理模式

本章重点

一、文化的含义与管理价值
二、文化的代表性理论
三、中国文化的特征与结构
四、美国文化的特征与结构
五、跨文化管理基本原理
六、管理的文化原理

卡诺莎觐见

1076 年 1 月，神圣罗马皇帝亨利四世（公元 1050—1106）与教皇格里高利七世因主教任命发生冲突。教皇改变了规则，各地的大主教只能由教皇任命。亨利四世召集沃姆斯宗教会议，宣布废黜格里高利七世。他发出一封侮辱信给住在罗马的格里高利，开头称“希尔德布兰德，你现在已不是教皇，而是假僧侣”。收尾写道：“朕，亨利，神授的国王，偕朕全体主教告诉你：滚开！”然而，格里高利一点也不怕亨利的威胁，他在拉特兰宗教会议上开除亨利的教籍，教皇对亨利四世处以“绝罚”。

绝罚是教会制裁的一种方式，即将某人从信徒团契中排除，是神职人员和教徒所受的重大处分。按天主教神学所说，受此处分者死后不能升天。绝罚意味着受罚者在社会和宗教生活中受到信教群众的排斥。绝罚的仪式之一是，12

位神父手拿点燃的蜡烛，环绕主教站立，当主教喊出绝罚判决时，神父们将蜡烛丢到地上，并用脚使劲踩灭。判决告示随后被送往各堂区，公开受绝罚者姓名，并宣布判决原由。绝罚者陷于悲惨无助的境地，任何人不得探访他的住处，不得与之祈祷、说话、吃喝及亲密。

其时，对于亨利四世来说，若在一年之内没有获得教宗的宽恕，他的臣民将要对他解除效忠宣誓，德国的诸侯们就不再承认他的合法性，而亨利四世又没有足够的兵力来制服反叛的诸侯。情况已很明显：除非亨利四世能重获教籍，否则他的皇位就将被颠覆。此时亨利正面临着国内诸侯的再次叛乱，他的皇位受到威胁，除了与教皇和解外别无途径。于是亨利不得不来到教皇的驻地，请求格里高利的宽恕。1077 年 1 月 25 日，亨利四世只带着少数随从前往意大利求见教皇。而格里高利害怕亨利的敌对行动，躲藏在一座名叫卡诺莎的城堡里，拒不接见。亨利被迫忍受污辱，他穿着悔罪的衣服，冒雪在城门外等候三天之后，教皇终于作出让步，给了这位忏悔者一个赦罪的吻。亨利匍匐在教皇面前，展开双臂，使全身呈十字形，接受了教皇的宽赦。

"卡诺莎觐见"反映了教权与王权的斗争，有复杂的历史、文化及权力斗争原因，可以从多方面解读。就事件本身看，教皇利用宗教信仰及其心理和文化力量抗衡世俗皇帝，说明了文化的力量。"仅仅几年之前，'神圣的皇帝'还有权革除不圣洁的教皇的职务。现在格里高利竟宣称：哪怕是地位最低的神职人员，他施行灵性拯救的能力也超过世上所有国王与皇帝……格里高利对亨利施行宗教上的绝罚，使亨利四世由一位'凭血统和法统树立的神圣皇帝'变成一个宗教上的罪人。"①

历史是面镜子。大量的史实说明，文化的作用不能被忽视。今天要构建和谐社会，需要处理不同民族、不同利益群体的问题，应从他们的文化心理出发，不能简单以"科学""理性"的方式进行管理。"信仰"不是"科学"能够解决的。

第一节　管理的文化性

人是文化性的动物，文化是多层面的人类文明成果。人类正是通过对存在之"道"的理解、描述与应用而使自己走上独特的人文存在之路。

---

① 〔奥〕弗里德里希·希尔：《欧洲思想史》，赵复三译，广西师范大学出版社 2007 年版，第 79 页。

一、文化的概念

文化概指一个社会成员所获得的知识、信仰、艺术、法律、道德、习俗及其他能力的综合体。从心理层面看，文化是共享的、符号的认知或意义系统，它是个体在共享的语言、历史、地理环境下的接受、相信、评价、沟通、行动，一代又一代修正地传递下去。①共享的文化塑造了个体，形成人的生命意义世界，并使人成为具有社会属性的人。从社会层面看，任何经济、政治、社会都是由规则、惯例、习俗和行为信念组成的复杂文化混合体，它们构成人们日常行为的选择方式，并决定了人们达到预期目标的路径。以惯例、习俗和行为信念为核心的非正式规则甚至具有正式规则不能替代的作用，它们来自代代传承，并成为文化的一部分。②可见，文化不仅传递着人类过去的知识，给定了社会制度规则，塑造了当下一个个鲜活的生命体，还以过去的方式给定了现在和未来的形态。

一般来说，文化分为三个层次，即物质、制度和社会心理。物质文化体现在人类创造的物质存在中，如中国传统建筑；制度文化是一个社会运行的基本规则，是文化性体系；社会心理则是一个时期内反映制度文化的心理体现。

二、文化的特征

1．习得性

文化是通过后天学习而获得的，是人在出生之后受生活环境影响，特别是家庭影响而形成的。

2．社会性

文化是社会性的。文化的基本单位是“文化体”。比如说，韩国、日本属于东亚文化体，受儒家思想影响。

3．差异性

不同文化具有明显的差异性。如伊斯兰文化与基督教文化有很大不同。

4．稳定性

文化一旦开始发展，就具有相当的稳定性。如中国文化的核心思想在春秋

---

① Harry C. Triandis, “The Psychological Measurement of Cultural Syndromes,” *American Psychologist*, Vol. 51, No. 4, 1996, pp. 407—415.

② 〔美〕道格拉斯·诺斯：《对制度的理解》，见〔美〕科斯等：《制度、契约与组织——从新制度经济学角度的透视》，刘刚等译，经济科学出版社 2003 年版，第 15 页。

时期形成后一直持续到现代。文化的稳定性在特殊情况下也非常明显。例如,泉州现在还保留着一种叫做"唐乐"的乐器,它来自中原,随着迁移人群流动而在南方保留下来。吉尔吉斯斯坦有一个"陕西村",是当时的陕西人移居过去的,现在还保留了很多老陕西的风俗习惯,说着陕西话等。

5. 核心发展性

文化是发展的,但其发展方式表现出核心性,即文化是围绕其核心性概念而发展的。例如西方的上帝观念,无论是罗马国教,还是文艺复兴马丁路德的新教主义改革,都围绕此展开。再如,中国的"仁""义""礼""智""信",虽然不同时期含义有异,但基本意思都保持不变,且以其含义为中心而扩散性发展。

6. 强制性

文化会以强制性的方式要求人们接受它。其原理是,文化以群体的心理力量强制个体遵守它、体现它。当个体没有表现出该群体的文化行为时会被群体排斥,如此使个体不得不接受其文化要求。

7. 文化的复归性

文化的发展有内在规律,是基线稳定下的波动。

文化的内在规律之一是文化有波动性。在历史过程中,文化有可能回归传统。比如说,近几年国学在中国的兴起就是很典型的例子。但这种回归加入了新的成分,有人很贴切地称之为:新古典主义。就是说我们现在讨论的国学已不是传统的东西,只是把传统文化的价值拿到现在以解释现代的文化,赋予它新的意义。

对于文化,很难用好或不好的观点来判断。当你意识到某一文化"不好"时,就要反思自己的文化标准了。

三、文化形成

文化发展表现出三个规律性特征:(1) 地理环境塑造社会形态;(2) 终极追寻形成信仰学说;(3) 信仰系统框定文明架构。民族生活的地理环境造就了人们早期的社会形态,如中国地处温带气候,西部为连绵的高山,中部为广袤的平原,水系自西向东,东部土地肥沃,适合农耕,形成了农耕社会形态,生活相对平安,但靠天吃饭,掌管人类命运的是能够带来雨水的"天(帝)";而希腊为丘陵地区,干旱且缺少植被,人们以海洋为生活资源,形成了海上冒险的风俗,掌管人们命运的为不确定的自然力量,形成了神力信仰和理性应对。人作为有高级自我意识的动物,会更深入地思考人的终极价值或生命意义,社会的管理也需要更高的信仰力量来统合，这形成了以终极信念为核心的心灵价值学说，人类不断回答、合理化生命意义，形成了不同的文明思想，如中国儒家的心性思想与西方的上帝信仰思想。这些思想作为文明的理念基础，框定了文明体的社会形态，如中国的道统、政统、学统的国家管理框架，西方则围绕“上帝”理解，在长期的演变、争斗中形成了国家的三权分立，体现文化的神学、科学、哲学等构成了文明框架。

四、文化作用的原理

首先，文化塑造了人的心智结构。共享的文化使人具有性质类似的认知框架，处于某一文化的人，形成了相同的、类似认知世界的心理框架，从而使人们具有心理共同性和心理沟通的可能性。

其次，文化给定了终极-理想维度下的意义系统。成熟的文化无不从人的终极关怀开始，给出生命存在的根本价值，提出社会发展的理想模式。由此对人的生命提供了终极解释，是生命有价值感，目标感，起到了安身立命的作用。

最后，文化框定了共同体的价值观-伦理行为规则。文化作为价值观，具有道德行为规范作用，维系着社会的理性运行。道德是社会运行的“高线”，以自觉的方式规范人们的行为，法律则是社会的“底线”，违者受到惩处。“卡诺莎觐见”中的“绝罚”是宗教行为，但绝罚之所以能够起作用，是因为上帝信仰的文化使人认为，受到处罚的人是罪人，是道德品质不好的人，牧师由此不再给受到绝罚的人主持婚礼，婴儿出生而没有合法化，从而使绝罚发挥巨大的心理力量。

可见，文化全息性地影响到管理的各个方面，在管理中有基础性作用。

五、文化与管理模式

无论如何理解文化，文化都是以终极信仰为核心的。“终极观”是通过神圣或至上存在体悟而获得的生命存在意义和价值的根本理念，它既是人生目的、动力，也是人生原则，其作用内在可获得心灵安顿，外在可产生德性行为，从而体悟生命的意义感和价值感。[①]

文化不仅决定了文明的形态，更决定了管理的模式。模式大致可以理解为某种事物的标准形式，是可以使人照着做的标准样式，它是从不断重复出现的事件中抽象出来的，是在解决问题中形成的经验的归纳总结，是方法论性质的，

---

① 景怀斌：《孔子“仁”的终极观及其功用的心理机制》，《中国社会科学》2012 年第 4 期，第 46—61 页。

即无数次地使用那些已有的解决方案。从这个角度看,特定文化中的管理理论、方法论,即成为管理模式。管理模式表现在如下几个方面:

第一,提供了社会认知图式。终极观是低层世界观和生命观,往往由宗教信仰或基本哲学观决定。以终极观为核心的"意义"如此重要,不仅决定了个体的生命意义和认知模式,也决定着某一文明体的社会结构和形态。如西方基督教信仰体系决定了西方长达千年的正教合一的中世纪宗教社会形态,其思想中的契约思想促进了现代西方的法制观念,对上帝的认知影响了西方职业精神、诚信观念等核心价值观。①美国社会生活的各个方面,从自我观念、道德依据、市场经济,到民主与政体,无不有基督教的影子。②同样道理,儒家以"仁"为终极观进行社会判断和构建。

在现实中,终极观的作用极为明显。例如,美国前众议员吉姆·斯莱特里说:从美国历史来看,天主教选民一直占选民数量的大约30%,现在支持民主党的天主教选民大约为52%—53%,过去曾经高达65%,天主教选民在历史上支持民主党,现在逐渐转向支持共和党。共和党人明白,他们可以通过宗教方面的议题,使那些经济政策上支持民主党的天主教选民转而支持他们。这些人通常都是低收入人群,本来应该支持民主党,但是由于共和党反对堕胎,反对禁枪,反对同性婚姻,所以尽管共和党的经济政策对低收入人群不利,他们仍然会投票给共和党。这种现象很令人吃惊,这是美国政治中的新现象。③

第二,影响组织结构。文化极大地影响了一个组织的框架,如中国的文化很难带来"三权分立",而只集权于皇帝。比如西方三权分立国家制度的设立,有历史、时代的原因,但更有文化的原因。美国开国者受基督教的原罪思想影响,认为人不是完美的,可能会犯错误,因而,人应有控制,提出权力制约的国家机制。而中国传统社会认为皇权天命,天是神圣的、完美的,自然皇权就不受他人控制。当然,后来封建国家提出了"德"的主张,以"德"来调整皇帝的行为,但总体仍是以皇权至上为主的。可以看出,文化的终极信念关系到组织制度的建立。

第三,影响管理制度。管理措施的制度化即是管理制度形成。表面上看管

---

① 〔德〕马克斯·韦伯:《新教伦理与资本主义精神》,于晓、陈维纲译,三联出版社 1987 年版,第58—68 页。

② Richard Madsen et al., *Meaning and Modernity: Religion, Polity and Self*, Berkeley and Los Angeles: University of California Press, 2002.

③ 〔美〕吉姆·斯莱特里、赵忆宁:《美政客可以不懂中国,但得懂这四点》,观察者网,2014 年 3 月 15 日, http://www.guancha.cn/Jim-Slattery/2014_03_15_213950.shtml。

理制度是具体的管理规定,但这与某一文化对人性的认定有密切关系。如果认为人性是好的,那么就会用亲和、宽松的方式进行管理,如果认为人是懒惰的、自利的,则会用控制、惩罚的方式进行管理。

第四,影响组织的现实运作。如在中国的组织中,人情的因素明显,而在西方组织中,责任因素明显。中国的情感管理与中国的人情社会有关,而西方的科学管理与其契约思想有关。

可见,文化与管理密不可分,管理体现着文化,管理本身即为文化。

第二节　文化的衡量

文化是宽泛的概念,如何衡量或判断是理解文化的重要方面。但是,由于文化的复杂性,很难给予准确的判定。这里介绍几个理论观点。

一、终极三维观

文化是以终极观为核心的共享性的观念综合体。[①] 基于此,本书勾勒出以终极观为核心的文化判断三维理论。主要观点为:

1. 终极本原

"意义寻求"是人的本质需要。"意义寻求"可以理解为获得生命秩序感、目的感、有效感等意义性感受的心理过程。[②] 人的心理活动及其过程始终关涉意义的构建。

人的"意义"系统是围绕人的终极追问而展开的。脑科学研究发现,人的大脑高度发达,其生理机能使人能够使用抽象的语言符号,从而具有与动物不同的"概念化自我"[③],具有能够反思自身存在的高级自我意识。然而,人的生命却是有限的。人基于有限的生命对自己的存在及其价值发出根本性的追问,如:我们为什么来到这个世界上?我们将向哪里去?生命的性质是什么?生命

① 景怀斌:《孔子"仁"的终极观及其功用的心理机制》,《中国社会科学》2012 年第 4 期,第 46—61 页。

② Crystal L. Park, "Making Sense of the Meaning Literature: An Integrative Review of Meaning Making and Its Effects on Adjustment to Stressful Life Events," *Psychological Bulletin*, Vol. 136, No. 2, 2010, pp. 257—301.

③ M. R. Leary and N. R. Buttermore, "The Evolution of the Human Self: Tracing the Natural History of Self-Awareness," *Journal for the Theory of Social Behaviour*, Vol. 33, No. 4, 2003, pp. 365—404.

的价值是什么？①

人们对这些问题的回答，形成了不同的神圣性的终极本原观。西方的“神圣”终极观念与上帝联系在一起，其终极观往往围绕彼岸世界的“造物主”展开；中国传统文化更多地是由“天”及其“道”和“理”的衍化而生发的对“人之为人”的思考，其终极观大都是基于现世之“道”的一种生命体悟。

终极本原观是人的价值观念核心，人在社会生活的各种价值观受之制约，与此有千丝万缕的联系。

2. 个人与自我

人生活在自己的世界里，这个世界即为精神世界。在精神世界里，人关注自我、思考自我和追寻自我，通过对自我的理解和反思来思考生命意义。

人与自我的核心方面是生命意义的追寻。生命意义的追寻离不开人性与人生观。不同文化均在其终极观基础上进行人性认定和生命价值追寻，如西方基督教的人性罪感认定及其人生目标。对于西方文化来说，生命的意义是获得上帝的救赎，蒙恩得救，进入天堂，承担上帝赋予的人的责任。对于中国文化来说，则是性善认定及其“内圣外王”的人生追求。

3. 人与社会

人既是单个的存在体，又是社会人，人必定与他人存在这样或那样的关系，正是这样的关系构成了社会。

人与社会的关系同样由终极观念系统决定。如中国的伦理文化强调差序性，强调尊尊亲亲，“三纲五常”。所谓三纲，即“君为臣纲，父为子纲，夫为妻纲”，要求为臣、为子、为妻的必须服从于君、父、夫，同时也要求君、父、夫为臣、子、妻作出表率；“五常”即仁、义、礼、智、信，是用以调整和规范君臣、父子、兄弟、夫妇、朋友等人伦关系的行为准则。这些思想均与中国传统的“天道”观联系在一起。而西方的基督教信仰强调上帝信仰的超越血亲性，是以上帝为核心的平等、关爱等。

人与人的关系也体现在个体-群体（组织）的关系问题中。这个维度可以用现代人们常用的个人主义或集体主义来理解。

个人主义有不同界定。有人把个人主义理解为，基于契约的，由窄小初级群体和协商关系构成，对取得社会地位有特殊的义务和期望的社会存在。这一

① B. B. Frey et al., “Measuring a Dimension of Spirituality for Health Research: Validity of the Spirituality Index of Well-Being,” *Research and Aging*, Vol. 27, No. 6, 2005, pp. 556—577.

定义集中于个体性，强调个体的目标、个体的独特性、个体的控制及其社会性行为。在测量上，集中在这些方面：独立性，强调个人的自由、自我实现和对生活的自我控制；目标性，个人对目标、愿望和成就的追求；竞争性，竞争和成功；独特性，强调个人的独特品质和特殊性；私人性，思想和行动不同于他人；自我认识，个人了解自己，自我认同；直接沟通，直接提出自己的要求和愿望。

集体主义与个人主义相对，它假定人是相互连接的，互相拥有义务，社会有共同的命运、目标、价值，个人是社会的一员，行为选择依赖于群体标准。群体包括家庭、部落、种族、宗教等。在集体主义的测量上，表现在这几个方面：关系的，个人是与别人有密切关系的整体；从属的，个体乐意成为群体的一员；责任，成为群体的一员需要责任和奉献；和谐，关注群体的和谐；建议，做决定时向密切的人寻求帮助；背景性，根据事件群体情境而有不同的自我表现；层级性，社会有明显的层级和身份差别；群体参照，倾向于群体活动和标准。①

4. 人与自然

文化也体现在人和自然的关系上有三种理解：第一，服从或屈从，即自然或超自然的力量决定了事物的进程，人类只能服从于它；第二，主宰，人发挥能动性，控制自然和环境；第三，和谐，人与自然元素保持平衡。

中国文化主张人和自然的关系应是以自然精神为摹本的“天人”相符关系。如孔子强调，天不言但造就了万物，人对自然应接纳、模仿和学习，这就形成了中国的天人合一思想。“天人合一”是有层次的，第一个层次是人和自然之间物的协调。不破坏自然，不控制自然，不消灭自然。第二个层次是精神上的，人的思想和行为原则与“天”的精神实质匹配或契合。这是对物质性“自然”的精神把握，是对“道”的认识。

西方宗教重点关注人和上帝的关系，自然是一种外在的存在，人受上帝的委托管理世界，因此可以控制和改造自然。

终极本原及人与自我、人与社会、人与自然的交叉关系构成了文化的不同层面。如人与自我，人与宇宙自然方面的追寻往往关涉精神超越，形成了宗教信仰，如上帝信仰，天道（“仁”），这构成了人文精神的诸多学说；人与自我，人与人方面的互动，构成了伦理道德方面的活动，涉及道德何以可能、何以作用；人与人、人与自然方面，主要构成了社会经济活动。

人的所有活动都是在心理与世界的框架下展开的，以终极观为核心的宗教

① Daphna Oyserman et al.,“Rethinking Individualism and Collectivism: Evaluation of Theoretical Assumptions and Meta-analyses,” *Psychological Bulletin*, Vol. 128, No. 1, 2002, pp. 3—72.

信仰、道德伦理,社会经济的开放、互动等作用,构成了文化世界,产生了形形色色的观念与行为,如时间观念。“时间”有三个取向:过去、现在和将来。“过去”取向认为,过去的经验为今天的决策提供了最好的依据;“现在”取向认为,不管过去和将来怎样,今天的需要最重要;“将来”取向认为应该面向长期目标,为了达到长期目标,今天应有所牺牲。时间取向一定程度上与宗教信仰相关。基督教逐步形成了线性时间观,时间由过去走向未来,浪费时间是严重的罪恶,因为上帝更愿意看到人们积极地履行他的意志。这与东方文化的循环时间观有很大不同。

终极观三维关系和结构如图 3.1 所示:

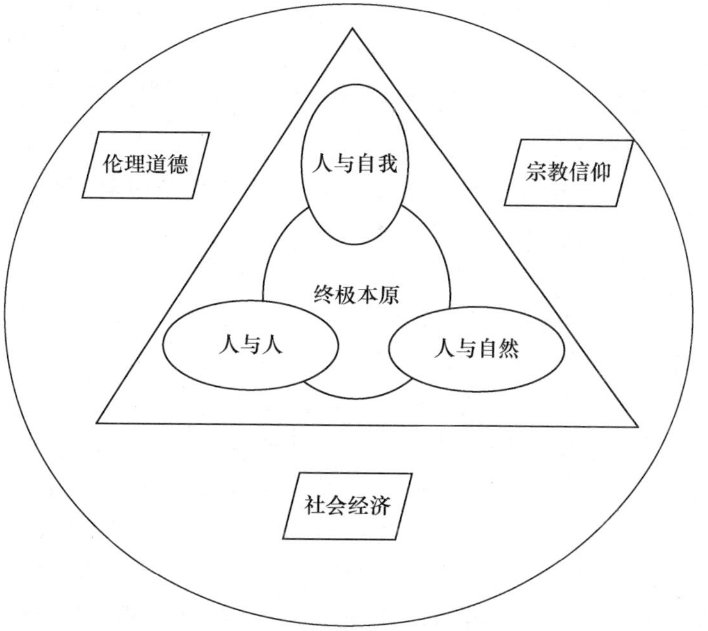

图 3.1 终极观三维结构图

二、四维理论

吉特·霍夫斯泰特提出,文化特征可以从权力距离、不确定性避免、个人主义-集体主义、男性度-女性度进行理解。这一理论是通过调查和统计分析得出的。作者后来发展出第五维:长期取向和短期取向。

1. 权力距离

这是指社会承认的权力在组织机构中不平等分配的范围,也可以理解为职工与管理者之间的社会距离。

"大"权力距离表现为:等级是实际的不平等;等级顺序严格,少数人是独立的,多数人是依赖的;下属认为上级是不同的;权力是超越善恶的社会基本事实,与合法性不相干;掌权者是有特权的;处在权力地位的人应当尽可能地表现出有权力;负责的应是失败者;改变社会制度的方法是推翻掌权者;他人是对个人权力的潜在威胁,几乎不能信任;有权和无权之间存在潜在的冲突;非权力的合作是难以达到的,奉行信任他人程度低的准则。

"小"权力距离表现为:等级是为了便利而建立的不同角色;等级应减低至最低程度;所有人应相互依赖;下级认为上级是"和我一样的人",上级是容易接近的;每个人应有等同的权力;负责的应是制度;改变社会制度的方法是重新分配权力;处于不同权力地位的人相互间信任,而很少感到有威胁;有权和无权之间存在潜在的和谐;非权力的合作可以建立在团结的基础上。

2. 不确定性避免

这是指一个社会感受到的不确定性和模糊情景的威胁,并试图避免的手段:提供较大的职业安全,建立更正式的规则,不容忍偏离观点和行为,相信绝对知识和专家评定。

"强"不确定性避免表现为:将生活中固有的不确定性感受为必须与之战斗的不断威胁;体验到高度的焦虑和应激;有一种内在的冲动去努力工作;接受自己和他人的攻击性行为;喜欢有较多的情绪表现;冲突和竞争可能增加攻击性,因此应避免;强烈要求一致性;偏离的人和思想是危险的,容忍其占优势;民族主义占优势;怀疑青年人;非常关心生活安全;研究最终的、绝对的真理和价值;需要成文的规章、规则;相信专家及其知识;与当局比较,普通公民是无能的。

"弱"不确定性避免表现为相反的特征:较容易接受生活中固有的不确定性,每天都能接受它的来临;体验到平静和较低的应激;努力工作不是一种美德;不赞成攻击性行为;喜欢有较少的情绪表现;冲突和竞争维持在公平竞赛的水平上,并建设性地使用;接受更多的异见;不认为偏离是威胁,有较大的容忍;较少的民族主义气氛;对青年人有更多的肯定感情;在生活中更乐于冒险;强调相对论和经验论;应尽可能少些规则;相信普通人和常识;当局必须为公民服务。

3. 个人主义-集体主义

这是指关心自己、家庭还是关心内部群体与外部群体的交换方面的特征。

个人主义表现为,基于个人对自己行为的接受,强调个人权利大于义务,个体关注自己和紧密性家庭,强调个人的自治和自我践行。在社会中,人们应关心自己和自己最亲密的家庭;“我”的意识占统治地位;同一性建立在个人上面;个人的感情独立于组织和制度;置身于组织需要精心计算;强调个人的积极性和成就,取得领导地位的理想;每个人有私生活和意见的权力;在制度中寻求自主、多样化、快乐和个人财产安全;需要特定的友谊;相信个人决定;价值标准适用于所有人。

集体主义表现为:在社会中,人们生来就在保护他们的大家庭和氏族,同时也要对这些集体忠诚;“我们”的意识占统治地位;同一性建立在社会制度上面;个人对组织和制度的感情依赖;置身于组织是美德;强调归属于组织,取得成员身份是美德;私生活受到所加入的组织的干预,意见是预先决定的;专长、制度、责任和安全是由组织和氏族提供的;友谊是由稳定的社会关系决定的,但在这关系内,存在着对威信的需要;相信组织决定;价值标准有群体内和群体外之分。

4. 男性度-女性度

这代表在社会中“男性”优势的价值程度。

男性度表现为:男人是自信的,女人应该是哺育人的;社会中性别角色是截然明确划分的;社会中男性应占统治地位;追求成绩是主要的;为了工作而生活;钱和物质是重要的;独立是理想;抱负是工作的动力;羡慕成功的有成就者;“大”和“快”是美好的;珍视炫耀的男子气。

女性度表现为:男人不必是自信的,也可以承担哺育工作;社会中的性别角色不是固定的;两性间应该平等;追求生活的质量是重要的;为了生活而工作;人和环境是重要的;相互依赖是理想;服务是工作的动机;同情不幸者;“小”和“慢”是美好的;不分男女,男女混合是理想的。

1980 年霍夫斯泰特出版了《文化的影响力:价值、行为、体制和组织的跨国比较》,后又采纳了彭麦克等学者对他的理论的补充,总结出衡量价值观的第五个维度——长期取向和短期取向。

5. 长期取向和短期取向

维度指的是某一文化中的成员对延迟其物质、情感、社会需求的满足所能接受的程度。这一维度显示有道德的生活在多大程度上是值得追求的,而不需要任何宗教来证明其合理性。长期取向指数与各国经济增长有着很强的关系。20 世纪后期东亚经济突飞猛进,学者们认为长期取向是促进发展的主要原因之一。①

三、文化综合体

人类学家趋向于从社会结构来衡量文化，文化综合体就是一个尝试，其含义是，文化是共享的态度、信仰、分类、自我定义、规范、角色定义的方式及价值观。这是一个地区在一定的历史时期，说某一语言的人相互认同的基础。文化综合体可以用以下方面衡量：②

坚固性（tightness）。不同文化的坚固性是不同的，一些文化有太多的规范，这些规范在不同场合有不同要求，违反规范会受到严厉的批评和惩罚。如日本文化中有许多规范，这些规范在不同的情况下有不同要求，违背这些规范将受到指责和惩罚，而西方文化对于超越规则有较大的容忍性。

复杂性（cultural complexity）。不同文化的复杂性是不同的，如在狩猎社会里有 20 个工作分工，而在信息社会里大约则有 250000 个工作分工。文化的复杂性体现在文化的宗教、经济、政治、教育、社会、审美等方面。

主动-被动性（active-passive）。不同文化的主动或被动性是不同的。主动性方面如竞争、行动、自我实现；被动性如反应性想法，把行为主动权让给别人，合作被动等。

荣誉（honor）。荣誉是一系列的态度、观念和行为规范体现。个体为了荣誉有时不得不采取激烈的方式来维护自己的声誉。不同文化在此上面的反应不同。

集体主义（collectivism）。在一些文化中，自我被定义为集体（家庭、部落）的一个方面，个人目标从属于集体目标，规范、责任、义务及考虑他人需要，这些调整着大部分社会行为。亚洲和非洲常被认为是集体主义文化。

个人主义（individualism）。个人被认为是独立于群体的，个人目标优于群体目标，社会行为的得失是被计算的。西方和北美是奉行个人主义的典型地区。③

垂直和水平关系（vertical and horizontal relationships）。在一些文化中层级是

---

① ［荷］霍夫斯泰特：《跨越合作的障碍——多元文化与管理》，尹毅夫等译，科学出版社 1996 年版。

② Harry C. Triandis, "Collectivism and Individualism as Cultural Syndromes," *Cross-Cultural Research*, Vol. 27, No. 2, 1993, pp. 155—180.

③ Daphna Oyserman et al., "Rethinking Individualism and Collectivism: Evaluation of Theoretical Assumptions and Meta-Analyses," *Psychological Bulletin*, Vol. 128, No. 1, 2002, pp. 3—72.

非常重要的，权威决定了大部分社会行为，而在另一些文化中，平等是重要的。

第三节 中国文化的心理机制

中国文化是在自己的地理—社会—文化传统背景下发展出来的伟大文化，有自己的特征，其效用使中国在西方工业革命前的时间里在政治、经济、文化等方面保持世界领先地位。

但是，近一百多年来，中国被西方列强侵略，中国被迫在开放中寻求发展，向西方文化学习。中国目前已形成基于自己的文化基因，同时又有西方文化气质的过渡性新的文化形态。中国社会的长治久安有待于自己新型文化的形成。

一、发展脉络

中国文明发源的核心地带是中原黄河流域。黄河流域是一个适合农耕的区域，形成了中国的农耕社会形态。农耕的生产和生活方式倚重家庭，形成了以血缘为纽带的社会结构。苏秉琦总结说，中国文化经历了100万年的前期积累，1万年的萌芽期和大约从夏朝早期到现在的文明史。中国农耕社会的基本特征在于：一是中国人有一双灵巧的手，精于工艺、善于创造，这在北京人时代已经形成。北京人文化的突出特点是用劣质的石材制造出超越时代的高级工具，例如用脉英石片修整成尖锐、锋利的小型石器等。这种勇于开拓、善于实践的精神在其后几十万年中得到传承。二是中华民族极富兼容性和凝聚力。世界诸文明古国中，只有中国历史连绵不断。中国人这种伟大的民族精神和力量，其根脉大约深植于史前文化之中。三是中国传统文化的核心——对“天、地、君、亲、师”的崇拜与敬重。古人对“天”赋予了超自然的属性，它是一种抽象的权威象征，代表一种不可抗拒的超自然正义力量；对“地”的崇拜反映了追求人与自然的协调；至于对“君”的崇拜，则反映着对社会秩序化即国泰民安的追求；对于“亲”的崇拜至少包括“祖先崇拜”以来至现实生活中的“父慈子孝”“兄友弟恭”等内容，是维系协调人际关系的重要纽带；对“师”的崇拜则是要求对文化、知识的尊重与继承。中国文化的特质是精致、现世。精致即是善于对世界进行观察和认知，使中国人具有理性的特征，现世即是对当下存在的确认。① 这成为文明的路径，决定了中国人文化前进的方向，也为中国文化选择儒家埋下伏笔。

许倬云把中国社会文化归因为三原色：精耕农业、家族血缘和国家官僚（文

① 苏秉琦：《中国文明起源新探》，三联书店1999年版，第179—182页。

官制度)。[①] 从文化深层看,中国文化表现出以儒家文化为主流的儒释道三教合一的文化形态。政治—伦理—宗教一体的特点使中国人关注社会的现实价值,并以人的社会化生存为重心,有"实用理性"的特征。[②] 在思维方式上,中国人通过对周围世界的观察和模拟,形成生活信念和技术理论,以一定的理性而又不全是现代科学理性的方式理解和改造世界。本书对此概括为经验理性思维。在西方学者眼里,中国是集体主义文化,人的自我概念基于社会和与他人的关系比较中,西方则是基于个人自主和他人分离过程。[③]

余英时分析说,中国文化的发展有四次突破:一为春秋战国时期的哲学突破,以道代替巫所信奉的神,用"心"的神明变化代替了"巫"沟通天人或神人的神秘功能;二为3—6世纪的汉末至南北朝,是关乎群体秩序与个体自由的"缘情制礼"之争;三是回向三代、同治天下的理学;四为"觉民行道"的心学,[④]其中儒家的贡献巨大。儒家在认可"天道"-仁的前提下,"心统性情",把来自于天的性(道、理),涵育于"心",修德凝道,"德"全而"仁"、而"圣",由此人与天合、与道同。"收'道'于'心',使'心'成为一切价值之源,这一基本原则便在上述大突破的过程中建立起来的。它贯穿着近代以前的中国精神传统中。"[⑤]在本书看来,中国文化发展经过这样几个阶段:第一,早期德政国家。农耕社会需要家族和社会伦理,早期的夏商周文明国家逐步形成了以"德"为根基的国家和管理形态。第二,"百家争鸣"春秋战国时期,周制的失败引发各种救世学说,形成了"百家争鸣"的局面。第三,独尊儒术。汉一统后确定儒家为国家意识形态。第四,儒家自卫,理学归一。随着佛教的传入,儒家的一统地位受到威胁,出现儒家自卫。至宋,理学一统,理学支配中国社会八百年。第五,现代三家分立-融合。当前中国社会出现了中国古代文化、中国当今文化、西方文化三家文化混同,西方文化甚至占据主导的局面。中国社会需要新的整合,期待以传统为底层的中国文化新的发展。

历史上,中国历史最终选择了儒家思想,儒家成为中国的主流文化。中国社会是以儒家思想为核心信仰,通过皇权-士绅结构实现社会管理与治理。"皇权神授"是政治儒学的基本主张。皇帝因有德而获得上天授权,管理世界,这是

---

① 许倬云:《中国文化与世界文化》,广西师范大学出版社2006年版,第68页。

② 李泽厚:《论语今读》,三联出版社2004年版,第3页。

③ Marilynn B. Brewer and Ya-Ru Chen,"Where (Who) Are Collectives in Collectivism? Toward Conceptual Clarification of Individualism and Collectivism," *Psychological Review*, Vol. 114, No. 1, 2007, pp. 133—151.

④ 余英时:《中国文化史通释》,三联书店2011年版,第1—23页。

⑤ 同上书,第198页。

权力的正当性理论，而皇权意志通过国家体制和官吏实现，其中，“士”的地位独特。“士”在春秋时期指没落而有知识的贵族，他们因为家族的没落成为教师，后来指通过科举考试，受到儒家思想熏陶的读书人。“士”上升为官吏，下降为乡绅，他们遵从儒家的国家和社会理念，维系官僚运作和乡间管理。在社会上层，特别是政府层面，基本上由出身于“士”的官吏在制度上贯彻皇权意志，同时以儒家伦理制衡皇权。在民间层面，“乡绅”以儒家理念和民间的乡规民约来管理普罗大众。这两方面的努力，使中国古代社会以儒家化的方式运行。

二、基本特征

对于中国文化特征，学者们有不同概括。梁漱溟归结为缺乏集团生活、伦理本位、以道德代宗教、无阶级、无革命、早熟等十几个特征，是伦理本位文化。这种伦理关系是人和人之间关系的根本，它从家庭开始，到国家、社会结束，延展开来，编织成一个错综复杂的“伦理之网”，社会成为紧密相连的伦理社会。[①]还有人认为，中国，尤其是儒家文化的特征为：第一，道德比法律更重要。第二，社群比个人更重要。个人的修身很重要，但社稷更为重要。第三，精神比物质更重要。第四，责任比权利更重要。第五，民生比民主更重要。第六，今生比来生更重要。第七，和谐比斗争有价值。儒家的理想不是斗争而是和谐。第八，文明比原始有价值。第九，家庭比阶级有价值。儒家仁义礼智中的“仁”，其基础就是家庭的亲情。[②]

三、文化心理结构

儒家思想作为中国人的信仰系统，给出了中国人的心理结构与框架。儒家思想的深层构成要素为“仁”“礼”“智”“命”。

“仁”，孟子说“仁者，人也”，指通过道德上的修身而达到最高的人生境界，是以博大之心“爱”人的理念、行为和境界。“礼”则是道德行为原则。孔子说，“兴于诗，立于礼，成于乐。”[③]“不知礼，无以立也。”[④]这就是说，人要以“礼”立于社会。“礼”以“仁”为内在基础，是以恭敬之心和传统礼仪为标准的社会心理和行为。“智”（知）是智慧的或理性的状态，“命”总体上指“时命”。[⑤] 其关

① 梁漱溟：《中国文化要义》，学林出版社 1987 年版。

② 陈来：《儒学与当代社会》，《观察与思考》2012 年第 3 期，第 73—74 页。

③ 《论语 · 泰伯》。

④ 《论语 · 尧曰》。

⑤ 景怀斌：《孔子“仁”的终极观及其功用的心理机制》，《中国社会科学》2012 年第 4 期，第 46—61 页。

系是，“仁”决定了“人”的价值的性质和方向，是内在的；“礼”为“仁”“智”表现于外的行为秩序。

儒家的“命”，历来争议颇多，其中，“时命”值得关注。“时命”大概有这样几层含义：(1)外在限制。“时命”认为，存在着人力所不能控制的外在决定性力量，它限制人的行为，使人能够做某事或不能够做某事。这样的力量不可抗拒，以致即使贤如舜尧，也不能不受“命”的制约。(2)不具道德性。“时命”仅仅是外在随机性的制约因素，不是对人的道德考察或回报，会出现有德无命的现象。(3)盲目性。“时命”认为，“命”什么时候出现是不能把握的，“命”的转机也是不能确定的。所以，“遇不遇，天也。”(4)不否认个人的作用。“时命”认为，虽然“命”是盲目的，限制人不能做想做的事，但作为君子可以做别的能够做的事情。而且，君子奋斗，并不完全是为了“达”。君子是为了对事物有更深刻的认识才努力。也正因为“时命”的盲目性，此时无“命”，不等于他时无“命”。所以，君子还是要“博学、深谋、修身、端行以俟其时”①。

儒家的“时命”有显著的心理调节功能。首先，“时命”化解了“命”不因“德”而导致对自己行为正义性的怀疑。心理学的研究表明，当人们的期望因为各种原因而不能实现时，就会产生挫折感——紧张、恼怒、沮丧、自我否定的心理反应。“时命”认为，有“德”的人有没有“命”，不取决于他的品德，而取决于时机，这就化解了“有德无命”的心理危机。其次，“时命”在化解“有德无命”而导致的对自己正义性的怀疑的同时，也为个人发展找到了出路。“时命”认为，“有德无命”只不过是因为各种原因，“时”没有到来，等时机成熟后，君子必定可以有所作为。因此，君子不能无所准备，而是要修身以俟命。这突出了个体的主动性，把原来被动地待命转变为主动地待命。这样就可以轻松地“不容何病，不容然后见君子”②，更为自主地向内发展。从根本上来看，“时命”实际上是孔子或儒家对人生困境的一种解释。当人们致力于某种活动而该活动不能给予个体回报时，如何自我合理地解释它，就关系到其信仰能否存在下去。儒学虽是为政之学，但同时也是如何为人的生命之学，它要解释人的困境，并给出思路。对于儒者来说，一生为“仁”，却并不一定能实现自己的主张，反而可能为人嘲笑，被视为不合时宜。这样无论理论上还是心理上，都需要一个理由来说明。“时命”就具有这样的功效。可见，“时命”是儒家维系精神动力的不可或缺的理论。

---

① 《荀子·宥坐》。

② 《史记·孔子世家》。

“仁”“礼”“智”“命”的关系、功能如图 3.2 所示：

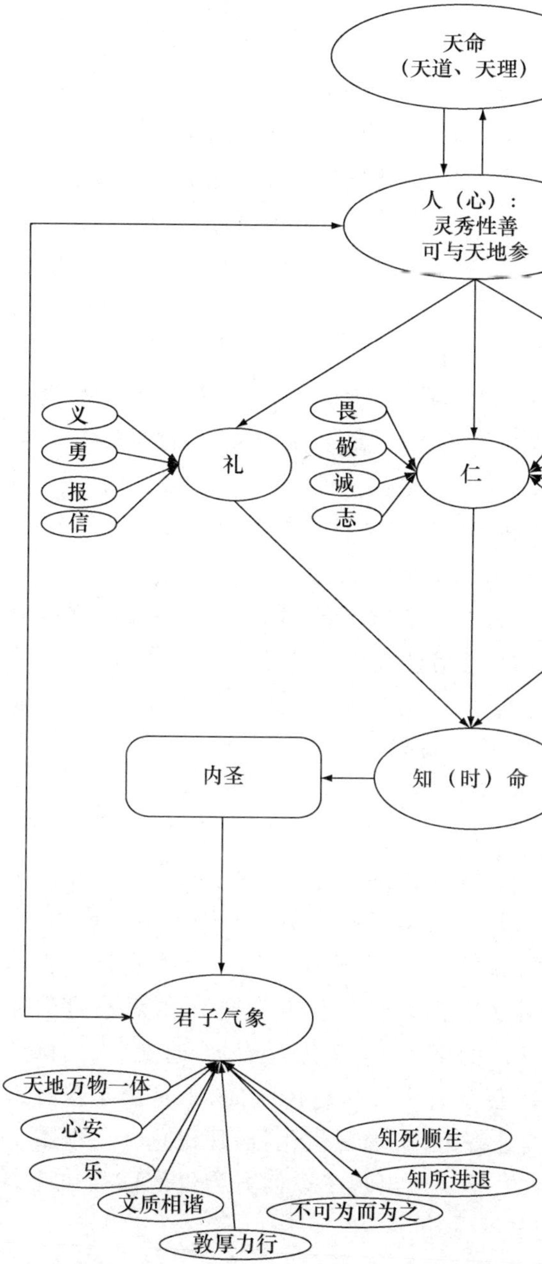

图 3.2　儒家精神结构示意图

"仁""礼""智""命"的性质和关系决定了儒家的"终极目标"(向上)和"社会功用"(向下)。"向上"是"仁""礼""知"要达到目的,是体悟"道"。在儒家看来,"道"是人应当遵从的人之为人的"仁道","道"体现着人的存在的根本价值。"道"既是现实的,也是长远的,具有现实践履和目标指引的双重功能,从而成为儒家人格追求的最根本的、终极的动力。"向下"则能够通透理解人生遇到的种种苦困,达到"知命"的境界。在条件允许时"外王",推行仁道;在条件不允许时,追求"仁",成德。①

从更普遍的心理功能看,儒家的"仁",其实质是对美好人性的信仰、追求和体悟,这具有人生的终极性。由于人所处文化的差异性,显然不能要求所有的人都有儒家提倡的"仁",但是,由于人的自我意识和终极追问,人都有终极追求。这样的终极追求或是"道",或是"佛",或是"上帝"。人具有了此类终极信念,即产生人生的价值和尊严感。而儒家的"知"是生命的智慧,特别是社会生存的智慧,这可以拓展为人生的智慧(不一定是侠义的"智力");儒家的"礼"指社会道德规范,在现代社会就是法律和约定俗成的社会规范;儒家的"命"是"时命",实际上是外在环境对人的限制,即人-环境的制约。

在今天的成就理性社会条件下,儒家传统意义的"内圣外王"已经难以实现,但并不意味着它不能转换为现代人的精神追求。对于现代人来说,人生的追求应该是自我成长和成就追求。这样,"内圣外王"就可以转化为"自我成长"和"成就贡献",或者是精神充实和社会贡献。

四、现代价值

中国近现代社会对儒家文化有三次根本性的否定:"五四"前后、"文化大革命"时期、"开放"时期。当然,造成这样的结果各有其历史原因。清末民初,中华民族遭遇列强侵略,处于生死存亡的关头,一个泱泱大国为什么竟处于亡国的边缘?人们找到传统,认为以儒家为代表的传统文化是造成落后挨打的原因,于是一批先哲提出了"打倒孔家店"的主张。"文化大革命"时期,人们试图造就一个全新的理想社会,而理想社会自然是要超越传统的,于是儒家被打入另册。改革开放,要在短时间内提高经济力,实现现代化,而现代化社会根本上是以西方理性工具文化为文化动力的,于是便出现了以西方为价值标准和社会

① 景怀斌:《孔子"仁"的终极观及其功用的心理机制》,《中国社会科学》2012 年第 4 期,第 46—61 页。

标准的现象,这样,中国传统文化自然又要成为被抛弃的对象。

与此对应,中国社会不断向西方学习。中国目前的教育制度在某种程度上消解了传统文化,学生学到的概念、范畴、理论体系基本都是西方的。而承载这些知识的自然是西方式的思维方式和世界观。如此一来,不仅在观念上不再如我们的先人那样来认识世界、构造世界,而且更根本的是在思维方式上,也抛弃了中国传统的整体思维方式,而越来越以西方的还原思维来认识世界。由此可见,中国文化生存的严峻。

中国社会目前是传统文化与西方文化的混合体,表现出"中潜西显"的特点。所谓"中潜西显",即中国社会生活仍是传统的,但中国社会的体制性运作则在性质上属于或接近于西方。

就人的心理构成看,人的心理具有情感价值维度和理性工具维度。现代人处于二者的对立与撕裂中,因此在精神上倍感痛苦。情感价值或生命意义根本上是由人的信仰提供的。面对传统信仰与现代社会形态不一致的状况,应持有信仰系统与社会规则相对分离的原则,使信仰回归个人层面,向传统寻找资源,汲取包括儒家在内的信仰系统。向传统寻找资源,不是恢复儒家对人、对社会的绝对支配,而是通过获得儒家基本价值观念,满足人的基本情感需要。在这个意义上,作为历史文化的儒家思想具有并持续地为提供终极需要提供参照,持续地发挥终极功用。

第四节 美国文化的心理结构

美国文化是以新教信仰为核心形成的文化体。由于美国综合实力的强大,第二次世界大战结束以来,美国文化对世界形态有巨大影响,不能不给予特别关注。

一、发展轨迹

美国文化的核心思想——新教,脱胎于欧洲基督教。罗素指出,"天主教教会有三个来源:他的圣教历史是犹太的,他的神学是希腊的,他的政府和教会法,至少间接是罗马的。宗教改革摒除了罗马成分,冲淡了希腊的成分,但是大大加强了犹太成分。它就这样和民族主义的力量进行了合作。这些民族主义的力量正在摧毁着最初有罗马帝国而后又被罗马教会所造成的那种社会团结的成果。”[①]这导致新教的产生——“在新教的理论里,灵魂与上帝之间是不该有任何尘世的居间人的”[②]。

纵观基督教思想的演变,本书概括为这样几个阶段:第一,教义之争。早期基督教源自犹太教,犹太教是以色列人的宗教。在罗马帝国时期,犹太教是受到迫害的,但在早期教父的努力下,犹太教被改造为以《新约》为重心的基督教,并且由于适应了罗马帝国的统治需要而成为国教。可以说,这个时期使基督教教义由早期的诸教之一成为独尊。第二,皇权-教权之争。基督教成为罗马国教后,随着教会势力的扩展,教会与世俗王权产生了冲突,加之罗马帝国的崩溃,世俗帝国逐渐无法与教会势力抗争,形成了欧洲教会一统天下的中世纪局面。中世纪后世俗王权逐步处于主导地位。第三,上帝-自我冲突。随着城市和手工业文明的发展,人类自我意识的提高,罗马教廷的腐败,人们开始更多地关注自我的拯救,出现了自我与上帝的关系,这即新教改革。第四,新教改革是人的自我胜利,是上帝为自我加冕。第五,自我的胜利。在人与上帝的关系中,人的自我有三次飞跃:走向自我,发现自我,为自我加冕(自我成为中心)。这是新教的最后胜利。[③]

西方在人-上帝的不同维度中发展了西方文明。上帝信仰维度包括这几方面:

(1) 上帝存在的证明。上帝何以存在是基督教信仰必须首先回答的,对此有不同的证明方式:第一,神学的证明。以信仰威严与内容的方式证明上帝的存在,如奥古斯丁和阿奎那的证明。第二,理性-科学的证明。西方古希腊有理性主义传统,表现为以数学、推理的方式证明上帝存在。西方的数学、天文学、物理、化学的发展无不有信仰的动因,思想家们希望以“科学”证明上帝,但结果是科学形成了,上帝却没有被证明。第三,哲学的证明。按照罗素的看法,哲学介于科学与神学之间,如康德的上帝悬设与永恒追求论述。

(2) 人何以获得上帝的恩宠。基督教的基本教义是:上帝创造人,人生而有罪,要通过上帝的恩宠获得永生。由此,一个核心的问题是,人何以获得恩宠?不同的神学家有不同的回答,如苦行、优选、预定、虔敬等,这构成了不同的基督教分支与学说。

---

① 〔英〕罗素:《西方哲学史》,何兆武、李约瑟译,商务印书馆 2010 年版,第 19—20 页。

② 同上书,第 20 页。

③ 关于基督教思想的发展具体情况,请参阅:〔奥〕弗里德里希 · 希尔:《欧洲思想史》,赵复三译,广西师范大学出版社 2007 年版,第 230 页。

（3）上帝的权利。这涉及教会与世俗权利——皇权，也涉及教会与国家，成为现代国家的宗教理由，如三权分立。

（4）上帝如何与人贯通。上帝如何体现在人的存在中？这即上帝圣事，如圣饼、圣酒等宗教教义。

西方大量学说围绕上述维度而展开。西方社会的紧张与战争也多与此相关，如宗教战争。“这少数字词乃是一个巨大的礼物，因为其中包含了欧洲一千年的经验。它们将欧洲人的知识和经验贡献给全人类。一千年来，欧洲人倾听基督教所包含的‘道’（word），试图了解并作出回应。这少数字词就是一千年耕耘的收获。”①

美国自建国以来，在国家的政治经济以及文化中起主导作用的一直是所谓的“WASP”人群，即使在今天他们也被认为是美国社会的主流群体，体现着美国的主流意识形态和价值观。所谓的“WASP”人群，也就是既具有白种“盎格鲁撒克逊人”血统（White Anglo-Saxon），又属于“新教徒”（Protestant）的人群。

美国早期的欧洲移民主要是新教徒，他们为了免遭宗教迫害而纷纷逃到美国。他们在新大陆开荒拓地，通过个人奋斗获得财富和地位，并在与印第安人的争夺中取胜，获得了主导地位。诸如孟德斯鸠、卢梭、洛克等欧洲文化复兴时期的思想家，对美国的政治有重要影响。

二、基本特征

美国社会表现为政教分离，信仰自由，以及生活的奢侈和对物质的追求等，这往往使一般人认为美国是一个极端世俗化的社会，但美国实际上是宗教国家，新教在国家的政治生活、社会生活、国民心理上起着关键的主导作用。美国的“爱国誓词”也说：“我宣誓效忠美利坚合众国的旗帜以及它所代表的共和国，一个国家，归上帝主宰。”在美国的总统就职仪式上，新任美国总统也必须手按《圣经》，向《圣经》宣誓，并在就职演说中祈求上帝的保佑。在独立战争期间，华盛顿命令所有军官把向士兵宣读祷告文作为一天的开始，并于1776年7月开始为自己的部队配备随军牧师。直到今天，美国军队一直保持着士兵作战前祷告并在军队中配备牧师的传统。

美国是新教国家。新教基督徒认为，尘世中的活动，包括为日常服务的职业劳动，都只是为了遵从上帝的戒律，完成上帝的旨意。紧张地从事世俗活动，

① 〔奥〕弗里德里希·希尔：《欧洲思想史》，赵复三译，广西师范大学出版社2007年版，第504页。

争取获得职业上的成功，便成为建立并获取信心的唯一手段，这即新教的“天职”观念——某种由上帝安排的日常工作任务，它成为新教的核心内容，抛弃了原来天主教那种禁欲主义的修行，超越尘世的空洞劝解和训令，把个人在尘世中完成生活所赋予他的义务当做一种至高无上的天职。在韦伯看来，加尔文教就是这样为人的世俗活动找到了终极性意义，把世俗的日常工作视为荣耀上帝的行为使全部的世俗生活彻底地宗教合理化了。加尔文教中的劳动天职观念、职业成功意识、节俭致富倾向等与“资本主义精神”之间存在着很强的关系。

美国生活的主流性哲学是实用主义。美国是移民社会，地处新的、独特的地理环境，欧洲大陆的许多传统在这里失去原有意义，移民们在逐步的探索中寻找一条适合美洲大陆自身的道路。这种模式不是对原有模式的模仿，而是根据实际情况，以最有效的方法去解决实际问题。实用主义的方法不是什么特别的结果，而是一种态度。这个态度不是去看最先的事物、原则、范畴和假定，而是去看最后的事物、效果和事实。

在这样的历史文化和社会背景下，美国逐步形成了成就主义的价值取向。他们坚信一个人的价值就等于他在事业上的成就，人们应以自己的成就获得金钱和社会地位。美国文化强调个人价值，追求民主自由，崇尚开拓和竞争，讲求理性和实用。其核心是个人中心主义，提倡个人至上、追求个人利益和享受，强调通过个人奋斗、实现个人价值。这体现在如下几个方面：

（1）工作和财富观。认为工作是上帝安排人做的一件事情。虽然人是有罪的，但人是可以完美的，可以通过自己的努力在上帝面前脱掉罪恶，最终得到完美。

（2）竞争观。认为人在上帝面前是平等的，但不是所有的机会都可以平等地分配到每一个人，人要通过自己的努力，主动获取发展的机会，这要通过公平竞争而实现。

（3）时间观念。时间是有限的，要在有限的时间内完成这些事情就需要自己的努力。

总之，新教伦理带来了美国的工作和财富观念，发扬了人的完美性信念、个人主义、个人利益、机会平等、自我利益、时间观念等。工作与财富观念带来压力性竞争，完美主义带来进步观，个人主义带来控制观取向，平等观带来权利距离低、不接受权威等。这样的文化特征使美国社会的压力表现出需求-控制模型，努力-回报不平衡模型，而不是其他压力类型。[①]

---

① Michael Peterson, John F. Wilson, “Work Stress in America,” *International Journal of Stress Management*, Vol. 11, No. 2, 2004, pp. 91—113.

三、深层结构

美国文化在很大程度上由新教伦理决定。基督新教是16世纪宗教改革运动中脱离天主教而形成的基督教新宗。

新教虽然是基督教的新分支,但与天主教、东正教有一些共同的基本教义。三大教派的基本教义为:上帝创世说,原罪救赎说,天堂地狱说。基督教信奉圣父、圣子、圣灵三位一体的上帝,圣父是万有之源造物之主;圣子是太初之道而降世为人的基督耶稣;圣灵受圣父之差遣运行于万有之中,更受圣父及圣子之差遣而运行于教会之中,但这三者仍是同一位上帝,而非三个上帝。基督教认为上帝创造了宇宙(时间和空间)万物,包括人类的始祖。《旧约·创世纪》第一章讲到,上帝创造世界,并且按照自己的形象创造了男人,用男人的肋骨创造了女人。最初上帝与人有伊甸园的约定,这即亚当和夏娃的故事。夏娃不听上帝的要求,在蛇的调唆下吃了善恶树的果子,还让亚当与她同食,想要脱离造物主而获得自己的智慧,从此与上帝的生命源头隔绝,致使罪恶与魔鬼缠身,而病痛与死亡成为必然结局。后世人皆为两人后裔,生而难免犯同样的罪,走上灭亡之路。面对原罪,人可以被救赎——在于信奉耶稣基督为主,因他在十字架上赎罪,并在三日后从死里复活,使悔改相信他的人的一切罪恶皆得赦免,并得到能胜过魔鬼与死亡的永恒生命。基督教说人是有罪的,但并不意味着罪是不会得以解脱的。《圣经》说,人可以通过自己后天的忏悔,使上帝赦免人的罪恶,最终同样也可以升天堂。也就是说,虽然人是有罪的,但人可以通过向上,成为上帝的选民。灵魂与永生,人有灵魂,依生前行为,死后受审判,生前信仰基督者得靠基督进入永生。世界终有毁灭的末日,但在上帝所造的新天地中却是永生常存。

基督新教各派有许多与天主教对立的特征:第一,在教义上,新教强调“因信称义”,即主张得救既因蒙恩也因信,凭着信可以蒙恩称义。因信称义否定了天主教的得救必须以教会、神职人员、圣事为中介的主张,因此信徒皆可为祭司,不仅可以相互代祷,还可宣传福音。同时新教认为,《圣经》具有最高的权威,信徒可以借助圣灵的指引直接接受上帝的启示,从而否定了天主教坚持的教会释经权,因此,新教各派都注重用民族语言诵经,取消了拉丁语圣经的垄断地位。新教反对圣母及圣徒崇拜,一般也不赞同炼狱之说。第二,在宗教组织上,新教各派都否定天主教集一切权力于教皇的教阶制,不承认罗马教皇的绝对权威,而是采用了多种组织制度:如以安立甘宗为代表的主教制,主教管理各教区,下设会长和会吏;以改革宗为代表的长老制,由平信徒推选长老掌管教务,委派牧师;以浸礼宗、公理宗等为代表的会众制,由教堂的全体信徒掌管教务,聘任牧师。新教还废除了神职人员不许结婚的规定,取消了隐修制度。第三,在礼仪圣事上,新教各派反对天主教的繁文缛节,重视讲道诵经,将天主教的七项圣事精简为两项,即圣餐和洗礼。教堂的陈设布置及宗教服饰方面虽无齐一规定,但也比天主教更为简朴。有的教会,如安立甘宗教会,保留了较多的传统,教堂内有圣像圣画,仪式也较复杂;多数教会则推崇简朴,教堂内只有十字架。新教的节日与天主教一致,尤其重视耶稣诞生与复活的庆典。

进一步看,基督教是一种以上帝为本体本源的终极信仰,其精神结构是二元的——人和上帝。这样的二元结构有独特的心理作用,即用外在的律令要求人,使人有服从性的推动力。在这样的二元作用下,人的惰性可以在外在神圣的推动下所克服。而中国文化靠自我的力量来解决人的问题,以自我超越的方式实现人的生命价值感。

基督教的精神结构如图 3.3 所示:

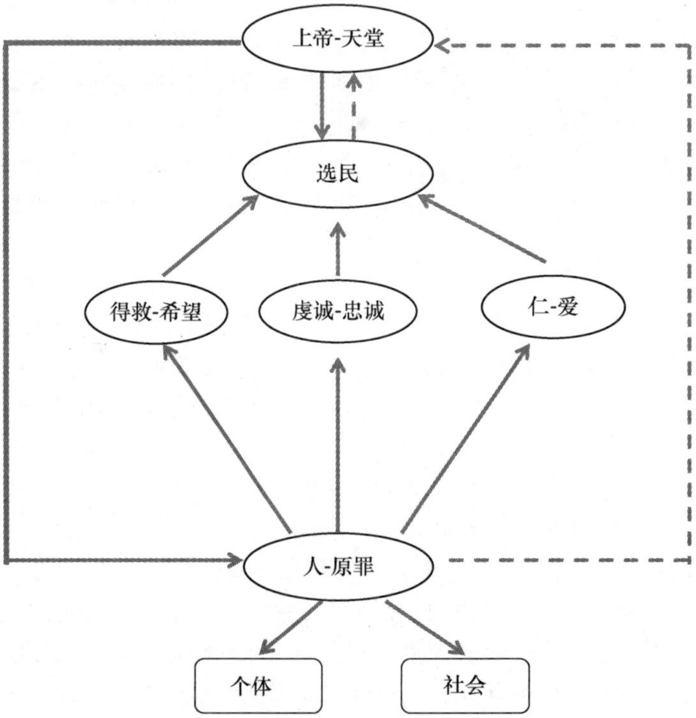

图 3.3 基督教精神结构示意图

对于一般人来说,信仰的根本是获得上帝的恩宠。基督教最重要的三个品质:“信”,就是兑现人的诺言——诚实地对待上帝;“望”——对未来和永生的盼望,是人永远所仰望的;“爱”——这是基督教极其强调的美德。如此奉献、忍受、努力,上帝宽恕人的罪恶,获得为上帝的选民,就成为信教者的基本道德和追求。

在基督教看来,罪(sin)是人的一种内在力量,是人所固有的状态,是一种控制力。罪是一种内在的倾向,包括:(1) 罪是一切不合乎上帝道德律要求的事,或是行为,或是意念,或是内在倾向与状态。(2) 罪是悖逆和不顺服。《圣经》指出,所有人与上帝的真理都有联系。但因人的悖逆隔断了这样的联系,如同亚当和夏娃不遵从上帝的命令。(3) 罪是没有达到上帝的标准,或是没有按照上帝的期望去做。(4) 罪是取代了上帝的位置。任何形式的偶像崇拜,不是骄傲,而是罪。人因为罪而带来灵性的无能,阻碍了人对上帝的靠近。罪的后果是影响人与上帝的关系,招致上帝的恨恶、罪咎、刑罚,造成肉体与灵性的死亡和永死。在个人看来,是人被罪管辖,逃避现实,自我欺骗,麻木,自我中心。在人与人关系上,是彼此竞争,缺乏同情心,拒绝权威,难以爱人。罪是如此之强,人难以杜绝。人有罪,但人的灵魂是上帝专门为每个人创造的,上帝的恩典可以救人。①

获得上帝的恩典的方式在不同的神学家那里有不同的解释。虔敬的、苦行的、理性的、认知的、预定的、为上帝服务的、神秘恩宠的等不同路径的诠释构成了神学思想史的一条主线。②欧洲的文明正是在这样的主线下推进并"异化"于上帝,结果使自我彰显,理性高扬而构成如今的文明。信仰也是在这样的诠释方式下推动社会的发展。

第五节 中美管理模式

一、中美文化的实质

从本质上看,中国文化是心性文化,即中国文化从心-性范畴构建终极信仰体系,其核心思想为:

其一,人的生命存在以"心"为本。但是,"心"有两类,一为存在于现实性的"人心",一为具有终极性价值观的"道心"或"虚灵不昧"之良知、良能。人心、道心共同依托于生理之"心",谓之"杂于方寸之间"。"人心"是利欲性的,故惟危;"道心"是超越精神、微妙和生发性的,所谓道心惟微。二者皆可由小至

① 〔美〕米拉德·J.艾利克森:《基督教神学导论》,陈知纲译,上海人民出版社2012年版,第255—291页。

② 〔奥〕弗里德里希·希尔:《欧洲思想史》,赵复三译,广西师范大学出版社2007年版,第504页。

大，由弱即强，故而或需要防微杜渐，或涵养持敬培育，需要心力追寻。

其二，“道心”来自外在的神圣——天地之道或“性命之正”，人心、道心本原有异，道心乃人与天地之沟通，通过天命“性”而来。天地之性与人之道以性而通，人有了“天性”，人心则来自现实生活的形气之私或习染之气，躯体欲望；

其三，“道心”之圆满依赖于自我的规约和修养，以及对生命的体悟。

其四，人的自我超越，可以达到“道心”，道心即“仁”，即“理”，即“良知”，即“天道”。实现下学上达，天人合一的心灵境界。

西方文化本质上是以“上帝”信仰为中心的文化。西方人认为，上帝是世界的本源，上帝创造万物。人是按照上帝的模样创造的，但人因违背与上帝的契约而有原罪。人可以获得上帝的恩典而经过最后审判，成为上帝的选民，进入天堂而永生。人的全部美德来自上帝，上帝是完美的，其基本品质是爱和宽恕等。

简言之，西方“神圣”观念与上帝联系在一起，其终极观往往围绕彼岸世界的“造物主”展开；中国传统文化更多地是由“天”“道”和“理”的衍化而生发的对“人之为人”的思考，其终极观大都是基于现世之“道”的一种生命体悟，此即终极意义精神系统。儒家传统的“心-道”说，不存在外在于己的主宰性的神圣模板，如西方的上帝，而是基于天道之自我开显的，可称为“道性”。可以说，如果西方是“灵性”路径，中国则是“心性”路径。

二、中美管理模式的文化比较

以终极信仰为核心的文化对人的社会生活有全方位的影响，具体到管理方面，即决定者管理模式。美国新教信仰所形成的成就主义文化体现在企业中，表现为尊重个人价值、积极探索创新、务实、重制度、顾客至上等，具有鲜明的时代特色。而中国文化体现在企业组织中则强调人的群体意识，强调合作，强调人情，看重领导等。中国文化具有高绩效取向，高制度取向，高群体内集体主义，一个人的价值置身于各种关系中。①

中美文化带来的管理模式的差异，具体到人力资源管理表现如表 3.1：②

① Mansour Javidan et al.，“In the Eye of the Beholder：Cross Cultural Lessons in Leadership from Project GLOBE，” *Academy of Management Perspectives*，Vol. 20，No. 1，2006，pp. 67—90.

② 杨百寅、张德：《如何开发人力资源：技术理性与社会道德责任——中美人力资源理论与实践的比较研究》，《清华大学学报（哲学社会科学版）》2003 年第 3 期，第 66—73 页。

表 3.1　中美人力资源实践比较

	美　国	中　国
雇佣的本质	基于共同意愿的合约	长期雇佣
选拔	能力	道德和社会关系
薪酬	绩效	年资
晋升	潜力的开发	忠诚和社会接受度
考评	数量化的方法	定性的方法
人力资源发展重点	培训与开发	管理和使用
组织中人力资源的作用	经济效益	社会效益
人力资源目标	个人的充分发展	社会和谐
人力资源实践主要特点	法制	人治

第一，在人员配置上，美国企业与劳动者之间是简单的短期供求关系，市场机制在人员配置中发挥基础作用，员工是“市场价值”很高的优秀员工。员工的合理流动使得企业具有组织上的开放性。而传统的中国企业在人员配置上，以内部培训、选择为主，人才市场为辅。企业为维护自身稳定和照顾各种关系，往往因人设岗，忽视效率原则，造成人员冗余。

第二，在人才晋升上，美国只要能在工作中作出成绩，就能很快得到提拔和重用。而中国往往强调等级有别，遵从统一领导，论资排辈现象较明显。西方强调能力第一，而中方则注重背景和资历。

第三，在人员考核上，美国人崇尚个人主义，强调个人的成就和权利。而中国追求和谐气氛的价值观使得人际关系在集体中的重要性显然高于个人成就。在绩效评估时，美方强调规范化和定量化的绩效评估体系，希望客观衡量个人的贡献和价值，而中国由于不愿破坏集体的和睦团结，倾向传统的以经验判断为主的评估办法。

第四，在薪酬机制上，美国公司内部工资制定的基础是职务分析，工资政策的制定主要考虑工作的内涵及该工作对公司经营效率所作出的贡献。不同级别、专业、岗位、经历因有不同的职业要求而有不同的工资水准。在中国，工资的制定和调整强调人的学历、工龄、行政级别等，员工的报酬主要是由他的教育水平、在企业的服务年限及职务的高低决定的。在工资制定和调整方面，美国社会坚持认为工资应对岗不对人，薪酬水平主要与其工作性质和绩效挂钩。学历仅仅是求职的敲门砖，而不是获得待遇的凭证。

第五，在对人的控制上，美国企业在组织中具有明确的指令链和等级层次，分工明确，责任清晰，讲求用规范加以控制，对常见问题的处理程序和政策都有明文规定。而中国往往是模糊的,如“好好工作”,但怎样才算“好好工作”就说不清了。

当前,随着中国的改革开放,中国管理也有了越来越多的西方文化成分,具有中西文化融合特征的管理正在形成之中。

三、跨文化管理问题

在全球化的今天,组织行为的重要问题之一是跨文化管理问题。而且只有在跨文化的视野下,西方的组织管理问题才有比较的对象。①鉴于跨文化管理已经成为重要领域并被诸多学科所关注,目前已有大量研究,这里仅作简单介绍:

1. 意识到文化差异

从精神层面到物质层面文化之间存在相当大的差异。例如,心理学研究表明,关于自我,西方人和中国人是不同的:西方人自我核心的外围层次是很好进入的,西方人很容易和他人成为朋友,但是核心的东西很难讲,隐私的东西是很少讲出来的;而中国人的自我核心的外围层就不太好进入,可一旦进入,就会直接深入到内心。这就是一个文化的差异问题。

2. 具有跨文化知识

就个体微观层面看,如何进行个体间的跨文化交流,需要了解对方的文化价值观念;就群体看,要进行团队管理,也要了解团队的文化及团队本身的文化差异,进行不同文化群体的协调;在组织之间,更应了解不同组织的文化差异。个体、群体、组织三个层面各自独立而又相互影响。作为管理者,需要具有跨文化的知识。

3. 管理从文化出发

可以看到,文化对管理的作用,是一个自上而下的全息性的影响作用。所以,文化是管理的基点。

4. 注意文化的动态性

文化是动态的过程,而不是一个历史的概念。我们现在所说的中国文化也不是汉唐时期的文化,而是在动态发展中形成的文化。当然,也要考虑到当前的状态和历史的渊源,从而找到相契合的状态。

---

① Michele J. Gelfand et al., "Cross-Cultural Organizational Behavior," *Annual Review of Psychology*, Vol. 58, No. 2, 2007, pp. 479—514.

思考题

1. 试述文化的定义和特征。
2. 文化有哪几个代表性理论?
3. 试述中国文化的深层心理机制。
4. 试述美国文化的基本知识。
5. 如何看待中国文化的传统与创新?
6. 试述跨文化整合的基本知识。

第四章　人性理解与管理方式

本章重点

一、人性认定与管理方式
二、西方人性假设的代表性理论
三、儒家人性理解与中国管理方式
四、人性认定的实质与管理价值

乾称父，坤称母；予兹藐焉，乃混然中处。故天地之塞，吾其体；天地之帅，吾其性。民，吾同胞，物，吾与也。大君者，吾父母宗子；其大臣，宗子之家相也。尊高年，所以长其长；慈孤弱，所以幼(其)幼；圣，其合德，贤，其秀也。凡天下疲癃、残疾、惸独、鳏寡，皆吾兄弟之颠连而无告者也。于时保之，子之翼也；乐且不忧，纯乎孝者也。违曰悖德，害仁曰贼；济恶者不才，其践形，惟肖者也。知化则善述其事，穷神则善继其志。不愧屋漏为无忝，存心养性为匪懈。恶旨酒，崇伯子之顾养；育英才，颖封人之锡类。不弛劳而底豫，舜其功也；无所逃而待烹，申生其恭也。体其受而归全者，参乎！勇於从而顺令者，伯奇也。富贵福泽，将厚吾之生也；贫贱忧戚，庸玉女於成也。存，吾顺事；没，吾宁也。[①]

这段被称为《西铭》的话，据说是北宋著名学者张载写在西墙上用以教导其子弟的。因其高度概括了儒家的基本思想，被后儒视为经典。这段话以儒家倡

① ［宋］张载：《张载集》，中华书局1978年版，第62页。

导天地人视野，讲述人为什么承担尽责，以善对己、对人、对物，如何在不确定的人生中树立自己确立人生德性道路，迄今对世人仍有启迪。

这段话也提示，深度的生命意义的构建无不以人性理解为基础。

同样道理，管理学说的构建，也是以人性理解或认定为前提的。西蒙说，在我们设置研究方向和传授研究方法时，对于所要研究的人的行为而言，没有比关于人性的观点更为根本的要素了。我们所研究的究竟是近似于无所不知的经济人的理性选择理论，还是有限理性心理人的认知心理学，对于我们的研究策略是有影响的，而且有很大的影响。① “管理者不管是否自觉地知道这些，但在他们心目中，总有一个人性的模式和基于人的假定的组织行为模式。这些假定和他们的有关理论影响着管理者的行为。”②

可见，人性问题不仅仅是人生论问题，还是管理实践问题，是管理学的核心问题之一。

第一节　人性认定与管理的关系

一、人性

管理学中的人性问题，常常称之为“人性假设”。这是因为对“人性”可以有多样理解，而对它的讨论往往带有假设性。在本书看来，人性理解更适合称为“人性认定”，因为当进入到具体工作场景时，人性问题已经不是假设的问题，而是一种必须认定的工作前提。

“人性”在汉语中是合成词，由“人”和“性”构成。在中国古汉语里，“性”和“生”是一对转注和假借的词。转注指两个字互为诠释，彼此同义而不同形，而假借则指原来本无此字，然而有些新的意义又无合适的字表达，于是就把这种新的、尚无字可以表达的意义赋予一个原有的字，即所谓“本无此字，依其托事”。“性”和“生”即有转注和假借的含义，“性”字引申为人们生来就有的自然属性。“性”后来成为中国思想或哲学的抽象范畴，其含义深奥复杂。

二、人性理解与管理方式

管理方式的定义颇多，一般理解为管理活动中所采取的手段、措施、途径，

① Jonathan Bendor, “Herbert A. Simon: Political Scientist,” *Annual Review of Political Science*, Vol. 6, 2003, pp. 433—471.

② 〔美〕孔茨：《管理学》，黄洁纲、范照译，上海人民出版社 1990 年版，第 577 页。

领导者采取的指导和协调被领导者的手段和方法。管理方式体现在技术组织维度和社会心理维度。技术维度注重工作标准、操作程序、组织结构和规章制度等,突出刚性控制和物质因素的刺激;社会心理维度注重价值导向、情感满足、心理归属和文化认同,突出柔性控制和精神因素的激励。管理方式的三个层次是:人性认知态度、目标价值取向及领导行为模式。[①]可见,人性的问题是管理心理学的基石,影响着组织的整个管理体系或制度。

上述方面的不同组合,就构成了经济人(X 理论)、社会人、自我实现人(Y 理论)、复杂人(超 Y 理论)等各种人性假设及其管理方式。其中,麦格雷戈提出 X 理论,认为人是不可信赖的,是自私的,是依赖的,观念是怀疑的。Y 理论则与之相反。Z 理论认为人是复杂的,不应有单一的方式,而应具体看。

三、人性化管理的原则

人是复杂的,人性也是多面的,对人性的理解会因管理者的不同需要而相异。不存在孤立的人性,更准确地说,“人性”只是人的认定。

因此,对于人性应有综合的观点。说到底,管理的目的并不仅仅是管人和把人控制住,管理还有一种功能,就是助人,帮助人成长。基于这样的基本理念,对于人性问题可以有以下结论:

1. 不同人性认定各有适应性

因成长经历和教育文化背景不同,有的人表现出经济人的特点,有的人表现出自我实现的人的特点。既然人有这样的差异,就应注重采取相应的管理措施。

管理和被管理之间的关系在一定意义上是不一致的。人都是“我向”的,以自我为中心的(不等同于自私),以自己的方式看待和要求世界。因此管理和被管理,并不见得有很好的契合。但好的管理状态是二者达到了相互契合的状态。

既然被管理者有不同层次,那么管理者就应该针对不同层次的人进行不同的管理。因此,不同的人性认定在适合的条件下各有其价值,不能一概而论。

2. 文化塑造人性

没有足够的研究证明人性生来就是什么,倒是大量的研究表明文化、教育对人性的塑造概念。人性往往是通过文化,即家庭、同伴、社会文化而形成的,

---

① 熊平安:《管理移植与创新》,《求实》2004 年第 5 期,第 119—120 页。

因此，文化在人性形成中有极为重要的作用。

可以说，是文化决定了人性。因此，在管理中，人性理解或认定要与文化结合起来思考。

3. 管理中培养人性

组织是发展的，员工的素质也不是一成不变的，而是随组织的发展而发展的，因此应发展性地看待员工的人性。这就需要一方面从员工的人性状况出发，制定管理制度；另一方面，应随着员工“人性”方面的变化而改变管理方式。

第二节　儒家的性善论及其德治管理方式

一、儒家人性思想的起源

中国传统文化持性善观。早期先人在天—地—人关系中，对人进行定位，注重对人的此岸（现实、理性）理解，带来人本取向的价值认定，确认了人的独特性。如《尚书·泰誓》说，“惟天地万物父母，惟人万物之灵”，对人不同于自然界其他生物的独特地位有了明确认定。周代提出以“德”辅命的思想，提出“皇天无亲，惟德是辅”的主张，彰显了人的德性在社会生活中的作用。[①]《诗经·大雅·蒸民》说，“天生蒸民，有物有则，民之秉彝，好是懿德。”孔子评说：“为此诗者，其知道乎！故有物必有则，民之秉彝也，故好是懿德。”[②]到了春秋时期，孔子提出“性近习远”的主张，这实际上隐含对人乐观和善的看法。孟子更直接提出善端的主张，他说，“恻隐之心，仁也；羞恶之心，义也；恭敬之心，礼也；是非之心，智也。仁义礼智，非由外铄我也，我固有之也，弗思耳矣。故曰：求则得之，舍则失之。或相倍蓰而无算者，不能尽其才者也。”[③]朱熹的解释为“有物必有法，如有耳目，则有聪明之德；有父子，则有慈孝之心。是民所秉执之常性也，故人之情无不好此懿德者。以此观之，则人性之善可见”。“盖气质所禀虽有不善，而不害性之本善；性虽本善，而不可以无省察矫揉之功。学者所当深玩也。”[④]这一方面说明人的善端，另一方面强调人的自我控制责任。可见，孔子的性近习远，孟子性善端，朱熹的天命之性，都认为人有成德的天然可能性，人只需把潜在的“善”培养、发展起来即可。同时也寓意着人有代天理物的责任，人

---

① 《尚书·蔡仲之命》。
② 《孟子·告子上》。
③ 同上。
④ ［宋］朱熹：《四书章句集注》，中华书局1983年版，第151页。

的善要依赖于自己的自我超越。总之,儒家的人性说,蕴含着基于人性善的人的责任认定,责任包括自我责任和社会义务。

二、儒家的人性看法

人性是善的,每个人都有发展成为有道德的人的可能性。只要自我努力,都可以成为一个社会认可的有德性的人。

人因为是善的,所以人应承担责任。责任包括自我责任和社会义务。

人因为是善的,人是可以信任的。人需要信,通过信而进行人际互动,所谓无信不立。

人的控制要通过自我的道德意识和外在礼的规范。

人是需要通过教育来培养的。教育是由先觉的人对后觉的人的影响,通过教育发挥人的善。承担教育的人是教师和官员(管理者)。

由于情况是变化的,对人的管理要采取具体的方法,所谓因材施教和循经用权。既有原则,也要根据情况而具体采取措施。

三、儒家的性善及德治管理模式

儒家基于自己的人性认定,形成了德治的管理模式。

德治的基本思想是:通过发掘人的内心道德,以道德约束人,调动人的积极性,通过自治的方式形成社会的秩序感,从而推进社会发展;通过领导者的道德榜样激发人的社会行为。

德治表现在为政以德,民为邦本、政得其民,礼法合治、德主刑辅,治国先治吏,正己修身,居安思危等。

德治的核心是:品德为重,以德服人,德胜欲,德为动力,德礼(制度)并用。

德治的人才观是:德才兼备重用,有德无才可用,无德有才慎用,无德无才不用。

管理者自身也有德化要求:公私分明,不相混淆;见利思义,清正廉洁;从政必诚,以德修身。

德治的方式是:榜样示范、道德礼仪、教化活动。

德治的组织方式是:通过制定乡规民约和宗族家法、舆论褒贬扩大影响,加强影响力。

总之,"德治"的核心是用道德来进行管理,用道德作为管理的纽带。这与参与管理和科学管理有本质不同。德治是以管理者为主导的,以道德为动力,依靠道德维系的,而参与管理则是一种以利益和自我尊重为特色的管理方式。

人存在于历史文化和当下情境中，传统思想文化浸润着人的思想观念、风俗习惯、生活方式、情感样式等。人是社会性动物，社会性体现在道德性上，因此，“德治”应在新的条件下发展应用，而不应对之持刻板态度。

第三节　“经济人”及科学管理

一、经济人的理论主张

经济人是管理学关于人性的最早学说，代表人物有亚当·斯密、弗雷德里克·泰勒等。

亚当·斯密（Adam Smith，1723—1790）发表于1776年的《国民财富的性质与原因的研究》提出了清晰的经济人思想：(1) 人性利己与社会利益。斯密认为，每一个人总是对离自己最近的事情最关心、最感兴趣，即每一个人首先和主要关心的是他自己，因此每个人总是有意无意地把自我放在最重要的位置。每个人最关心自己和改善自身的处境的努力，是社会财富和私人财富所赖以产生的重大因素。进而千百万人追求利益的行动在自由环境中就形成一种和谐的自然秩序。(2) 分工理论。斯密通过观察缝衣针的生产过程提出了分工的原因：人们在交换中发觉与其什么事情都做，还不如专精于一，这更能得到利益，于是便产生了劳动分工。分工的起源是由于人的才能具有自然差异，人类具有独有的交换与易货倾向。交换及易货属私利行为，其利益决定于分工。(3) 经济自由。在斯密看来，个人利益不但创造和维持了自发的市场经济机制，而且还促进了财富的增长和国家的繁荣，斯密不赞成任何人为的对经济的干预和对经济的指挥，强调政府扮演“守夜人”角色，提供保护、正义和某些公共工程的职能。

斯密虽然系统论述了经济人思想，但经济人假设则是实践性的，是由诸多人总结的，其要点为：

(1) 人生来是懒惰的，只要有可能就会逃避工作。

(2) 一般人都缺乏雄心壮志，不愿意负任何责任，宁愿让别人来领导与指挥。

(3) 人生来就是以自己为中心的，漠视组织的需要。

(4) 人习惯于守旧，反对变革，把个人的安全看得高于一切。

(5) 人是缺乏理性的，本质上不能自律，容易受他人影响。

(6) 一般人参加工作是为了自己的生理和安全需要，只有金钱和物质利益才能刺激他们工作。

经济人含有三个推论：

第一个推论是“自利”，即认定追求自身利益是驱使人的经济行为的根本动机。

第二个推论是“理性行为”。经济人认为人是理性的，能根据市场情况、自身处境和自身利益之所在作出计算性的判断，并使自己的经济行为适应于从经验中学到的东西，使所追求的利益尽可能最大化。

第三个推论是，只要有良好的法律和制度保证，经济人追求个人利益最大化的自由行动会无意识地、卓有成效地增进社会的公共利益，这是经济人假设中最有意义的问题，也被称为“经济人的灵魂”。然而这一重要命题并没有得到足够重视，这或许是因为大部分讨论经济人假设的学者都假定存在着一个既定前提，即资本主义私有制条件下的市场制度是最优的制度，也是天然合理的制度。

二、科学管理

1912 年，泰勒在美国众议院特别委员会听证会上强调：科学管理是重大的精神变革，每个人都要对工作、对同事建立起责任观念；要有很强的敬业心和事业心。雇主和雇员都把注意力从利润分配转移到增加利润数量上来。当双方友好合作，互相帮助以代替对抗和斗争时，能够生产出比过去更大的利润来，使雇员获得较高的满意度，使雇主的利润增加起来，使企业规模扩大。泰勒的这种基本思想成为企业和利润性组织的一种革命。

在科学管理以前，资本主义企业的资本家对工人的剥削是残酷的，工人和企业主是对立的关系。但是泰勒说，不应该这样。有人就讲，泰勒的学说中还有人文的东西。

泰勒的科学管理主要有两大贡献：一是管理要走向科学；二是劳资双方的精神革命。

泰勒提出了很多具体性的管理措施：

(1) 对工人提出科学的操作方法，有效利用工时，提高工效。研究工人工作时的动作合理性，去掉多余动作，改善必要动作，规定完成每一单位操作的标准时间，制定出劳动时间定额。这一做法带来标准化工作以及后来大生产中的流水线作业。

(2) 对工人进行科学的选择、培训和晋升。选择合适的工人安排在合适的岗位上，并培训工人使用标准的操作方法，使之在工作中逐步成长。这是人力资源的前导。

（3）制定科学的工艺规程，使工具、机器、材料标准化，并对作业环境标准化，用文件形式固定下来。

（4）实行具有激励性的计件工资报酬制度。对完成和超额完成定额的工人以较高的工资率计件支付工资；对完不成定额的工人，则按较低的工资率支付工资。这是科学管理最典型的奖惩制度。

（5）管理和劳动分离。管理者和劳动者在工作中密切合作，以保证工作按标准的设计程序进行。在科学管理模式下，管理成为单独的行业。因为早期的企业主都是自己当管理人员，管理没有单独成为一个阶层，科学管理使管理成为一个阶层。

上述措施虽然在现在已成为管理常识，但在当时却是重大变革。这使美国企业生产率有了大幅度提升，出现了高效率、低成本、高工资、高利润的新局面。

第四节　“社会人”及其参与管理

社会人人性观是行为科学家在实验研究和管理实践中逐步发展起来的。

一、“社会人”的发现

梅奥在霍桑实验中得出的假设——人是“社会人”，强调管理除了物质利益等物质因素以外，还应关注人的社会关系和心理因素。其要点为：

（1）人是“社会人”，影响人的积极性的因素除物质外，还有社会的心理因素。

（2）生产效率的高低主要取决于员工的士气，而士气则取决于家庭、社会生活及企业中的人与人之间的关系是否协调一致。

（3）在正式组织中存在着非正式组织，这些非正式组织有其特殊的行为规范，对其成员有很大影响。

（4）由于技术进步和工作合理化，人对工作本身失去了意义。

（5）领导者要了解人，善于倾听员工的意见，重视与员工沟通，使正式组织的经济需求和非正式组织的社会需求取得平衡。

二、“自我实现人”

自我实现人是社会人假设的另一理论基础，指人力求最大限度地将自己的潜能充分发挥出来，只有在工作中将自己的才能充分表现出来才会感到最大满足感，其核心是强调人的自我成长。

自我实现有一个时代语境基础，即从过去对人的消极看法到积极看法的转移。西方文化由于基督教的人性认定，认为人性是消极的，即所谓的罪感文化。在这样的文化背景下，人们对人性的认识具有消极性，如原罪意识、被动性等。伴随人的解放思潮，人们开始对人性有积极的认识。20 世纪 60 年代后，人本主义思潮形成，人们对人性有了积极性、发展性、主动性的认识。例如，人本主义心理学家罗杰斯讲到一个例子：冬天在家里地下室储存的土豆长了芽，芽向着窗户有光的地方延伸过去。他便说，土豆尚且如此，何况人呢？一切都是要朝向一个阳光的、温暖的地方去发展的。

在这样的时代背景下，出现了自我实现的管理学观点，代表人物为马斯洛、麦格雷戈等，其要点是：

（1）人并非生来是懒惰的，要求工作是人的本能。

（2）在适当的条件下，人们不但愿意而且主动工作。

（3）人有追求满足欲望的需要，职工的自我实现倾向与组织所要求的行为之间没有矛盾，只要管理适当，人们会把个人目标与组织目标统一起来。

（4）人并非必然会对组织目标产生抵触心理和采取消极行为，这主要是由于压力造成的。

（5）人对自己所参与的工作目标能实行自我指挥和自我控制。

（6）大多数人都有组织问题的想象力和创造力，在现代工业社会中，人的智力没有充分发挥出来。

三、参与管理

在社会人和自我实现人的推动下，管理学逐步形成了参与管理的模式。参与管理是指让员工或下级不同程度地参与到组织决策及各级管理工作的管理方式。

事实证明，参与管理会使多数人感到激励。主管人员与下属商讨组织发展问题对双方来说都是一个机会，从而给人一种成就感、尊重感。参与管理在对个人进行激励的同时，也为组织目标的实现提供了保证。

合理化建议是员工参与管理的另一种形式。鼓励下属人员积极提出改进工作和作业方法的建议，也能起到激励作用。

参与管理还体现在产权分享，治理权制定过程参与，管理过程参与，工作设计参与，适度决策参与，参与性组织文化等方面。

不过，参与管理的实施需要一定制度条件。如 1976 年德国通过《工人共同决策法》,将劳资双方在董事会对等代表的原则扩展到所有雇员超过 2000 人的企业。规定参与管理主要通过工厂委员会的协商、董事会的共同决策、监事会的制衡及其他一些方式实现。

参与管理衍生出其他具体的管理方法,如目标管理就是员工参与管理的一种很好的形式。目标管理鼓励下级参与目标的制定工作,并在组织的政策或有关规定的限度内自己决定达到目标的最佳方法;要求下属发挥自己的想象力,创造性地工作,从而使下属人员产生独立感和参与感,激发他们完成任务的积极性。

四、《鞍钢宪法》

在参与管理方式的形成和发展中,中国的《鞍钢宪法》值得关注。1960 年 3 月,毛泽东主席在中共中央批转《鞍山市委关于工业战线上的技术革新和技术革命运动开展情况的报告》的批示中,把"两参一改三结合"的管理制度称之为《鞍钢宪法》,使之与苏联的《马钢宪法》(指以马格尼托哥尔斯克冶金联合工厂经验为代表的苏联一长制管理方法)相对立。具体内容为:实行民主管理,实行干部参加劳动、工人参加管理,改革不合理的规章制度,工人群众、领导干部和技术员三结合。这是 1949 年后,中国企业第一次为自己进行经验总结和管理方法的探索,也是中国企业第一次为自己制定的一种管理模式。

《鞍钢宪法》是政治性的,其政治基础在于人民民主是达成终极目标的最佳选择。它也蕴含着中国本土管理元素:整体平衡的管理哲学、集体主义的组织行为和英雄领袖的魅力型领导,每个本土管理元素又包含着更多具体的中国式管理理念和方法。[①]

据有关学者梳理,《鞍钢宪法》对西方参与管理有很大影响。其时,美国盛行"大批量生产"的福特主义,在人们需求稳定且单一的情况下,它的确能实现"规模",降低单位成本。但问题在于,大批量生产是一种僵化的生产,一旦出现需求多样化、特殊化和不稳定的情况,福特生产方式便陷入危机。20 世纪 60 年代日本兴起名为 QC 的质量管理小组活动(Quality Control Circle,简称 QCC,中文简称 QC 小组),该小组活动始于第二次世界大战后企业的质量培训教育。参加培训的工人每 12 人组成一个质量控制圈小组,学习结束后,小组以从事各项质量问题的改进为课题开展活动,并逐步形成一整套规范的制度。日本的质

① 乐国林、陈春花:《两部企业宪法蕴含的中国本土管理元素探析——基于〈鞍钢宪法〉和〈华为基本法〉的研究》,《管理学报》2011 年第 11 期,第 1575—1582 页。

量管理专家石川馨曾说:“日本的 QC 实际上也借鉴了中国的‘鞍钢宪法’。”许多大企业在学习中都保留了《鞍钢宪法》中“工人参加管理”“工程技术人员、管理者和工人在生产实践和技术革新中相结合”的内容。例如,所谓“丰田生产方式”就是工人、技术人员和管理者的团队合作。20 世纪 70 年代以来,美国开始了向“后福特主义”的转变。美国有 27 个州修改了《公司法》,取消了股东是企业唯一所有者的概念,要求管理者不仅要对股东负责,而且要对广大的“利害相关者”负责,而劳动者是“利害相关者”中的主要成员。欧美和日本管理学家认为,《鞍钢宪法》的精神实质是“后福特主义”,即对福特式僵化、以垂直命令为核心的企业内分工理论进行挑战。美国麻省理工学院管理学教授 L. 托马斯明确指出,《鞍钢宪法》是“全面质量”和“团队合作”理论的精髓,它弘扬的“经济民主”恰是增进企业效率的关键之一。①

第五节 “复杂人”及其权变管理

一、对“复杂人”的理解

复杂人假设是 20 世纪 60 年代末至 70 年代初由沙因提出的。根据这一假设,形成了超 Y 理论, 其基本思想是:

“复杂人”(complex man)的含义为:其一,就个体人而言,其需要和潜力会随着年龄的增长,知识的增加,地位、环境的改变以及人与人之间关系的改变而各不相同。其二,就群体的人而言,人与人是有差异的。因此,无论是“经济人”“社会人”,还是“自我实现人”的假设,虽然各有其合理性的一面,但并不适用于一切人。

复杂人的需要思想为:

(1) 人的需要是动态的。人的需要不仅是多种多样的,而且是随着人的发展和生活条件的变化而变化的,并且需要的内容层次也在不断改变。

(2) 人的需要是综合的。人在同一时间内的各种需要和动机会相互作用,结合为统一体,从而不断产生新的需要动机。

(3) 工作需要的体现是胜任感。人怀着各种不同的需要和动机加入工作组织,但最主要的需要乃是实现其胜任感。胜任感人人都有,它可能被不同的人用不同的方法去满足。当工作性质和组织形态适当配合时,胜任感是能被满

① 崔之元:《鞍钢宪法与后福特主义》,《读书》1996 年第 3 期,第 11—21 页。

足的(工作、组织和人员间最好配合能引发个人强烈的胜任动机)。

(4) 胜任感是发展的。当一个目标达到时,胜任感可以继续被激励起来,目标已达到,新的更高的目标就又产生。

(5) 由于人的需要不同,能力各异,对同一管理方式会有不同反应。

人的复杂性离不开人的文化性:第一,人类的需要有不同类型,并随着发展阶段和总体生活状况的改变而改变。第二,需要和动机之间的相互作用组合成复杂的动机模式、价值观以及目标。第三,员工从组织的经历中获得新的动机,同一个人在不同的组织或同一组织的不同下属机构中表现出不同的需要。第四,员工能够对许多不同的组织决策作出反应。由于人的需要和动机之间的相互作用,会形成相应的价值观和目标。价值观的形成、发展与人的需要有着密切关系。价值观管理是从工具人到目的人的新定位。①

二、权变管理模式

与复杂人理解对应的是权变管理方式。权变管理(Contingency Management Theory)也称为"情境管理"(Situational Management)。权变管理不仅仅是人的管理,还是组织管理的重要视野,经过众多学者的努力形成了不同管理领域的权变理论。

1. 权变管理的核心理念

"没有绝对最好的东西,一切随条件而定"是权变管理的核心理念。权变管理认为不存在一种适用于各种情况的普遍的管理原则和方法,管理只能依据各种具体的人、组织情况行事。管理人员的任务就是研究组织外部的经营环境和内部的各种因素,弄清这些因素之间的关系及其发展趋势,从而决定采用哪些适宜的管理模式和方法。

权变理论将组织视做开放系统,管理者会影响环境,而环境反过来又要影响他们。权变管理理论要求通过分析组织的各子系统内部、子系统之间以及组织和它所处的环境之间的相互联系来确定各种变数的关系类型,然后根据特定的环境采取相应的管理理论、方法和技术。环境可分为外部环境和内部环境。外部环境又可以分为两种:一种是由社会、技术、经济和政治、法律等所组成;另一种是由供应者、顾客、竞争者、雇员、股东等组成。内部环境基本上是正式组织系统,它的各个变量与外部环境各变量之间是相互关联的。决策、交流、控制

① 〔美〕埃德加·沙因:《组织心理学》,马红宇译,中国人民大学出版社 2009 年版,第 52—70 页。

和技术状况等管理变量包括上面所列四种学说所主张的管理观念和技术。

2. 权变管理理论的最大特点

第一,强调应根据组织不同的具体条件,采取相应的组织结构、领导方式、管理机制。

第二,把组织看做是社会系统中的分系统,要求组织各方面的活动都要适应外部环境的要求。

权变管理理论的初衷在于使管理理论更加契合实际,但权变管理理论对实践缺乏具体指导导致该理论没有被长期重视,没有得以广泛应用。

思考题

1. 如何理解人性的含义?
2. 试述人性的维度。
3. 试述西方不同人性认定及相应的管理模式。
4. 试述儒家人性及管理模式。

第二编　个体心理与管理

管理活动是通过人而实现的，人是组织的主体。如何才能使人最大程度地发挥积极性是管理的着力点。由此，管理就不得不关注个体“心理”，只有理解了个体层面的人，才能有的放矢地制定管理措施。

人的“心理”是什么样的？实质是什么？如何才能调动人的积极性？人的心理是否是一种资源？如何保持人的积极状态？

对这些基本问题的回答构成了个体层面的管理心理问题，这包括人的心理结构及其心理资源；工作激励；压力管理等。

个体层面的心理的根本特征是价值性的自我原则，即个体是按照自己的价值追求和社会计算方式来确定自己的行为方向与方式的。这是管理的基础，也是管理要克服的，因为只有使个体与组织匹配才能利于组织利益最大化。当然，其中的管理二重性需要警惕。

第五章　个体心理结构与心理资源

本章重点

一、心理结构的维度
二、心理作用的过程与原理
三、价值观与管理
四、能力与管理
五、性格与管理

王夫之：随见别白曰知，触心警悟曰觉。随见别白，则当然者可以名言矣。触心警悟，则所以然者微喻于己，即不能名言而已自了矣。知者，本末具鉴也。觉者，如痛养之自省也。知或疎而觉则必亲，觉者隐而知则能显。①

这是有代表性的中国传统式心理过程的描述。现代心理学对心理结构的认知是另一个话语系统，如心理过程包括感觉、知觉、表象、记忆、想象、思维、感情和意志等，心理特征则有性格、气质、能力。此外，不同的心理学家也有自己的界定，如弗洛伊德的潜意识、前意识、意识及其对应的本我、自我和超我，等等。心理学系统下的知识提供了人的认知框架，也提示了人的心理可以作为资源。

① [明]王夫之：《读四书大全说》，中华书局2009年版，第59页。

工业心理学的创建者芒斯特伯格在其著作《心理学与工业效率》中曾把工业活动的问题集中概括为三个方面:最合适的人、最合适的工作、最理想的效果。[①]这三个问题主要是围绕个体心理进行的。

第一节 心理结构与心理机制

一、心理结构

从心理意义实在论的角度看,人的心理构成要素为:

1. 神经生理系统

人以大脑为中心的神经生理过程是人的心理活动的基础。神经生理系统指个体与生俱来的、稳定的、影响其心理活动的生理机制及其特征。按照巴甫洛夫的观点,个体之间的差异主要决定于大脑两半球的活动。神经活动过程的特征可以从强度、均衡性、灵活性和条件反射建立的特性等方面进行划分。由此,人的神经类型分为四种:兴奋型(又称不可抑制型);抑制型(又称弱型);活泼型(大脑神经活动强而均衡且又灵活);安静型(神经活动强而均衡但不灵活)。由于神经类型的不同,有机体对压力的反应特性不同。近来的神经心理研究发现,人脑特殊的大脑区域的系统敏感性(不同人之间有差异)影响了人对环境奖励和威胁线索的反应。如发展心理学家提出了称为努力性控制(effortful control)的看法,努力性控制能够克服来自回避系统的冲动,为人提供充分的心理资源,同时抑制情绪,允许有机体计划未来,把情境的复杂性考虑到行为决策中来。这类似自我控制,更像一个高层管理系统,让人克服冲动,从而有能力从事困难的、无兴趣的和不愉快的任务。接近和回避系统以及管理系统使人能够重新规划期优先追求,称为人性生物模型的核心。[②]

神经生理系统是心理活动的物质基础,离开了神经生理系统,心理无从谈起。但是,生理机制不同于心理机制,不能把心理活动归结为生理过程。

2. 心理内容系统

心理内容指个体拥有的心理符号-意义系统,包括动机、态度、价值观、信

---

① 〔美〕丹尼尔·A.雷恩:《管理思想史》,孙建民等译,中国人民大学出版社2009年版,第221页。

② Charles S. Carver and Jennifer Connor-Smith, "Personality and Coping," *Annual Review of Psychology*, Vol.61, No.1, 2010, pp.679—704.

仰,其中主要成分是价值观,核心是信仰。

信仰是个体关于世界本质的终极性认识系统。在西方文化中,关于人的终极感有两个词:“spirituality”和“religion”。前者一般被理解为通过个体性(化)的神圣存在(如超自然力、上帝、超验现实)理解而追寻存在的终极意义的现象[①],后者则指对神圣感方面的问题的系统回答而形成的学说和规范化的知识、仪式及相关行为系统。[②]在汉语里,“religion”的对应概念容易界定,即为“宗教”,而“spirituality”则极难给予准确的对应概念。有人翻译为“灵性”,但灵性的说法多了宗教性。这里给出一个中性的词语:“终极信念”。生命终极观体现在这些问题上:我们为什么要到世界上?我们将向哪里去?生命的起源是什么?生命的性质是什么?生命的目的是什么?生命的显著价值是什么?生命中什么是有意义的或有价值的?生活或生命的理由是什么?等等。[③]

信仰不仅有相应的文化形态,也成为信徒的生命依据。人的意义感根本性地为个体终极价值观所决定。[④]

价值观是个体以信仰为基础的系统化的心理内容,包括个体对自己、对他人、对社会等方面的看法。价值观为人的目标提供原则基础,它通过人的认知与经验形成,是选择行为的标准。价值观可能是下意识的,但常常比需要更容易唤起和表达。[⑤]

态度则是价值观与社会现象互动而产生的对人、事、物的具体看法,包括三个因素,即认知因素、情感因素和意向因素。认知因素指对态度对象带有评价意义的叙述,包括个人对态度对象的认识、理解、相信、怀疑以及赞成或反对等。情感因素指对态度对象的情感体验,如尊敬-蔑视、同情-冷漠、喜欢-厌恶等。意向因素是指对态度对象的反应倾向或行为的准备状态,即准备对态度对象作出何种反应。

---

① Paul Wink and Michele Dillon, “Spiritual Development Across the Adult Life Course: Findings from a Longitudinal Study,” *Journal of Adult Development*, Vol. 9, No. 1, 2002, pp. 79—94.

② Eleonora Bartoli, “Religious and Spiritual Issues in Psychotherapy Practice: Training the Trainer,” *Psychotherapy Theory Research and Practice*, Vol. 44, No. 1, 2007, pp. 54—65.

③ B. B. Frey et al., “Measuring a Dimension of Spirituality for Health Research: Validity of the Spirituality Index of Well-Being,” *Research And aging*. Vol. 27, No. 5, 2005, pp. 556—577.

④ John T. Cacioppo et al., “Sociality, Spirituality, and Meaning Making: Chicago Health, Aging, and Social Relations Study,” *Review of General Psychology*, Vol. 9, No. 2, 2005, pp. 143—155.

⑤ Gary P. Latham and Craig C. Pinder, “Work Motivation Theory and Research at the Dawn of the Twenty-first Century,” *Annual Review of Psychology*, Vol. 56, No. 2, 2005, pp. 485—516.

心理内容的核心是终极价值观，中层是社会价值观，外层是态度。终极观往往由宗教信仰和哲学观决定，而社会价值观是具体的社会观念，受终极观影响，但更为具体，态度又由前两者决定。

心理内容有以下几方面的特征：第一，已有即现性，指心理内容基本成分先于环境信息而存在于个体身上，即现性则指具体的心理内容是在环境信息出现的时候才明确起来的。第二，组合形成性，指心理内容通过对相关心理内容组合而产生新的心理内容的性质。这就是说，个体能够在已有的心理内容基础上，组合形成新的心理内容。第三，层次性，心理内容是有层次性的，即有的心理内容的要素和含义少些，简单一些，有的心理内容的要素和含义多些，丰富一些。①

3．认知系统

认知系统指个体对事物认识的心理过程及相关心理因素作用过程，包括感知过程、记忆、思维过程等。按照一般的心理学观点，感觉是对事物个别属性的认知，如温度、气味；知觉是对事物整体属性的认识，如对苹果的感受；记忆是对事物属性的识记，分为短时记忆、瞬时记忆、长时记忆；思维是对事物进行分析综合，从而得出认知判断结果的心理过程，其中有分析、综合的过程。思维从不同角度有不同分类，如按照思维的创新性，可以分为一般思维、创造性思维等类型。

西蒙提出了有限理性理论（bounded rationality），他摒弃早期理性人假设，提出人因认知、任务等有限而使认知表现为有限理性。认知决策的过程是价值与事实，手段与目的有机作用的过程。由此，决策过程更多的是启发式过程。现实中的决策往往通过再认（recognition）、启发式寻找（heuristic search）、模式识别（pattern recognition）、推断（extrapolation）等方式进行。②

在有限理性的基础上，出现了生态理性（ecological rationality）理论。吉任泽（Gigerenzer）基于进化论思想，提出 ABC（Adaptive Behavior and Cognition）决策理论。该理论认为，人类和动物既不是非理性的，又不是纯理性的，有限理性可使人类在现实环境中作出快速而节俭性的判断和决策，这对人的生存已经足够。判断和决策是否合理应该用现实的外在标准来判断，而不是用经典理性论所推崇的概率和统计标准来判断。人脑生物和社会进化使得人具备了一套心理捷径，即一套能够作出快速反应的工具。基于生态理性的启发式决策有：基于无知的决策规则（如再认启发式）、单一理由决策规则（如最近启发式、最少化

① 景怀斌：《心理意义实在论》，暨南大学出版社 2005 年版，第 49—69 页。

② Herbert A. Simon, "Invariants of Human Behavior," *Annual Review of Psychology*, Vol. 41, No. 1, 1990, pp. 1—19.

启发式)、排除规则(如排除归类法)及满意性规则(如抱负水准终止规则)。实验研究、计算机模拟、数学分析等证明,尽管这些决策是快速、节俭的,但其成效并不比多元回归和贝叶斯模型等传统决策方法的成效差。①

总之,个体的心理内容、认知系统和神经生理特征共同塑造了个体特征,使个体在认知、性格、能力等方面表现出独特性。如性格理论就认为,性格具有理智特征,即性格中的理智程度;情绪特征,即性格的情绪特征;意志特征,性格表现中的意志程度和态度特征,即性格中的价值观方面的特征。

二、心理作用机制

人的心理或意义感或认知过程,是在特定情境化条件下,由个体已有的心理内容、认知系统、神经心理系统与环境信息互动的结果,是已有的心理内容与具体环境信息互动而生成的。其作用过程如图 5.1 所示:

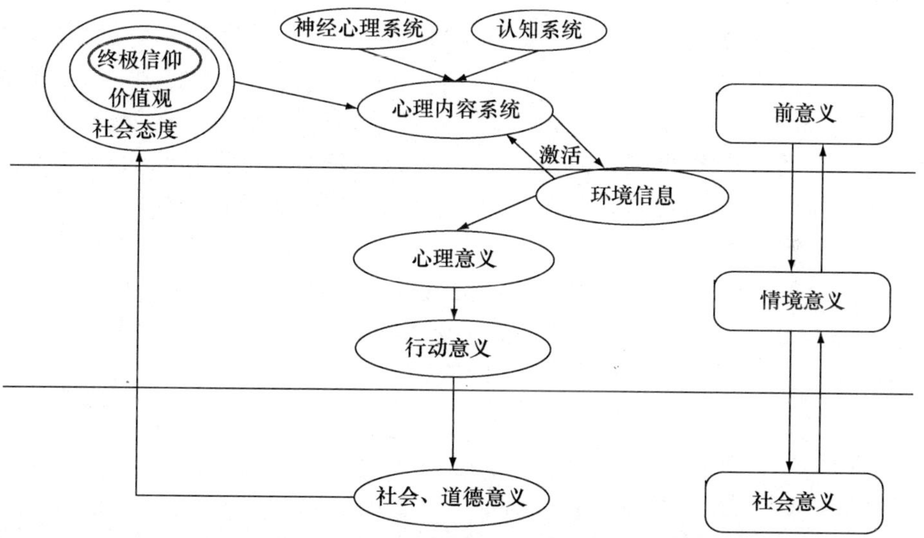

图 5.1　心理意义生成机制示意图

① 刘永芳:《快速节俭启发式——相关争议与简短评论》,《心理科学进展》2009 年第 5 期,第 885—892 页;Gerd Gigerenzer and Wolfgang Gaissmaier, "Heuristic Decision Making," *Annual Review of Psychology*, Vol. 62, No. 1. 2011, pp. 451—482.

图5.1说明了个体认知的不同阶段：

第一，个体先在心理内容的选择。个体以信仰、价值观、态度为表征的心理内容系统在认知系统和神经系统等共同作用下，会先在地影响个体对外界信息的注意，决定个体对环境信息的解释。

第二，个体对无意识选定的环境事件对象进行深层、全面的认知，对其进行心理反应，形成具有具体针对性的心理过程，可以称为“情境意义阶段”。

第三，个体的心理和行为反应与社会规则互动，成为具有社会价值或道德意义的心理，这些又对个体已有的心理内容进行回馈，发生社会评价作用。

第二节　心理资源及其管理

豪伯福尔（Hobfoll）等借助经济学基本思想，提出压力的资源保护理论（the Conservation of Resource Theory）。[①] 该理论认为，个体具有获得、保持、保护他们认为有价值的事物的基本动机，即心理资源的动机。心理资源可以是个体认为有价值的任何东西，主要概括为四类：第一，物质，如房子、汽车；第二，生活状态，如好的婚姻、工作状况；第三，个人特征，如社会自信、高自我评价、积极的世界观、工作技能；第四，能量，如信誉、知识、爱好。按照资源保护理论，面对如下情况时个体会产生心理压力：资源受到失去的威胁、失去资源、进行心理资源投资而没有得到资源。

虽然这个理论是讨论压力问题的，但也说明人的心理其实是可以带来物质和心理产出的“无形资源”。心理资源表现在以下方面：

一、人因工程

人因工程是人的心理资源的基本方面。

研究人因工程（human factors engineering）科学也称为人类工效学（Ergonomics），它研究如何使人—机—环境系统最佳匹配的学科分支。其重心是：第一，设计应符合人的身体结构和生理心理特点，以实现人、机、环境之间的最佳匹配。第二，使处于不同条件下的人能有效地、安全地、健康和舒适地进行工作与生活。如药物使用说明书如何使人更容易理解，就涉及人的认知规律。再如咨询电话服务系统的录音方式对人耐心的影响也是人因心理学研究的内容。

① Stevan E. Hobfoll, “Conservation of Resources: A New Attempt at Conceptualizing Stress,” *American Psychologist*, Vol. 44, No. 3, 1989, pp. 513—524.

此外,仪表知觉设计的心理原理也是人因问题的一个方面,等等。

人的因素在组织系统中极为重要。例如自20世纪70年代起,国际上出现了两次震惊世界的核事故,即美国三哩岛核事故和苏联切尔诺贝利核事故,设计缺欠和设备故障固然是引发事故的主要因素,但其主要的事故进程都是由人因失效所导致的。据有关资料统计,由于人的失误使核电厂运行受到影响的事件占70%。在对核电厂的设计、运行、管理过程实施人因工程分析后,可避免和防止大约25%左右的故障和事故。①

人因工程研究具体应用体现在设备设计、任务设计、环境设计、选拔和培训等环节。

二、价值观

价值观是一个人对于世界、自我、他人的内容观念,在人的健康存在中具有本质作用,是人存在的基石,没有稳定、坚定的观念或价值观,人便不能自我认同,不会有自我价值感,不会自我尊重。易变、漠不关心、微弱的观念总导致自轻,而自我肯定、自我欣赏总是来自坚定、充实和清晰的观念。②由此可见,价值观应是人的心理资源的基本和重要方面。

对于组织来说,价值观是组织文化最核心的成分,因为组织往往是靠具有连贯性的价值观体系来驱动的。价值观的作用为:第一,组织共同心理塑造。组织价值观塑造员工的工作价值取向、行为模式,它规范和指导着员工的思想和行动,感化和暗示着员工的行为方式。第二,融合。价值观可以消解和协调组织目标与员工目标的冲突,增强组织与员工的双向责任感和使命感。

心理学对价值观有许多研究。克拉克洪(Kluckhohn)对价值观的各种定义进行了整合,把价值观定义为:一种外显或内隐的,有关什么是“值得的”的看法,它是个人或群体的特征,影响人们对行为方式、手段和目标的选择。洛奇赤(Rokeach)认为价值观是指一般的信念,具有动机功能,不仅是评价性的,还是规范性的和禁止性的,是行动和态度的指导,是个人的也是社会的现象,价值观可分为终极价值观和工具价值观两个层面。施瓦茨(Schwartz)从需要和动机出发来解释价值观的深层内涵。他认为价值观是合乎需要的超越情境的目标,在一个人的生活中或其他社会存在中起着指导原则的作用。价值观源自人类三

① 高佳、黄祥瑞:《人的失误及其分类,人—机—环境系统工程研究进展(第一卷)》,北京科学技术出版社1993年版,第107—110页。

② Albert O. Hirschman,“Having Opinions——One of the Elements of Well-being,” *American Economic Review*, Vol. 79, No. 2, 1989, pp. 75—79.

种普遍的基本需要，即作为生物体个人的需要、社会交往合作的需要、集体生存和福利的需要。施瓦茨归纳了十种价值观类：(1) 自我导向，源自于控制和独立自主的需要，指行为和思考的独立性，体现为创造力、自由、自主选择目标等。(2) 刺激，维持积极、乐观的生活需要，体现在刺激、新颖和生活的改变中。(3) 享乐主义，来自于个体满足和快乐的需要，表现为享乐、享受生活、自我放纵。(4) 成就，根据社会的标准显示胜任工作的能力，例如成功的、有能力的、有抱负的、有影响力的，源自个体自我肯定需要及群体或集体互动的需要。(5) 权力指社会地位和名望及对他人和资源的控制，表现为追求财富和社会权利等，源自自我操控的需要和控制他人的互动需要。(6) 安全，体现为安全、和谐、社会、关系的稳定，来源于个人和集体的需要，分为个人的利益和更广泛的集体的利益，表现在社会秩序、家庭安全等方面。(7) 遵从，限制可能伤害他人和违背社会期望的行为和倾向，是个体禁止那些将会打扰和破坏友好交往和组织功能的行为倾向，表现为服从、自律、尊师敬长等。(8) 传统，接受文化或宗教中传达的传统和理念。传统最初是群体所发展出的一套可以代表该群体共享的经验与生活原则，之后被所有成员所认同。传统价值观表现的行为应该是集体团结的象征，以及生存的有力证据。传统以宗教仪式、信念或行为准则等为存在形式，在个体身上主要体现为尊重传统、谦卑、奉献等。(9) 慈善是指保护和提高经常与之交往的人的福利，起源于良好的组织交往、生物体联合的基本需要。强调自愿关心他人的福利，如乐于助人、诚实、责任、忠诚等。(10) 大同主义指为了人类和自然的福祉而理解、欣赏、忍耐，是个体与组织生存的需要，表现为对于社会和世界的福祉及对自然的福祉的关注，重视社会正义、平等、世界和平、保护环境等。①

三、能力管理

能力是个体顺利完成某种活动所必备的个性心理特征。个体任何一种活动都要求具备一定的能力，能力直接影响活动效率。

能力和知识是有区别的。知识是个体经验的总结和概括，能力则是一个人比较稳定的个性心理特征，它表现在人们掌握知识和技能的难易、快慢、深浅、巩固程度以及应用知识解决实际问题的效果等方面。能力的形成和发展相较知识的获得要更慢。能力和知识又是密切联系着的，能力是在掌握知识的过程

① 张敏、邓希文：《基于动机的人类基础价值观理论研究——Schwartz 价值观理论和研究述评》，《宁波大学学报(教育科学版)》2012 年第 1 期，第 32—38 页。

中形成和发展的，同时，掌握知识又必须以一定的能力为前提。能力与知识的发展并非完全一致，具有同样水平能力的人不一定有同等水平的知识，反之亦然。

能力的核心是智力。智力或认知过程是现代心理学、认知科学的领域。尽管对智力的定义已发生了不少变化，但基本可以理解为适应、形成和选择环境的能力。从历史看，最早研究智力的是英国的高尔顿（Francis Galton）和法国的比纳（Alfred Binet）。高尔顿用生理物理学方法进行智力测验，如感觉阈限测量；而比纳则侧重于把智力理解为复杂判断能力，包括方向感、实验性、控制性。斯皮尔曼（Charles Spearman）把智力理解为三个功能构成的信息加工过程：经验预期、关系教育和相关教育。20世纪早期的智力研究侧重于用测验、因素分析和统计的方式进行研究。此后出现了认知相关的研究视野和认知成分视野。斯腾伯格（Sternberg）认为，智力应被理解为复杂推理和问题解决的信息加工过程，即分析的、创造的、实践的过程。加德纳（Gardner）认为，智力是有机整体，包括了言语的、逻辑数学的，空间、音乐、身体运动、人际关系的，内在个人的，自然的。[①]可见，不同视野有不同的能力理论。

作为管理学中的能力，主要关注如何运用和发挥人的能力。对此，能力管理的基本原理为：

每个人都有独特的能力结构和水平，都有长处和短处。对管理者而言，重要的是了解每个人的能力特长，使每个人的能力在工作中得到最大限度的发挥，于人、于组织均有利。

人的能力受遗传和后天激励的影响。就后天影响看，能力的形成受知识、训练和人生经验的影响。这就是说，能力是发展的。

基于这样的原理，能力管理应注意以下原则：

第一，人尽其才。即对人员的安排要考虑到员工的能力，以胜任为标准。

第二，以能就岗。按照能力进行岗位安排，把员工安排到合适的岗位上。

第三，充分培训。能力的发展来自知识、经验和训练，因此，对于员工要进行培训，使他们具有从事某一个岗位的能力。

第四，兼顾潜力。人的能力是发展的，在能力管理时应考虑到能力的发展性，更好地做到人尽其才。

在能力管理时常常出现“因人设岗”和“人尽其才”的疑惑。二者并不是一

---

① Keil Wilson, *The MIT Encyclopedia of the Cognitive Science*, Cambridge, MA: The MIT Press, 1999, pp. 409—410.

回事,简单的“因人设岗”说明组织没有清晰的制度,组织规划不健全。“人尽其才”则是在组织制度完善的情况下,通过岗前的培训,岗位工作培训,而使一个人的能力得以发展,潜力得到挖掘,以此调动员工的工作绩效。

四、性格管理

心理学中,中文的“人格”“性格”均为“personality”,二者互通。在管理心理学中,人格管理更为常见。

谈到性格,人们往往会问什么样的性格是好的。其实,不应说哪一种性格是好的,只能说尽量发挥某种性格的优势。例如,内向的人思考问题比较深入并且通常在有充分准备的情况下才会去做事,外向的人一般适合于交往性的职业,如营销等。所以,不能以外向的人的标准去评价内向的人。

心理学家对性格有不同的理论理解。珀文认为,“人格是认知、情感和行为的复杂组织,它赋予个人生活的倾向和模式(一致性)。像身体一样,人格包含结果和过程,并且反映着天性(基因)和教养(经验)。另外,人格包含过去的影响及对现在和未来的建构,过去的影响中包含对过去的记忆。”①人格是“具有动力一致性和连续性的持久自我,是个人在社会化过程中给人以特色的身心组织。这种界说强调了人格的四个方面:全体的人、持久的自我、有特色的个人和社会化的个体”②。

一般认为,人格结构包括理智特征、情绪特征和意志特征和态度特征。人格有这样的特点:一是整体性,人格是人全部心身特征的反映,而不是心理的某一方面,如思维等方面的特征。二是相对稳定性和一致性。人格在时间序列上是相对稳定的——在一定时间内是相对稳定的,在空间序列上是一致的——在一种情境下的反应与另一种情境下的反应是相同的。三是形成的复杂性,作为个体的人格,其形成过程中既有先天的因素作用,又有后天的经历、社会活动的作用。

性格理论分六大流派:行为-学习学派、精神分析学派、特质学派、认知学派、生物学派和人本学派。目前影响比较大的是“大五人格模型”:

(1) 开放性(openness):想象、情感丰富、审美、求异创造、智慧等;

(2) 责任心(conscientiousness):公正、有条理、尽职、成就、自律、谨慎克制、胜任工作等;

---

① 郑希付:《现代西方人格心理学史》,河南大学出版社1991年版,第1页。

② 《中国大百科全书(心理学卷)》,中国大百科全书出版社1991年版,第270页。

(3) 外倾性(extraversion):热情、社交、果断、活跃、冒险、乐观等;

(4) 随和或宜人性(agreeableness):信任、直率、利他、依从、谦虚、移情等;

(5) 神经质性(neuroticism):焦虑、敌对、压抑、自我意识、冲动、脆弱等。

人格决定行为方式,进而影响工作。外向的人与内向的人面对同样的事情会选择不同的处理方式,由此也决定着他们的工作特征。所以,管理中要考虑如何把员工的性格特征与工作有机结合,从而达到最优化。

人格里不变的是哪些因素,变的又是哪些因素?人格中变的是对生命的理解,人生不同阶段对世界的解释是不同的。从这个意义上来讲人的性格是变的。但是,性格的一些品质可能是稳定的,如内向与外向等有相当的稳定性,所以在西方心理学中有人的性格在35岁就已定型的说法。

基于这样的原理,从性格看管理,应注意以下原则:

第一,人格与岗位匹配。也就是说,员工的岗位要与其人格匹配。

第二,充分培训。人格是可以逐步改变的,通过培训使员工具备岗位所要求的工作性格。

五、情感管理

情感是人对客观事物是否满足自己的需要而产生的态度体验。在心理学中,情感与情绪是有区别的,情绪多指个体基本需求欲望方面的态度体验,而情感则多指社会需求欲望方面的态度体验。

人的情感也是一种资源。情感一方面显示了人的心理品质,另一方面也是活动的中介因素。

情感可以形成情感管理。情感管理是综合运用管理者和被管理者的情感体验规律进行的一种管理方式,管理者以真挚的情感增强双方的情感联系,满足员工的心理需求,形成和谐融洽的工作氛围,促使任务的顺利完成。

情感管理在中国管理实践中有特别重要的意义。中国传统文化是一种伦理型文化,伦理型文化往往要依赖情感纽带来维系。

总之,心理资源既体现为作为单个人的品质资源,如能力、人格,也体现为与技术融为整体的资源,如工作认知、人因工程,还体现为与他人、组织活动的资源,如合作、情感激发等。

六、心理资本

心理资本指促进个人成长和绩效的心理资源,是个体在成长和发展过程中表现出来的一种积极心理状态。与人力资本强调的"你知道什么"和社会资本强调的“你认识谁”不同，心理资本强调“你是谁”以及“你想成为什么”，其关注的重点是个体的积极心理力量和状态。

心理资本体现在：在面对充满挑战的工作时，有信心（自我效能）并能付出必要的努力来获得成功；对现在和未来的成功有积极的归因（乐观）；对目标锲而不舍，为取得成功，在必要时能调整实现目标的途径（希望）；当身处逆境和被问题困扰时，能够持之以恒，迅速复原并超越（韧性）。

心理资本是多维度的。有学者指出，心理资本由自尊和控制点两个维度构成，也有人认为，心理资本包括效能/自信、希望、乐观和坚韧性。心理资本存在文化差异，中国职工的心理资本包括冷静、希望、乐观、自信四个维度。

心理资本会对员工的态度、行为和绩效产生影响。心理资本影响的态度相关变量包括：工作满意度、组织承诺、工作投入、离职意愿、幸福感、心理授权、学习动机、下属对领导的信任、工作压力感；影响的行为相关变量包括：组织公民行为、工作不合规行为、犬儒主义、缺勤行为、工作搜寻行为、反生产行为、培训迁移行为、真诚的领导行为；影响的绩效变量包括：员工个体绩效、新创企业绩效（收入、员工成长）、高技术企业绩效、群体财务绩效、员工的创造力绩效和企业技术创新绩效。[①]

七、情绪劳动

情绪劳动（emotional labor）被称为是除脑力劳动和体力劳动之外的“第三种劳动”。莫斯（Morris）和费尔德曼（Feldman）认为，情绪劳动是在人际交流中，通过计划和控制以表达组织期望的情绪。[②] 情绪劳动本质上是个人根据组织制定的管理目标所进行的情绪调节行为。

与一般的智力劳动和体力劳动相比，情绪劳动有三方面特点：(1) 目的的间接性。在情绪性工作中，表达恰当情绪的目的是为了影响公众（如顾客、乘客、学生等）的情绪、态度和行为，以促进组织目标的实现、工作效率的提高、组织信誉的增加。(2) 调节的主动性。情绪性工作情境通常由职工与公众面对面的交互作用而构成，职工的情绪表达不仅影响公众的情绪反应，而且也受公众的情绪反应的影响。因此职工需要及时监控和调整自己的情绪状态和变化，

① 侯二秀、张敬德、齐美东、赫唯汀：《心理资本研究综述》，《人类功效学》2013 年第 3 期，第 72—75 页。

② 李红菊、许燕、陈宏宇：《情绪劳动研究的回顾与展望》，《中国临床心理学杂志》2007 年第 4 期，第 409—411 页。

以便有效地将公众的情绪反应引导到组织所期望的方向。(3) 要求的职业性。职工在工作中表达和管理情绪的方式是否恰当,以是否遵守了所属职业或组织的相应要求为判断。一般以岗位职责、职业道德、行为规范和企业文化等形式确定。

情绪劳动包括:(1) 员工情绪表达方式,如表面扮演、主动的深层扮演、被动的深层扮演;(2) 情绪表达特性,如情绪表达的频率、情绪表达规则的专注程度;(3) 情绪表达的内容,如正性、中性及负性情绪。①

情绪劳动有积极作用也有消极作用。情绪劳动保证了工作能够正常、有效地开展,但情绪劳动也会影响员工身心健康。情绪劳动是产生工作压力的原因之一。员工在情绪劳动时,会遭遇内在的真实感受和组织要求的情绪表达不一致的情况,出现一系列与工作相关的失调症状,如低自尊、抑郁、对工作玩忽职守和疏远等。

情绪劳动管理问题是必要的。首先,对员工进行情绪劳动技能的开发和培训。情绪劳动所需具备的能力包括人际交往、情绪觉察、情绪管理与表达以及冲突管理等方面。其次,在进行基本薪资设计时将情绪劳动技能及其结果作为评价因素。有效地从事情绪劳动无疑就是这种能力的体现。此外,通过改善员工福利、带薪休假和提供发展机会等方式,使员工因长期情绪劳动而耗费的身心资源能够得到有效补充,降低情绪劳动给员工带来的消极后果,提高员工从事高质量情绪劳动的积极性。

第三节　心理资源管理的原则

一、心理资源与管理原理

根据个体的心理,可以归纳出两条个体层面的管理原则:

第一,个体差异中的共性决定了管理心理的一般规律。每个人是不同的,但人又有一定的共同性,人的共同性构成了管理心理学的一般依据。共性具有普遍性,普遍性规律构成一般规律,因此,掌握了个体的共性能够形成管理的一般规律。

---

① 夏福斌、路平:《西方情绪劳动的研究进展与展望》,《哈尔滨商业大学学报(社会科学版)》2011年第1期,第17—22页。

第二,共性的差异性。虽然人的共同性决定了一般的管理规律,但组织中人的差异性又是客观存在的,需要对此有差异化管理,需要管理者对心理需要进行特殊性关照,从而获得最大的、具体化的效果。

二、培育职业精神

现代社会是职业分化的社会,人们可能从事自己并不喜欢的工作。那么,是否因为不喜欢就可以不投入地工作?如果不是,那么又是什么理念内在地支撑人们尽量好地从事自己的工作?这就是职业精神。

西方的职业精神,按照韦伯的考察,与新教创始人马丁·路德的努力有关。路德在翻译德文《圣经》时,使用了德语"Beruf"(职业、天职),即英语的"calling"(职业、神召)一词,含义是"上帝安排的任务""终生的任务""人不得不接受的,必须使自己适从的、神所注定的事"。韦伯认为,这个含义原来在《圣经》和其他民族文化传统中,甚至德国都是没有的。路德之所以如此界定,与路德本人的神学思想有关——世俗生活同样有价值,人要完成个人在现世里所处的地位赋予他的责任和义务,人应通过工作而不是苦修得到上帝的恩典而成为上帝的选民,每一种正统职业在上帝那里都具有同等价值。这便是他的天职。路德的意图在于反对传统基督教的苦修学理,而并不在于力图发展资本主义。这成为新教思想的核心之一:生命是上帝创造的,上帝安排了一切,包括婚姻和职业。上帝会给你安排一个职业,或者你可以通过祷告求上帝给你安排一个可以荣耀上帝的职业。韦伯认为这样的思想迅速成为新教徒的价值观,对于资本主义的发展有重大影响,成为促进资本主义发展的精神动力。①

比照而言,中国社会传统缺乏如韦伯所说的宗教性职业精神。中国的传统是伦理文化,它强调通过自我努力可以展现和发展人性道德性质善的一面,而不是如基督教的上帝那样,以外在神圣力量超度人。另外,传统的以德为核心的社会秩序强调社会稳定,不鼓励现代意义的职业性社会流动。显然,这些理念不适应现代理性化的职业分工需要。因此,应基于自己的文化传统建立适应现代性的职业精神。

笔者认为,可以从儒家思想发展、转换出中国式的职业精神。儒家认为人性是善的,人的责任和义务就是要把人性中的"善"发扬出来,内在发展而使自

① 〔德〕马克斯·韦伯:《新教伦理与资本主义精神》,于晓、陈维纲译,三联书店 1987 年版,第 58—68 页。

己成为有道德的人，此为“内圣”；把“善”推行于社会，此为“外王”。传统的“内圣外王”是道德性的，不是现世的生产性的，但如果把“外王”指向于成就，特别是现代创造性的理性成就，就可以推出儒家式的职业精神。这可以称为性善-责任的职业精神思想。

儒家式的性善-责任思想强调，人因性善而天然有社会责任义务，职业本身是人的责任的体现，在现代社会中，职业责任体现人的价值，体现生命的善。其核心要点可以概括如下：[①]

（1）人为自然精华，万物之灵秀。人有高度发达的大脑，有自我意识，能够使用符号语言，人具有特殊的禀赋，不同于一般动物。

（2）人本性上是可以自我管理的，人的发展是可能的。

（3）人为自然精华，意味着人性为善的，发展“善”是人的天职。

（4）人之灵秀，意味着人有天生的代天理物的生命责任和社会责任。

（5）代天理物，通过“做人”“做事”而实现。“做人”是使自己成为社会伦理认可的、有德性的人。“做事”是在事业上成功。通过利于社会、他人的成就而取得社会地位。

（6）职业生存是现代人的生活方式。

（7）职业是体现人之灵秀、善的场所，也是做人、做事的场所。

（8）职业不是手段，职业本身就是生命价值的目的。

（9）职业有契合性，好的职业不一定是地位和金钱标准，而是能发挥自己的潜力，达到个人素质与岗位的匹配。

（10）职业有发展性，当前的职业构成了下一职业的基础。

三、工作意义激发

个体进入组织后首先要对工作进行认知，工作认知突出体现为“工作意义”上。工作意义是对个人与工作之间关系的一种认知，它反映了工作者想从工作中获得什么，体现了个人所感知到的工作对个人的价值与作用。如“工作”被理解为“通过自己做点事情来体现自身存在价值”；“钱”从以往“赚钱：养家糊口”到当代的人们更多认为“赚钱：体现自我价值”。完整的“工作意义”包括个体自我认知、个体对工作的认知及个人对于工作平衡的认知三个方面。[②]

① 景怀斌：《公务员职业压力：组织生态与诊断》，中央编译出版社 2011 年版，第 248 页。

② 尚玉钒、马娇：《“工作意义”的变迁研究》，《管理学家（学术版）》2011 年第 3 期，第 59—66 页。

个体对工作的认知或解释取决于个体心理，个体是以自己的方式解释组织环境的。“自己的方式”受个体的心理内容系统、认知过程、神经生理机制及其心理特征共同影响。

工作认知实际上是个体对工作的判断过程。这个判断有两个环节：第一是感知。感知是主观体验，先有感知再有认知，感知是对认知对象浅层次的认识。第二是价值的判断，此即意义性因素在作用，意义感来自于价值感验。这个原理说明，合理的工作设计能使员工感受到工作的意义，既包含工作本身的重要性带来的意义，也包含员工对工作的责任感。

从管理角度看，提高工作认知应注意：第一，技能的多样化，消除员工的工作单调感。第二，工作整体性，使员工了解工作整体的重要性，消除单一工作的无意义感。第三，提高工作重要性认知，使员工了解自己的工作是重要的。第四，工作自主性。提高工作自主程度，当个人的自主性强的时候，要使他自身能够感受到工作的意义。第五，工作的反馈。反馈是对结果的一种感知。反馈一词来自于解剖生理学，人的感知是一个反射弧，反馈后来在系统论里用的很多，它不再把事物看成一个简单的联系，而是看成一个链条中的互动性环节。

四、管理者的自我管理

组织的管理，不仅要看管理的对象，还要考虑管理者自身的问题。管理者自身的行为与心理有着密不可分的关系，管理者的管理理念、偏好和利益，影响着他的管理方式和风格。可见，管理者自我管理是管理的重要方面。

对此，应注意两个方面的问题：

第一，我向性管理。信念是人的根本心理动力，管理者往往是信念明确且坚定的人。信念帮助管理者成功，同时，其成功的经历也增加了自信。但由此也可能带来管理者的我向性问题，即管理者往往因高度自信和自我中心而忽视员工的要求或者因员工的信念与自己不同而产生排斥心理。因此，管理者的我向性过强不利于沟通，也不利于人际交流。管理在一定意义上是以宽容、多元和统合的方式进行人的协调的过程。

第二，管理者的自我修养。社会在发展，知识在更新，管理者也要不断自我提升，预防出现有“知识”没“文化”、有“智力”没“智慧”、有“感觉”没“水平”等不合适的现象。

思考题

1. 如何理解个体心理构成？
2. 个体价值观如何影响着管理？
3. 员工心理品质与管理的关系如何？
4. 试述个体对管理原则的启示。
5. 试述管理者自我管理的原则。

第六章　工作激励

本章重点

一、工作激励的实质
二、工作激励理论的视野
三、西方代表性的激励理论
四、中国情感激励的原理
五、信仰性激励的基本原理
六、激励的综合性原理

臣闻赏罚者，人主御天下之操柄也。得其操柄，死命可致，天下可运之掌；不得其操柄，百事具废，欲治得乎？故明主慎之，至亲不可移，至仇不可夺，有功必赏，有罪必诛；然必称天以命之，示非私也，臣下视之，不饰虚誉，不结援党，不思贿托，惟勉忠勤，死不敢易，欲不治得乎？今或不然，凡饰誉，援党、贿托，讥谗不及，必获显擢，无不如意。凡尽忠勤职，即讥谗蝟集，黜辱随至，无不失意。以此操柄失御，人皆以奸结巧避为贤，孰肯身仕国家事哉？臣不能枚举，姑以先朝末年陛下初政一事论之。①

王阳明的这份奏折提示：激励是国家运转的核心，是君王管理国家的方式。若运用恰当，则国家处于良好状态；若运用不当，则导致国家灭亡。激励要制度

---

① ［明］王守仁：《王阳明全集》（卷三十九），吴光等编校，上海古籍出版社 1992 年版，第 1460 页。

化，要排除个人情感和亲疏关系进行奖惩。

从这里可以看出，无论是小型组织还是国家这样的大型组织，都是通过激励机制运行管理的。激励通过资源控制，发展机会管控，提供发展的可能，从而调动人的积极性，保证组织的活力，实现组织成长。在这个意义上，全部管理学的落脚点是“激励”的这一说法是成立的。

那么，激励的基本原理是什么？激励如何管理？

第一节　工作激励的含义与过程

一、工作激励及其作用

员工的绩效行为既取决于能力也取决于积极性，即绩效 = 能力 × 积极性。如果两位员工的能力相等而绩效不等，则是因其积极性存在差别。

“激励”是激发员工工作动机的过程。工作动机指一系列的来自个体内部或外部的力量，它们决定个体或群体工作行为形式、方向和持续时间。[①]

激励分狭义和广义两种：狭义的激励指工作活动的推动和引发过程；广义的激励则指运用各种有效手段激发人的热情和主动性，发挥人的创造精神和潜能，朝向组织所期望的目标而努力的心理过程。

激励的着眼点是什么？在经济学看来，永恒不变的激励是金钱。而从心理学看，则是调动和满足人的需要，“最有效的激励来自人的内心”。其原理是，激励通过满足人的需要，指向于工作任务，取得工作绩效。因此，员工内在的心理需求是管理心理学中激励的着眼点。

二、激励的心理机制

“激励”是否作用取决于个体心理与激励物的互动。例如，五百元的报酬对不同人的激励作用是不一样的，它取决于个人对这五百元的认知。五百元对某些人来讲可能并不重要，而对另一些人却未必。所以个体的动机依赖于个人对激励物的判断与评价，如果能满足个体的需求就能激发个体，从而影响到工作行为，如果不能满足其动机就不会引发激励作用。

哪些因素决定了个体对激励物的解释？从根本上看，需要应从个体的心理

---

① Gary P. Latham and Craig C. Pinder, “Work Motivation Theory and Research at the Dawn of the Twenty-first Century,” *Annual Review of Psychology*, Vol. 56, No. 2, 2005, pp. 485—516.

内容系统(其中价值观和信仰是核心)、个体的认知心理特征以及个体的神经心理机制的结合来理解。如图 6.1 所示:

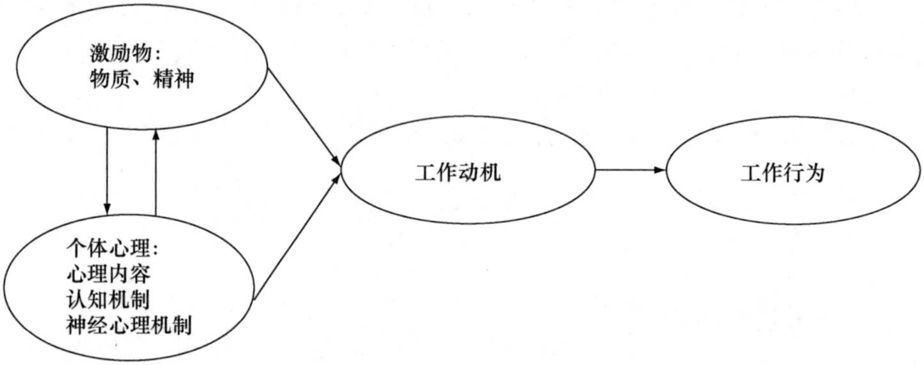

图 6.1　激励心理过程示意图

激励作用有两种表现,即助长和致弱。助长是激励机制对员工产生符合组织期望的行为,此时员工工作行为得到加强;致弱则表现为激励机制没有发挥期待的积极作用,反而带来负面后果,不利于组织的发展。

三、激励物

激励物有多种形式,表现为:

1. 物质

如金钱、物品等。这是最常见的激励物,主要满足个体的生存需要。

2. 福利性激励物

如保健措施、子女教育机会、福利性设施。狭义的福利指为帮助特殊社会群体,特别是弱势群体提供的物质和服务上的救济;广义的福利指促进和实现组织共同福利的措施,包括保险、救助、教育机会等。

3. 社会激励物

如名誉、社会地位等。最大的社会激励是社会流动。社会流动指个体从下层社会地位向上层社会地位变化的过程。如古代科举制,若科举考中,则有地位、官职、名声的变化,是当时读书人最重要的激励物。

4. 成就激励物

即通过提供施展个体的才能,作出社会认可和期望的成就,尤其是物质性成就,从而获得机会、名声和物质报酬。

在实际激励中，各种激励物往往有机结合，综合作用而达到最佳效果。

对于组织来说，激励往往是制度性的。激励机制一旦确立，会内在作用于组织系统本身，强制性地对组织中的人产生作用。

四、激励的特征

1. 激励源的多元性

激励的来源是多样的，其作用方式也具有多样性，物质有激励作用，精神同样有激励作用。

2. 激励作用的动态性

个体对不同激励源的敏感性有差异。例如，对于福利制度有的人看重，有的人则不看重。而且，个人对激励物在不同时空的认知也是不同的。

五、激励理论的视野

激励研究涉及三个基本理论性问题：(1) 人的行为的动力是什么；(2) 人的行为如何被导向特定的目标；(3) 怎样维持人的行为。

围绕这些，现代管理心理学形成了诸多理论，如归因理论（Attribution Theory）、公平理论（Equity Theory）、需要层次理论（Maslow's Hierarchy of Needs）、诱因理论（Incentive Theory）、双因素理论（Frederick Herzberg Two-Factor Theory）、期望理论（Expectancy Theory）等。总体来看，激励理论有三个视野：

第一，内容视野，即从人的心理需要的具体内容讨论如何激励人。代表性理论有需要层次理论、成就动机和权力动机等。

第二，过程视野，从激励的过程讨论影响或决定激励的理论。代表性理论有强化理论、目标理论和公平理论。

第三，综合视野，从内容与过程结合等角度讨论激励问题。这是各种激励要点的或理论综合。

六、激励研究的趋势

目前，激励理论研究出现了新的趋势：

第一，激励理论出现了三个新的、大的视野，即目标设定、社会认知和组织公平。这三方面的研究超过了行为和期望理论，其中公平理论被整合到组织公平范畴里。

第二，认知、情感与行为在激励中的互动作用被认可。

第三,对激励的理解越来越趋于关注整体而非单一的因素,如需要、价值观、认知、情感、行为的整合作用。

第四,文化和工作,以及二者的匹配在激励中的作用越来越被重视。

第五,个体的人格品质决定个体对环境的解释,影响着激励。

第六,不同理论之间的对抗转变为不同理论的整合与互补。①

第二节 内容激励理论

内容激励理论即从人的心理需要的具体内容来解释激励现象,代表性的理论有经济学的激励理论、需要层次理论、成就动机和权力需要理论等。

一、经济人理论

经济学对激励的研究以"利己"理性人为出发点,以利润最大化或效用最大化为目的。理性人把经济人的经济利益扩展为综合利益和长期利益,比如暂时的奉献是为了长远利益或声誉上的满足。理性行为即追求个人净收益或效用最大化的经济行为,如20世纪70年代提出的代理理论、80年代产生的证券设计理论和标尺竞赛理论等。

经济学家从理性"经济人"出发,提出了"最大利益"的激励模式,强调剩余索取权在激励中的重要作用。但是,经济人假设在激励管理者方面忽视了几个重要问题:一是人的多层次需要;二是人的有限理性;三是人的信仰差别,这些限制了它的理论解释力。

二、需要层次理论

需要层次理论由亚伯拉罕·马斯洛(Abraham Maslow,1908—1970)提出。马斯洛的理论属于人本主义心理学,其哲学基础是存在主义。

对于需要,马斯洛有四点基本假设:第一,人是受满足某种需要的欲望所驱使的动物。第二,已经满足的需求不再是激励因素。一旦某种需求得到满足就会有另一种需要取而代之。第三,大多数人的需要结构很复杂,有许多需求影响行为。第四,一般来说,只有在较低层次的需求得到满足之后,较高层次的需求才会有足够的驱动作用。满足较高层次需求的途径多于满足较低层次需求

---

① Gary P. Latham and Craig C. Pinder, "Work Motivation Theory and Research at the Dawn of the Twenty-first Century," *Annual Review of Psychology*, Vol. 56, No. 2, 2005, pp. 485—516.

的途径。

人的需要有五个层次:第一,生理需要。如食物、水、住所、性满足以及其他生理需要,是最基本的需要。第二,安全需要。人有保护自己免受身体和情感伤害的需要,是生存需要。第三,社会需要。人有包括友谊、爱情、归属及接纳方面的需要,是社会性需要。第四,尊重需要。人有内部尊重需要,包括自尊、自主和成就感;外部尊重因素包括地位、认可和关注等。这是人的自我价值感需要。第五,自我实现需要。人有成长与发展、发挥自身潜能、实现理想的需要,是一种追求个人能力极限的内驱力。马斯洛将这五种需要划分为高和低两级。生理需要与安全需要被称为较低级的需要,而社会需要、尊重需要与自我实现需要则被称为高级需要。

需要层次理论又被称为金字塔理论。马斯洛认为,人总是从低层次需求向高层次需求发展的,塔顶的自我实现需要是最高级的需要。越是低级的需要对个体的重要性越强,获得满足的力量也越大,同时,只有低一级的要求被满足时,人们才会向高一级要求转化。但需求并不是不可逾越的,有时会越过较低级需要层次而向高级层次跃进。

马斯洛认为,自我实现是人发展的最高状态。按照马斯洛估计,自我实现者大约占人口的1%或2%。绝大多数人不能自我实现的主要原因是:其一,自我实现是微弱的需要,容易被压抑、控制、更改和消失;其二,许多人没有正视自我实现所需要的知识,对这种知识缺乏自知,使自己处于不确定的状态;其三,文化环境强加于人身上的规范阻滞一个人的自我实现;其四,自我实现者是由成长性需要而不是匮乏性需要,其发展和持续成长依赖于自己的潜力。

马斯洛提出,在人自我实现的创造性过程中,会产生出一种所谓“高峰体验”的情感,这个时候人处于最激荡的时刻,是人的存在的最高、最完美、最和谐的状态,产生欣喜若狂、如醉如痴、销魂的感觉。

自我实现的人有如下特征:了解并认识现实,持有较实际的人生观;悦纳自己、别人以及周围的世界;内心生活、思想、行为自然、率真;有较广的视野,以问题为中心思考;喜欢独处;独立自主;对平凡的事物不觉厌烦,对日常生活永感新鲜;经历神秘或高峰经验——高峰体验很难用准确的术语描写,表现出惊奇、敬畏、心醉神迷、崇敬、灵感、赞叹等,如爱的感受和宗教性体验等;爱人类并认同自己为全人类的一员;具有较强的民主性格特质;能够清楚地分辨出手段与目的的不同;不带敌意而又富于哲理的幽默;具有创造性;超越各种对立性而达到统合状态;对世俗合而不同;对生活环境有时改进的意愿与能力。总之,自我实现者是生性乐观的人,也是积极进取的人。他们相信社会有美好的未来,同时也尽力为社会的发展作出自己的贡献。[①]

马斯洛的需要层次理论及相关思想受到企业界和心理学界的极大关注，是参与管理模式的心理学理论基础之一。当然，对马斯洛的理论也有不同看法：有人认为该理论过分强调了人的生理属性，只强调了各种需要之间存在的纵向联系，而忽视了横向联系，即同一时间往往存在多种需要，需要之间可能是矛盾的，这导致需要之间的斗争；也有人认为该理论具有机械性，人的需要是复杂的，往往不能机械地、绝对地按层次进行划分，也并不一定严格地按上述各个层次逐级去满足。

三、成就动机

成就动机理论的代表人物为麦克利兰（David McClelland）。他认为人有成就需要、权力需要和情谊需要。成就需要指人追求卓越、实现高远目标、争取成功的需要；权力需要是控制、影响他人的需要；情谊需要是建立友好和亲密的人际关系的欲望。其中，成就需要是与绩效密切关联的需要。一些人有获得成功的强烈动机，他们追求的是个人成就而不是成功的报酬本身，具有一种使事情做得比以前更好或更有效率的欲望。权力需要是影响和控制其他人的欲望，具有高权力需要的人喜欢承担责任，努力影响他人，喜欢处于有竞争性和重视地位的环境。与有效的绩效相比，他们更关心威望和获得对其他人的影响力。

麦克利兰发现高成就需要者有这样特点：能够为解决问题承担责任，及时获得对自己绩效的反馈以便于判断自己是否有改进，设置有中等挑战性（难度）的目标，逃避那些他们认为非常容易或非常困难的任务。

麦克利兰指出，金钱刺激对高成就者的影响很复杂。一方面，高成就者往往对自己的贡献评价甚高，自觉抬高身价。因此，如果他们在组织中工作出色而薪酬很低，就不会在该组织里待很长时间。另一方面，金钱刺激究竟能够对提高他们的绩效起到多大作用很难说清，他们一般都以自己的最高效率进行工作，金钱固然是成就和能力的鲜明标志，但是由于他们觉得这配不上他们的贡献，所以可能引起不满。

权力需要可以分个人化权力需要和社会化权力动机。前者是基于个人权力欲求的需要，后者则是为社会谋利的需要。

那么，什么因素造成了高的成就需要？从家庭角度来讲，父母对孩子的成就教育有很大作用。如从小对孩子进行独立训练，培养孩子的好奇心，可以培

① 〔美〕马斯洛：《马斯洛人本哲学》，成明译，九州出版社 2003 年版，第 321—345 页。

育他们的成就需要。另外,个人的成就动机受个人经历的影响,成功经历能够提高人的成就需要。此外,成就需要具有文化性。基督新教的成就主义信念带来成就需要的高涨。中国文化有自己的成就需要思想。中国人的成就感从强度上来看并不比西方人弱,只是中国人的成就感源于另外一种不同的信念。中国人的成就追求具有家族性,有光宗耀祖的驱动力。另外,中国人的成就需要不一定指向于物质的东西,而是指向“名”,传统中国人的最大成就是做一个圣人,所谓立德立言立功。①

成就动机是很复杂的,相关的影响因素也很多。可概括为与抱负水平、成就竞争、成就刺激的敏感性、成就自我评价、成就内控性密切关联。②

抱负水平,指个体做某件事情对结果的心理期待。如对于考试成绩,有的人得了 90 分仍不高兴,而有的人得 76 分却很高兴,此即个体对结果的自我期待的抱负水平。抱负水平与个体的成功经历有关,成功经历愈多,抱负水平愈高。

成就竞争,指个体在成就方面的竞争性,愿意和善于竞争的人成就动机强。

成就刺激敏感性,指个体对于成就信息的认知敏感程度。成就动机强的人对成就信息敏感和感兴趣,而成就动机弱的人,对于成就信息不敏感或忽视。

成就自我评价,指个体对于自己作出成就可能性的评价。高自我评价的人成就动机强。

成就内控性,指对于带来成就的内部或外部原因的归因。认为成就取决于自己的人成就动机高。

总之,成就动机是重要的激励心理内容。对于成就需要高的人,提供实现成就的条件是最有效的激励。

四、信仰性激励

信仰性激励是自主的、能动的、内在深层的、根本性的激励,是最有持久效力的激励,它对组织的发展极为重要。因此,组织如何通过信仰来进行激励,是管理的核心性问题之一。

① David C. McClelland, “Achievement Motivation Can Be Developed,” *Harvard Business Review*, Vol. 43, No. 6, 1965, p. 68.

② 景怀斌:《中国人成就动机性别差异的研究》,《心理科学》1995 年 3 期,第 180—182 页。

第三节 过程激励理论

激励的过程理论即从激励的心理过程形成的激励理论。代表性理论有强化理论、目标设置理论和公平理论。

一、强化理论

强化理论是心理学中行为主义理论的核心主张。行为主义心理学是在机械唯物主义和实证主义的哲学基础上，在机能主义心理学的影响下产生的现代心理学派别，盛行于20世纪30年代到70年代。

行为主义创始人是美国心理学家华生，其学说主张最早来自于俄国生理学家巴甫洛夫的条件反射学说。行为主义者强调心理学应放弃研究诸如意识、意象等主观心理领域，只研究能够观察到的并能客观加以测量的行为——刺激和反应，无须理会其中的心理环节，即人的行为。它认为，行为是有机体用以适应环境刺激的各种躯体反应的组合，有的表现在外部，有的隐藏在内部。在行为主义看来，人和动物没什么差异，都遵循同样的规律。华生认为人类的行为都是后天习得的，环境决定了一个人的行为模式，无论是正常的行为还是病态的行为都是经过学习而获得的，也可以通过学习而更改、增加或消除。查明了环境刺激与行为反应之间的规律性关系，就能根据刺激预知反应，达到预测并控制动物和人的行为的目的。

以斯金纳为代表的学者形成了操作行为主义观点。他在实验中发现，把饥饿的老鼠放入实验箱内，它会在里面乱跑乱碰，偶然压杠杆得到食物后，老鼠压杠杆的频率就会越来越多，也就是说它学会了通过压杠杆来得到食物，斯金纳将其命名为操作性条件反射或工具性条件作用。

行为主义的具体理论可以概括为A—B—C理论。行为主义认为，不良的行为是由一个前提性的诱因A导致的，这产生了不良行为B，而这又带来不良行为的后果C，从而使个体处于不良适应之中。具体来看：诱因或前提是导致行为的时间、地点、环境等任何因素，也可以是别人的言行、时间、情景、挫折等。行为是具体的活动、言语、实际的想法，以及与此对应的情绪、感受等。例如，下雨而考试不好的诱因激发了紧张、焦虑、心跳加快的反应，就是行为。结果是诱因引发的行为产生的具有影响的结果性表现。

在行为形成的过程上，行为主义是这样认为：（1）A、B、C构成行为的链条。因而，对于行为的矫正要从这个过程入手，也要运用其中的原理。（2）强化是行为形成的手段。强化有多种多样，有积极的强化、消极的强化、间隔强化、持续强化等。他们认为，几乎任何东西都可以作为强化物。例如小孩表现好时，大人微笑或关怀地拍拍他等这些动作都是强化。(3) 对于人来讲，语言是最好的强化方式，尤其是成年人的言语自我指导。例如，人在紧张的时候对自己说"紧张什么，放松！"等。因此，行为矫正要充分利用言语强化来进行。(4) 模仿和想象是人的行为形成的重要方式之一。个体可以通过观察和模仿别人来形成相应的行为，也可以通过自己的想象来形成新的行为。所以，行为控制也可以通过模仿和想象来进行。(5) 行为的形成是逐步的，是经过长期的积累而定型的，因而行为矫正也是一个逐步的过程。

行为主义强调强化的作用。个体表现出适当或正确的行为后给予奖赏，此为正强化；当表现出不当或错误的行为时施以惩罚，使行为减弱或消除，即为惩罚。

行为主义的发展后期出现了行为主义与认知主义的结合，出现了社会学习理论，这以班杜拉(Albert Bandura)为代表。在社会学习理论看来，行为可以通过替代强化(vicarious reinforcement)而形成，即人们不直接参与某一活动，也不需亲自体验直接的强化，而是通过观察别人受到的奖励或惩罚，使自己在以后类似情况下也作出类似行为。替代强化论就为榜样作用、从众、模仿行为提供了理论基础。

社会学习理论的另一个核心概念是自我效能，指个体对自己能否在一定水平上完成某一活动所具有的能力判断、信念或主体自我把握与感受。自我效能也可称作"自我效能感""自我信念""自我效能期待"等。自我效能预期不只影响活动和场合的选择，也对努力程度产生影响，是人们遇到应激情况时选择什么活动、花费多大力气、支持多长时间的努力的主要决定者。

运用强化理论进行管理应遵循这些原则：(1) 目标明确，行为控制有计划；(2) "小步子"，把达到目标的整个行为过程划分为若干小的步骤，一步一步进行行为引导；(3) 及时"反馈"，即让人们及时知道自己行为的结果；(4) 适当奖罚。

二、目标理论

彼得·德鲁克(Peter F. Drucker)于 1954 年提出目标激励理论，主要用于企业管理。其基本论点是：第一，企业的目的和任务必须转化为目标；第二，如果一个领域没有特定的目标，那么这个领域必然会被忽视；第三，如果没有方向一致的分目标来指导每个人的工作，则企业的规模越大、人员越多时，发生冲突和浪费的可能性越大。为解决这些问题,他建立了一套目标制定、分解、督查的分析模型并用于企业的经营管理,取得了很好的效果。①

目标管理的成功需具备六个条件:第一,高层领导参加;第二,下级人员必须积极参加目标的制定和实现;第三,有充分的情报资料;第四,对实现目标的手段有控制权;第五,对由于实现目标管理而来的风险要予以支持;第六,对职工要有信心。

目标管理要求以 Y 理论来看待职工,相信职工能制定目标并承担相应的责任,相信人的本性愿意承担责任,能够自治,愿意上进和发展。所以,组织的领导者和职工两方面都应在态度上有所转变,才能使目标管理获得成功。

目标管理有四个阶段:

第一,制定目标。目标愈是明确、具体、数量化,则实现目标的过程管理和对成果的检查与批评也愈容易。为此,要认真准备并由高层领导制定战略目标,然后提出策略目标,由各级人员提出各种具体建议,最后达成协议。

第二,实现目标。这种过程管理同传统的管理方法不同,主要由职工自主管理或自我控制,上级只是根据例外原则对重大的问题才过问和干预。每个职工有自己制定的目标,从而充分发挥其积极性、创造性和主动性来实现他自己的目标。由于职工的个人目标和各级管理人员的策略目标是以整个组织的战略目标为依据的,所以当职工的个人目标和各级管理人员的策略目标实现时,组织的战略目标也就实现了。

第三,检查和评价。把实现的结果同原来制定的目标相比较,对做得好的,要肯定成绩,予以各种形式的奖励;对做得不好的,一般并不予以惩罚,而是尽量使各级管理人员和职工自己总结教训,上级予以辅导,以便将来更好地发挥自己的能力,从而作出贡献。

第四,经验与教训。把总结出来的经验和教训应用到目标管理的下一个周期中去,从而不断提高目标管理工作的质量。

目标激励理论把"以工作为中心"和"以人为中心"结合了起来,能调动职工的工作热情,发现自身价值,满足自我实现的需要。在这个过程中,组织的目标也得以实现。

---

① 李奇、姚孟帆:《德鲁克目标激励理论的基本观点和方法》,《成都行政学院学报(哲学社会科学)》2002 年第 2 期,第 23—24 页。

三、公平理论

公平有不同的理论视野，其中代表性的理论有社会比较公平理论、工作公平感理论和程序公平理论。另外，随着公平理论的进展，许多新观点也相继出现。

公平理论（Equity Theory）由美国行为科学家亚当斯（J. S. Adams）提出，该理论侧重于研究工资报酬分配公平性对职工生产的积极性影响。其基本观点是：当一个人作出成绩并取得报酬后，他不仅关心自己所得报酬的绝对量，也关心自己所得报酬的相对量。他要进行种种比较来确定自己所获报酬是否合理，比较的结果将直接影响以后工作的积极性。

公平理论中公平期望是投入和收益的比较，投入代表一个人在交易中的付出，收益代表一个人在交易中的所得。比较可分为横向比较和纵向比较。横向比较又叫社会比较，即将自己获得的"报偿"（包括金钱、工作安排以及获得的赏识等）与自己的"投入"（包括教育程度、所作努力、用于工作的时间、精力和其他无形损耗等）的比值与组织内其他人进行比较，只有感觉相等时才认为公平。纵向比较又叫历史比较，即把自己目前投入的努力与目前所获得报偿的比值同自己过去投入的努力与过去所获得报偿的比值进行比较，只有感觉相等时才认为公平。

在程序公平方面，出现了程序公平理论。佛杰（Folger）和克鲁潘沙诺（Cropanzano）将程序公平定义为"在决定报酬时所使用的方法、机制和过程中的公平议题"。该理论认为，一个公平程序的制定必须遵循以下六个原则：（1）一致性原则；（2）避免偏见原则；（3）准确性原则；（4）可修正原则；（5）代表性原则；（6）道德与伦理原则。①

公平的激励效果取决于员工的心理公平感。公平感实际上是一种自我计算的过程。但公平本身是一个相当复杂的问题，与诸多因素有关，如：个人的主观判断、个人所持的公平标准有关以及绩效的评定等。

不公平感易在人的心理上造成不良影响，挫伤人的积极性。当人们比较后感到不公平往往会有如下表现：（1）在认识上改变"投入"与取得报酬（即"产出"）的评价。（2）改变对别人的评估。（3）采取行动，改变自己，如找一个收入更高的工作；或消极怠工，减少贡献。（4）另选比较对象。（5）采取行动，改

① 孙怀平、朱成飞：《基于公平理论的人力资源管理政策》，《现代管理科学》2007年第1期，第81—83页。

变他人。(6) 其他表现,如发牢骚、泄怨气、制造人际矛盾等。

公平理论对管理者的基本启示是:(1) 影响激励效果的不仅有报酬的绝对值,还有报酬的相对值;(2) 激励应力求客观上的公平,尽管主观判断上有差异,但不致造成严重的不公平感;(3) 激励过程要注意对被激励者的公平心理的引导,使其树立理性的公平观;(4) 应当注意实际工作绩效与报酬之间的合理性。

第四节　中国的情感激励思想

中国传统文化是伦理型文化。伦理型文化要依赖情感纽带来维系。中国古代先哲对情感的作用有许多精彩的论述,从“爱民如子”到“以家治天下”,形成了多种多样的情感管理思想和方式。这里借用典型的案例——“荆轲刺秦”来分析。

该故事涉及人物众多,情节跌宕。为充分把握其脉络,虽显繁赘,在此还是转述司马迁《史记·刺客列传》中关于荆轲的“故事”:①

> 荆轲者,卫人也……荆轲尝游,过榆次,与盖聂论剑,盖聂怒而目之。荆轲出,人或言复召荆卿,盖聂曰:“曩者吾与论剑有不称者,吾目之,试往,是宜去,不敢留。”使使往之主人,荆卿则已驾而去榆次矣。使者还报,盖聂曰:“固去也,吾曩者目摄之。”荆轲游于邯郸,鲁句践与荆轲博争道,鲁句践怒而叱之,荆轲嘿而逃去,遂不复会……秦将樊於期得罪于秦王,亡之燕,太子受而舍之。鞠武谏曰:“……燕有田光先生,其为人智深而勇沈,可与谋。”……太子逢迎,却行为导,跪而蔽席。田光坐定,左右无人,太子避席而请曰:“燕秦不两立,愿先生留意也。”田光曰:“臣闻骐骥盛壮之时,一日而驰千里,至其衰老,驽马先之。今太子闻光盛壮之时,不知臣精已消亡矣。虽然光不敢以图国事,所善荆卿可使也。”太子曰:“愿因先生得结交于? 綦谞乎?”田光曰:“敬诺。”即起趋出,太子送至门,戒曰:“丹所报,先生所言者,国之大事也,愿先生勿泄也。”田光俛而笑曰:“诺。”偻行见荆卿曰:“光与子相善,燕莫不知;今太子闻光壮盛之时,不知吾形已不逮也,幸而教之曰:‘燕秦不两立,愿先生留意也’,光窃不自外,言足下于太子也,愿足下过太子于宫。”荆轲曰:“谨奉教。”田光曰:“吾闻之,长者为行,不使人

① [汉]司马迁:《史记·刺客列传》,中华书局1982年版,第2526—2538页。

疑之，今太子告光曰：‘所言者国之大事也，愿先生勿泄’，是太子疑光也。夫为行而使人疑之，非节侠也。”欲自杀以激荆卿，曰：“愿足下急过太子，言光已死，明不言也。”因遂自刎而死。荆轲遂见太子，言田光已死，致光之言。太子再拜而跪，膝行流涕，有顷而后言曰：“丹所以诫田先生毋言者，欲以成大事之谋也。今田先生以死明不言，岂丹之心哉！”荆轲坐定，太子避席顿首曰：“田先生不知丹之不肖，使得至前敢有所道，此天之所以哀燕而不弃其孤也。今秦有贪利之心，而欲不可足也，非尽天下之地，臣海内之王者，其意不厌。今秦已虏韩王，尽纳其地，又举兵南伐楚，北临赵，王翦将数十万之众距漳邺，而李信出太原云中。赵不能支秦，必入臣，入臣则祸至燕。燕小弱，数困于兵，今计举国不足以当秦。诸侯服秦，莫敢合从。丹之私计，愚以为诚得天下之勇士，使于秦，窥以重利，秦王贪，其势必得所愿矣。诚得劫秦王，使悉反诸侯侵地，若曹沫之与齐桓公，则大善矣。则不可，因而刺杀之。彼秦大将擅兵于外，而内有乱，则君臣相疑；以其闲，诸侯得合从，其破秦必矣。此丹之上愿而不知所委命，唯荆卿留意焉。”久之，荆轲曰：“此国之大事也，臣驽下恐不足任使。”太子前顿首，固请毋让，然后许诺。于是尊荆轲为上卿，舍上舍，太子日造门下，供太牢，具异物，闲进车骑美女，恣荆轲所欲，以顺适其意。

久之，荆轲未有行意。秦将王翦破赵，虏赵王，尽收其地，进兵北略地，至燕南界。太子丹恐惧，乃请荆轲曰：“秦兵旦暮渡易水，则虽欲长侍足下，岂可得哉！”荆轲曰：“微太子言，臣愿谒之，今行而毋信，则秦未可亲也。夫樊将军秦王购之金千斤，邑万家。诚得樊将军首，与燕督亢之地图，奉献秦王，秦王必说见臣，臣乃得有以报。”太子曰：“樊将军穷困来归丹，丹不忍以己之私而伤长者之意，愿足下更虑之。”荆轲知太子不忍，乃遂私见樊於期曰：“秦之遇将军可谓深矣，父母宗族皆为戮没，今闻购将军首金千斤，邑万家，将奈何？”於期仰天太息，流涕曰：“於期每念之，常痛于骨髓，顾计不知所出耳。”荆轲曰：“今有一言可以解燕国之患，报将军之仇者何如？”於期乃前曰：“为之奈何？”荆轲曰：“愿得将军之首以献秦王，秦不必喜而见臣。臣左手把其抽，右手揕其胸；然则将军之仇报而燕见陵之愧除矣。将军岂有意乎？”樊於期偏袒搤捥而进曰：“此臣之日夜切齿腐（拊）心也。乃今得闻教。”遂自刭。太子闻之，驰往伏尸而哭，极哀。既已不可奈何，乃遂盛樊於期首函封之。于是太子豫求天下之利匕首，得赵人徐夫人匕首，取之百金。使工以药焠之，以试人，血濡缕，人无不立死者；乃装为遣荆卿。燕国有勇士秦舞？均年十三杀人，人不敢忤视，乃令秦舞阳为副。荆轲有所待，欲与俱;其人居远未来,而为治行,顷之未发。太子迟之,疑其改悔,乃复请曰:“日已尽矣,荆卿岂有意哉?丹请得先遣秦舞阳。”荆轲怒叱太子曰:“何太子之遣往而不反者竖子也。且提一匕首,入不测之彊秦。仆所以留者,待吾客与俱。今太子迟之,请辞决矣。”遂发。太子及宾客知其事者,皆白衣冠以送之。至易水之上,既祖取道,高渐离击筑,荆轲和而歌,为变征之声,士皆垂泪涕泣。又前而歌曰:风萧萧兮,易水寒;壮士一去兮,不复还。复为羽声慷慨,士皆瞠目,发尽上指冠。于是荆轲就车而去,终已不顾……轲既取图奏之,秦王发图,图穷而匕首见,因左手把秦王之袖而右手持匕首揕之。未至身,秦王惊,自引而起,袖绝;拔剑,剑长,操其室;时惶急,剑坚(竖),故不可立拔。荆轲逐秦王,秦王环柱而走。群臣皆愕,卒起不意,尽失其度。而秦法:群臣侍殿上者,不得持尺之兵,诸郎中执兵皆陈殿下,非有诏召不得上。方急时,不及召下兵。以故荆轲乃逐秦王,而卒惶急无以击轲,而以手共搏之。是时,侍医夏无且,以其所奉药囊提荆轲也。秦王方环柱走,卒惶急不知所为,左右乃曰:“王负剑。”负剑遂拔,以击荆轲,断其左股。荆轲废,乃引其匕首以擿秦王,不中,中铜柱?秦王复击轲,轲被八创。轲自知事不就,倚柱而笑,箕踞以骂曰:“事所以不成者,以欲生劫之,必得约契以报太子也。”于是左右既前杀轲,秦王不怡者良久……

感谢司马迁留给我们这样一个经典案例,本案例涉及诸多情感激励因素。结果使荆轲这个原本胆子似乎不大的人成为视死如归的侠客,上演了“惊天动地”的一幕。

分析起来,在这个事件中主要表现出了如下情感激励:

第一,舍命荐人。田光是整个计谋中的重要人物,起到出主意和牵针引线的作用,但其震撼人心的作为是,为了保守机密让太子丹放心而自尽。还有攀於期,为报知遇而自刎助计。这两个人以命激励,使荆轲形成“报”的心理或者无法不做的巨大心理负担。为之,他即使明知无法生还,也舍命去做。

第二,满足荆轲的各种期望。如太子天天到荆轲的住所拜望,使荆轲有知遇之恩,产生力图回报的心理。中国社会素有士为知己者死的说法,这一心理与其说是物质的回报,不如说是精神的回报。

第三,物质上的投入包括供给贵重的饮食,时不时地还献上奇珍异物和车马美女任荆轲随心所欲,以便满足他的心意。

第四,情境性的激励。高渐离送行。“风萧萧兮易水寒,壮士一去兮不复还!”变徵相当于西乐 F 调,此调苍凉、凄惋,宜放悲声。羽声相当西乐 A 调,音调高亢，声音慷慨激昂。情境性激励往往能够调动人的激情，促使人的心理力量发挥到极致。

在现实中，情感激励没有这么惊心动魄，也没有这样典型化。但情感激励的作用不应忽视。那么，在日程管理中，情感管理的原则是什么？

第一，助人原则。在现代组织中，情感管理不应是对人的控制，而应是激发人的潜能，利于人的成长。

第二，共情原则。情感激励要求站在对方的立场上思考问题，看被激励者希望得到什么，最需要什么。如此，才能够激励他。

第三，互动原则。在情感激励时，往往是通过心理的互动而激发对方的，应与被管理者有心灵上交流以情留人。

第四，沟通技巧。情感激励是很讲究技巧的，常以四两拨千斤的方式解决重要问题。如历史上赵匡胤的杯酒释兵权，就以巧妙的方式说服和威吓下属，继而达到情感管理的目的。

第五节　激励的综合方法

一、激励的综合性

现实中的激励往往是综合的。除"动机""努力"之外，人的工作绩效以及满意度还会受到其他因素影响。这些因素是：(1) 角色概念。即人对自己所担负职责的认识。角色概念明确者会尽心尽职，在位谋政，有助于取得成绩。(2) 技术、能力。一般地说，在努力程度相等时，技术、能力水平愈高，绩效愈大。(3) 评价公正。评价是报酬的前提条件，必须公正客观。评价方法一般分客观法和主观法。客观法即根据工作成绩的数据进行质量和数量评价。主观法是主观上估计，评价形式分为上级评价、同级评价、下级评价和局外人评价。

二、激励的综合运用

激励是管理的核心，也是一个理论上容易讲、实际操作起来却很复杂的管理工作。在实际工作中，激励发生的背景和因素太复杂了，涉及制度、文化、员工和领导者心理。其空间机制可如图 6.2 所示：

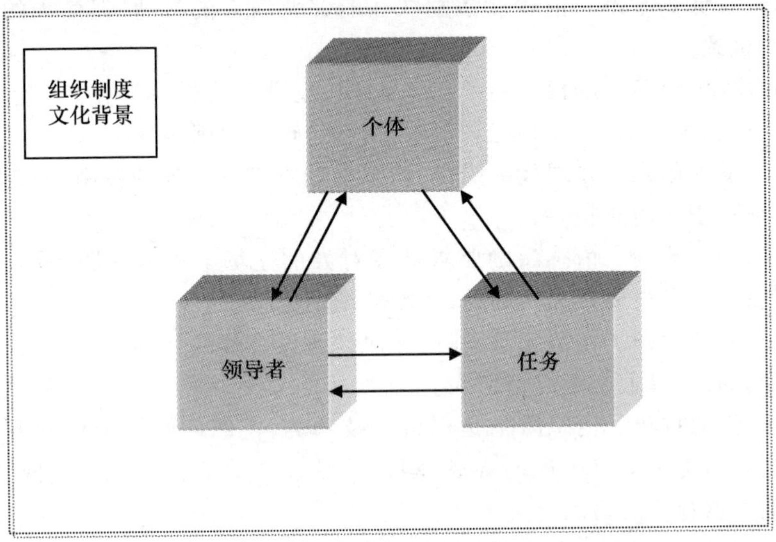

图 6.2 激励发生的结构背景示意图

从图 6.2 可以看出,激励是发生在一个组织的制度—文化—心理环境中的,组织的任何因素都可以对激励产生作用。如果组织是集体主义制度,那么个人主义的做法就可能不会起作用,如果组织是民主文化,则独裁的激励方式也不可能起作用,如果员工有强烈的成就主义追求,则碌碌无为的激励也没有激励效果。

此外,激励是在领导者—任务—个体间的互动,三者的特色决定了激励的具体效果。这三方面的因素又是互动的、其作用难以单一说明。

对于激励,应遵循如下原则:

第一,公私分明原则。在现代组织中,员工不是基于私人关系的个人依附,激励不应该和私人利益不讲原则地加以混合。中国的管理方式表现出一定的以领导为核心的方式。组织中也不同程度地存在潜规则,这对激励有多方面影响。现代组织不应该将对私人的忠诚置于公众利益之上。

第二,大小并重原则。组织激励不能用微小与重大来划分。心理的影响不是与投入或事件的大小同步的,心理的作用是微妙的,有些看似微小的事件或行为,其心理作用是巨大的。如逢年过节时管理者到员工家的探访就有很大的心理激励效果,且级别差越大,激励的效果越大,这就是激励作用大小的情境化效果。

第三,刚柔并济原则。组织激励是以制度设计为主的激励措施,但非制度性措施的效果未必就没有效果，因此，对人的管理既可以采取制度激励措施，也可以采用个人化的激励措施，它们的效果同样重要。此即制度的刚性和激励的个别性并重原则。

在激励的操作过程上，有这样的环节：

其一，了解员工的需要。从员工需要的内容、过程、归因方式（员工是怎样对行为过程中的问题进行归因的）、文化（员工的价值观念）等角度进行，以此作为激励的心理基础，规划具体的激励措施。

其二，探究主导需要。员工的需要可能有很多，但哪些是主导的？个体共性心理决定了管理的一般规律和策略。共性的东西就是主体员工的主导需要，它是进行激励制度设计的基础。

其三，制定激励策略。激励要有控制性、动态性，注意个别情况下的变化。中国人的情感激励是规则之外的内在激励，在特定情况下与文化结合有特别大的激励作用，要用最能打动员工的东西来进行激励。

其四，关注去激励因素。有的激励措施不但不能达到激励的目的，反而因过程中的不公平、不公正等因素而挫伤其他人的积极性，这称为去激励现象。如此，激励不但不能体现出它的有效性，反而会出现负面异化现象。它往往使组织的其他激励不仅没有积极作用，反而有消极作用。当一个组织快要消亡的时候，可能它的激励措施越来越多，而有效性却越来越差。此外，工作的特征也会影响到激励的有效性问题。

其五，注意动态性。员工是发展的，过去的激励措施在过去有效，在现在则不一定能起作用，应动态地把握和调整。

思考题

1. 试述激励的作用过程。
2. 试述激励的不同理论视野。
3. 试述需要层次理论的管理价值。
4. 试述成就动机的管理价值。
5. 公平理论的管理启示是什么？
6. 如何看待中国的情感管理价值？
7. 试述激励的原则。
8. 试述有效激励的注意事项。

第七章 压力管理

本章重点

一、压力的实质与产生机制
二、压力管理的三个层次
三、压力的组织管理价值与原则
四、个人压力管理的3M框架
五、时间管理的基本原则

险夷原不滞胸中，
何异浮云过太空？
夜静海涛三万里，
月明飞锡下天风。

这是王阳明35岁题于山庙壁间的一首诗，这一年他经历了一生中最大的磨炼。宦官刘瑾擅权，南京御史戴铣等二十多人进谏均被刘瑾收监治罪。王阳明愤而上疏营救，被“廷杖”四十后，贬为贵州龙场驿丞。在到龙场的路上，前方路途艰辛，后方有人追杀。王阳明心中凄苦，为自己卜卦，得《明夷》，卦辞说：“利艰贞”，其象则说：“明入地中”。这对王阳明不无启示，“君子利艰贞，晦可明”，君子只要坚守自己的贞操，就能度过艰难，迎接光明的到来。以今天的理性角度看，卦辞对人是一种心理安慰，但生活中的压力要在日常中解决。王阳明一生饱受挤压，际遇坎坷，但他心有所定，终有所成，文成一代宗师，武以评定乱世，成为一时名人。其故里楹联为："立德立功立言真三不朽，明理明知明教乃万人师。""真三不朽"即儒家人生理想三大目标——"立德""立功""立言"，王阳明做到了。可见，艰难困苦并不总是"负面"的，它还可以转换为中国人常常说的磨炼自己的机会。

这个故事提示：第一，压力的根本解决是以"终极观"（信念）为统合的；第二，它是认知-身心管理技术的统合；第三，它依赖日常的自我调节。

第一节　压力的含义与产生过程

一、压力是管理的一个方面

在现代社会，压力及相关问题已成为突出的基本生活问题。就组织视野看，压力问题也急剧增加。调查发现，压力已成为造成工作缺勤的最主要原因，它所造成的损失远远大于工作日上的损失。如果把隐藏的损失，比如生产力的损失、福利和其他政府部门支付的费用、个人和家庭困难等考虑进去，真正的损失更多。①

压力管理指通过一定的理论知识、操作过程，降低压力源对个体身心影响的过程。压力管理的现实意义表现在：

第一，个人与家庭方面，压力管理利于自己的身体健康和生活质量。

第二，组织方面，压力管理不仅有利于组织效率提高，还是组织诊断的重要指标。压力的产生实际上是个人资源和组织特征的不匹配造成的，无论其原因是个人的（个体的素质和其他心理品质），还是组织的（如制度），或者是文化的（组织文化、社会文化），起码说明人与组织的不协调。研究压力感可以发现二者的不协调之处，从而具有组织诊断的作用。过去，特别是心理学的压力研究，关注的重点是个体压力产生的内在机制，对于个体与组织的匹配视野考察不够重视。压力的组织诊断功能是新的研究领域。②

总之，压力管理是组织管理的一个重要问题，也是现代人应具备的重要生存技能。

---

① S. E. Hobfoll and A. Shirom, "Stress and Burnout in the Workplace: Conservation of Resources," in T. Golombiewski ed., *Handbook of Organizational Behavior*, New York: Marcel Dekker, 1993, pp. 41—61.

② 景怀斌：《公务员职业压力：组织生态与诊断》，中央编译出版社 2011 年版，第 44 页。

二、压力形成的社会机理

压力与现代社会运行方式相关,对此有多种解释。其中,二元心理系统分离-冲突论偏重于文化心理层面的分析。其基本观点为:

(1) 人类特有的符号化自我意识使人具有天然和必然的意义性终极追求。人特有的高级脑功能为人的心理带来特殊的现象——自我意识,即人能够以深度的、符号化的、比较性的方式对自己的心理、存在状态、行为因果关系等进行自我观察和思考。人的这些特性使人成为具有意义寻求需要的动物。意义寻求可以理解为人对重要的或不重要的,真实存在的或虚构的事件的心理构建,这些构建决定了个体的生命感。千百年来,人的仁慈、宽容、怜悯、共情、信任、爱、正义、友谊、奉献、希望等作为文学或宗教热忱颂扬的现象,都是人的意义感展现。①

(2) 人类的全部心理活动可以分为理性工具和情感精神二元系统。所谓理性工具心理系统,指个体心理表现出的理性特征,即人的心理无论在内容还是形式上,都具有以效率、理性为标准的特征,如做事追求效率,习惯以有用或无用来认知事物等。从狭义的"科学理性"看,对人生根本问题的回答,与其说是理性的(狭义的科学理性),不如说是价值认定的。如基督教信仰系统,根本上说并不符合狭义的"理性"。当然,基督教知识本身的发展呈现出理性化,但作为整个系统,则是基于人的终极需要而形成的。因此,心灵价值感是一种价值认定,故称为情感价值心理系统更合适,即个体的心理具有以情感价值系统为核心的心理内容、认知过程和心理特征的现象。这两类系统与人的本性是密切结合的。

理性工具精神文化具有天然的内在不一致性。随着社会的发展,理性工具文化越来越发达,而这不断地且持续地挑战着人类早期文明形成的情感精神文化。在人类早期阶段,由于文明发展程度不高,两种文化是融合在一起的,而且情感精神问题处于主导地位。例如,巫术中既有理性工具成分,又有神秘的终极意义——情感精神因素。宗教发展和成熟后,宗教成为人类活动的核心,主导人类的活动。宗教本质上是以价值认定的方式解决人的终极依托,其本身不具有理性。如即使在现代社会也难以用狭义的"科学"的方式证明上帝的存在。这样,随着社会的发展,理性工具文化越来越发达,越来越排挤终极意义——情

① John T. Cacioppo et al., "Sociality, Spirituality, and Meaning Making: Chicago Health, Aging, and Social Relations Study," *Review of General Psychology*, Vol. 9, No. 2, 2005, pp. 143—155.

感精神文化。人类的情感精神文化越来越萎缩,精神苦恼越来越凸显。

(3)在现代社会,人们的精神生活方式有了新的内在紧张的形态——"我向关注心理取向"与"生存他向化"之间的内在矛盾。整体看,现代科学文明基本解决了人类生存的物质忧虑,把人从繁重的体力劳动中解放出来,为人提供了大量的闲暇时间,这使得现代化社会是"我向关注心理取向"的社会。这就是说,人们因生存压力而对外部世界的关注程度和强度日益减弱,而对自我关注日益增强。这里有三层启示:第一,现代化社会肯定个人价值取向。第二,现代人确立了"心灵优先"原则,人们对精神生活或精神享受有更大的期望。普遍希望有丰富的高质量的精神生活。在这样的时代背景下,社会逐步形成了尊重个人权利和尊重个人隐私的社会氛围,由此确立了"个人心灵优先"原则,形成了"管好自己,对别人的事情少操心"的时代性心态。第三,与此相应,人的各种欲望得到了社会的默许甚至鼓励。现代社会是多元价值社会,单一的价值体系动摇了,社会以最大经济利润为原则,调动人们各种各样的欲望。所有这些造成了现代人心理内容我向性的强化,也就是说现代人有更强烈的自我标准和自我要求。

与此相反,现代社会的生存、生活越来越社会化了。社会分工越来越细,人们只有一技之长,只有依赖他人才能生存。自己没有土地可以养活自己,不能靠自己双手供养自己,连生活用水都要依赖专门机构。生存越来越社会化带来三方面的后果:第一,人的自我生存能力越来越低,自我控制感越来越弱,自我有效性越来越小。第二,这决定人们必须了解外部世界,要参照外面的世界来决定自己的生存方式。第三,心理的比较性被大大激发。在一个封闭的社会中,人们很少知道外面的事情,100 公里外就是一个遥远的世界了。但在今天,诸如电视、互联网等媒介,使天涯近在眼前。外面的世界很精彩,这无疑诱发了人的心理期望或欲望。

(4)现代社会生活方式直接加剧了心理问题。现代社会竞争激烈,生活节奏加快,人们始终处于应激状态,这对人的心理-生理机能的正常作用产生消极影响。

总之,现代社会人的理性工具和情感精神二维系统的分离与冲突,根本上导致了现代人的"我向关注心理取向"与"生存他向化"的生存紧张,压力型生活方式加剧了人的压力问题。结果,"上帝死了""人也死了",现代人出现了巨大的心灵焦虑。

三、压力的相关概念

“压力”是一个家族概念,相关的概念有:压力、压力源、紧张、压力反应、压力感等。

压力:原是物理概念,指一种物体放置在另一物体上的作用大小。对人来说,压力指主观感受到外在事物对自己心身的影响过程。在心理学中,经典的压力定义是:个体体验到的超出其能够动员的个人或社会资源的一种状态或感受。[①]

压力源:指引起个体心理行为变化和适应的任何新的事件和环境,如失去工作、创伤事件、慢性疾病、角色冲突等。至于工作压力源,不同学者有不同概括。

压力感:是个体因压力而产生的失望、失败、挫折、抑郁、焦虑等负性情绪体验,具有痛苦性感受。[②]

压力与绩效的关系不能一概而论。适度的压力是利于健康和工作绩效的。西方有句谚语,压力是人生的香料。但过度的压力导致身心健康恶化与工作绩效下降。因此,对于压力要有适应性的看法。

四、压力本质

无论“压力”的具体情境如何,均属于逆境性因素或反应。压力涉及几个相关概念:(1) 威胁。即将要发生并带来坏的结果的事件。(2) 伤害。即对已经存在的坏的结果的感知。(3) 损失。即喜欢的事物被带走的感知。(4) 威胁指向于取得目标时,带来挫折和焦炉,伤害则产生悲伤和沮丧。(5) 挑战。挑战可以理解为最佳障碍,战胜挑战后就可以达到好的状态。纯粹的挑战更多的是一种接近方式而不是回避系统,挑战也意味着成功的期望,与成功相关的情感包括希望、热心、兴奋,它带来压力的积极性后果,当一个人感知到将要来临的惩罚和无法达到目标时,会产生消极压力,这不利于工作,是阻断性的压力。[③]

由此可以得出压力概念的本质——有机体对挑战性环境的适应状态,其实质是个体面对超出其常态努力可以消除的压力源而产生的紧张性(焦虑性)身心反应。

---

① Richard S. Lazarus, “Coping Theory and Research: Past, Present, and Future,” *Pychosomatic Medicine*, Vol. 55, No. 3, 1993, pp. 234—247.

② Gillian E. Hardy, David Woods, Toby D. Wall, “The Impact of Psychological Distress On Absence from Work,” *Journal of Applied Psychology*, Vol. 88, No. 2, 2002, pp. 306—314.

③ Charles S. Carver and Jennifer Connor-Smith, “Personality and Coping,” *Annual Review of Psychology*, Vol. 61, No. 1, 2010, pp. 679—704.

五、工作压力源

压力源是个体生活-工作中对其身心活动产生一定心理负荷的刺激因素。关于压力源描述有两方面的问题，一是压力源的分类依据，二是压力源的具体表现。

库珀(Cooper)和马歇尔(Marshall)提出非常有名的职业压力源模型，他们列出了五类工作压力源，分别是：(1) 工作本身的因素；(2) 组织中的角色；(3) 职业发展；(4) 工作中的人际关系；(5) 组织结构和氛围。此外，他们认为组织外的压力源也对职业压力有重要影响，例如家庭问题、生活危机、财务困难等。其他研究者或称之为"工作家庭分界面"，在他们看来，职业压力是来自于工作、个体特征、组织外压力源的混合体。①

也有其他视野的分类。如：第一，缺乏可预见性的压力源。当有机体缺乏对压力的预见性信息时，压力产生。第二，缺乏控制性的压力源。控制感觉的重要性很明显，当缺乏控制感时，压力产生。第三，缺乏挫折化解出口的压力源。遇到挫折时有化解途径则压力降低，没有化解途径则压力增加。第四，压力源的认知或解释。剧烈的腹痛是焦虑的原因，但如果把其解释为是一种有效的药物在杀死癌细胞，则这样的痛苦或焦虑则化为愉快(euphoria)。这揭示了解释的方式影响着压力反应。②

六、压力形成过程

压力产生的过程如图 7.1 所示：

图 7.1　压力产生机制示意图

① Cary L. Cooper and Judi Marshall, "Occupational Sources of Stress: A Review of the Literature Relating to Coronary Heart Disease and Mental Ill Health," *Journal of Occupational Psychology*, Vol. 49, No. 1, 1976, pp. 11—28.

② Robert M. Sapolsky, "Social Status and Health in Humans and other Animals," *Annual Review of Anthropology*, Vol. 33, No. 1, 2004, pp. 393—418.

图7.1显示,压力是个体特征与压力源的互动而形成的,也就是说,面对同样的压力源,不同的个体因其心理特征不同而有不同的反应。

一般来说,外在压力源有:

社会环境。人或组织总是生活在特定的社会环境当中,社会环境的不确定性会影响到个人和组织的压力水平。

工作任务。工作超载、工作复杂或模糊、工作条件恶劣、角色冲突等也是压力源因素。

人际关系。对中国人来说,人际关系是个十分突出的压力源。与同事、上司、下属的关系不协调就会产生压力。

个人发展。个人工作不仅仅是为了得到金钱上的回报,也期望个人能力和价值得到提高和实现。发展中的种种问题,也构成压力源。

职业角色锚定——个体的职位决定他对职业压力源的解释。如管理人员的最重要压力源是人际关系,而生产工人的压力源更多是工作任务。

至于个体心理特征,从理论分析看,下述因素起着作用:

(1) 价值观念。个体持有的对于挫折、困难、责任、义务等压力问题的观念影响着他对压力的解释。如儒家视挫折为成长的方式,带来对挫折的接受性解释,视其为责任或义务,就视付出为应当。这样的价值观可以化解压力。

(2) 性格或神经类型。焦虑有两种类型:一是心理特质型,即由于个体的焦虑人格而带来对诸多压力源的焦虑;二是情境型,即对特定的压力源而产生的焦虑,如对于重大事件的焦虑反应。

(3) 认知性因素。个体的认知特点影响到个体的焦虑反应。如具有辩证认知的人对于压力的评价会有客观的反应,能够承受较大的压力。

一般来说,个体的心理特征解释外界压力,如果能够以自己的心理资源应对压力源,则不会产生压力,如果不能自然应对,则产生压力。压力一旦产生,人便有紧张感,若紧张感持续存在,则带来身心负面后果。

七、压力管理目的

1. 压力管理不是逃避压力或逃避责任

有学者用两F(“Flight”和“Fight”)来表达人应对压力的方式。当有压力时,人们常常有本能的反应——逃跑。当不能逃跑时,则要战斗。压力管理既不是逃跑,也不是盲目的战斗,而是把压力控制在合适的程度,使个体处于良好的身心状态,解决遇到的问题。因此,压力管理不是逃避责任,而是更好地完成责任。

2. 压力管理是解压或减压

压力管理是通过能动的理性的方式,把直觉性的压力焦虑性反应转变为可控制的、确定性的压力应对。

就心理学研究看,压力的化解有三类方式:问题解决方式、情绪(认知)方式和回避方式。问题解决方式以问题解决为中心,消除了压力问题也就没了压力;情绪方式是指压力源仍存在,而从其他角度进行解释,重新认识压力,进而化解压力;回避方式则是放弃。压力管理主要指前两个,是一种处理问题的策略。

3. 压力管理是变生活的消极因素为积极因素

当人们有压力感时,常常产生负面的情绪反应,这影响着人的生活状态和工作积极性。压力管理把消极感转变为积极感,提高工作效率。

4. 压力管理可以维护身心平衡

压力管理把压力控制在一定程度,使人不再感到压力紧张,从而维护身心健康。

5. 压力管理可以提高生存质量

压力管理的最终目标是消除个体紧张状态,提高个体身心效能。其结果自然是提高个体的生存质量。

八、压力管理的层次

1. 个体

从个体的角度或层次进行的压力管理,往往是个体的自我管理,是压力管理最基本和最可行的层次。

2. 组织

从组织的角度或层次进行压力管理,如工作任务再设计,岗位轮换等。由于涉及组织的不同方面,压力组织管理需要组织整体的努力。

3. 社会

这主要从社会政策方面进行,包括政策的心理因素、心理保护制度、心理健康服务制度、法律的心理因素等方面。社会水平的压力管理是涉及面最大的管理,也是我国目前亟待拓展的领域。

当前中国践行建立和谐社会,和谐社会的一个方面是心理和谐,心理和谐应注意从公共政策方面进行构建。压力管理的公共政策层次是需要充分关注的领域。

第二节　压 力 理 论

心理学家从个体-组织工作环境互动的角度,提出了不同的压力理论。代表性的理论有:

一、个人-环境匹配框架

个人-组织匹配(Person-Oganization fit)是最有代表性的理论。P-O 匹配可以界定为:工作中人与组织的兼容性,即组织的特点与个人的特征一致性程度。具体表现在价值观一致性、目标一致性、需要-满足一致性、工作要求-能力一致性。其中,组织价值观与个人价值观的类似程度是 P-O 匹配的核心。价值观可以理解为,决定人们期望和感到他们应当通过工作而实现目标的各种深层观念。

匹配理论有几个基本的主张:首先,个人与组织,是互动的关系。其次,"主观的"和"客观的"个人与组织。"客观的"个人与组织指现实表现出来的个人或组织的特征,而"主观的"组织和个人是员工感知或体验中的个人和组织状况。这样就产生四种个人与环境的关系情况:客观匹配、主观匹配、与现实匹配(主观环境与客观环境一致的程度)、自我评价精确性(客观的个人表现与主观的个人感受的匹配性程度)。早期研究认为,客观匹配程度越高,则心理健康水平越高,但后来的研究发现,主观的匹配才是主要的。最后,存在两类匹配:一是环境要求和个人能力匹配。环境要求包括工作方面的量和质的要求、角色期望、群体和组织常模,能力则包括个人才能、技能、训练、时间、能量。二是需要和供应匹配。个人需要包括生理和心理需要,是在社会化的学习过程中形成的,供应则指内部或外部的能够满足需要的因素,如食物、庇护、金钱、社会帮助等。

匹配理论已经形成了不少模型,其中,积累差异模型认为不匹配是通过累积而逐步增大的,但也有人认为,匹配是在特定忍受范围内的,超出这个范围即引起不匹配,而最佳匹配模式则发生在最不匹配和完全匹配之间。在匹配形成上,有学者认为,个体经历的匹配成为当前匹配的标准,从而评价着当前的匹配状况。

匹配理论认为，如果个体（如心理素质、性格、技能等）与组织（如任务、制度、文化等）不匹配，则产生心理、生理、行为的紧张，偏离组织常模，导致工作和心理方面的问题。另外，不匹配会引发消除不匹配状态的努力，如个人改进、工作转岗等。压力的原因无论是个人的（心理素质或其他心理准备），还是组织的（如制度、规则），或是文化的（组织文化、社会文化），实际在深层上反映出个体与环境之间不协调或不匹配。

匹配研究也存在不足，即个人与组织的内容维度不清晰，与个体压力性紧张的关系机制不清晰，特殊的应对和防御方式不清晰。[①]

二、工作要求-控制模式

工作要求-控制模型（the Job Demand-Control-Support Model，简称 JDCS）产生于 1970 后期，由卡拉西克（Karasek）提出。[②]

卡拉西克认为，工作压力源来自工作本身所包含的两个关键特征：工作要求和工作控制的互动。工作要求，即个体感知到的与工作相关的任务数量和困难程度，如工作负荷、角色冲突以及问题解决要求等；工作控制则是员工能够对工作行为施加影响的程度，包括技能和决策幅度两个方面。工作压力既不单独取决于工作要求，也不取决于工作控制，而是二者之间的交互作用。随着研究的深入，约翰逊（Johnson）和霍尔（Hall）将社会支持加入该模型。在此模型中，“工作要求”指工作负担、时间压力等，“工作控制”包括技能运用性和决策自主性，“社会支持”包括心理支持，如情感支持、信息支持、工具支持；人际支持，如上级支持、同事支持、家庭或朋友支持。[③]

至于压力，JDCS 模型有两个基本假设：(1) 高工作要求，低工作控制导致高工作压力；(2) 当工作要求和工作控制均处于高水平时，工作动机增强，有利于提高工作绩效和工作满意感。在这种情况下，高工作要求非但不是压力源，反而是对员工的激励因素，产生所谓“有益的压力”。当员工处于高水平工作要求下时，工作控制可以防止员工受到过大的工作压力的伤害，因而具有缓冲作

① Edwards, J. R. et al., "Person-Environment Fit Theory: Conceptual Foundations, Empirical Evidence, and Directions for Future Research," in Cary L. Cooper ed., *Theories of Organizational Stress*, Oxford: Oxford University Press, 1998, pp. 28—67.

② R. A. Karasek, "Job Demands, Job Decision Latitude, and Mental Strain: Implications for Job Redesign," *Administrative Science Quarterly*, Vol. 24, No. 2, 1979, pp. 285—308.

③ Jeffrey V. Johnson and Ellen M. Hall, "Job Strain, Work Place Social Support, and Cardiovascular Disease: A Cross-Sectional Study of a Random Sample of the Swedish Working Population," *American Journal of Public Health*, Vol. 78, No. 10, 1988, pp. 1336—1342.

用,或者说是一种保护机制。

在 JDCS 基础上,有学者提出了工作要求-资源模型(Job Demands-Resources Model,简称 JD-R 模型)。[①] JD-R 模型将与工作压力相关联的工作特征分为工作要求与工作资源。工作要求指工作中的物质、心理、社会或组织方面的要求,为满足这些要求,需要持续不断的身体、心理努力或技能条件,并伴随一定的生理、心理消耗。其操作指标包括:情绪要求、人际要求、工作量、时间压力、工作职责、角色冲突、工家冲突、工作物理环境等。工作资源指工作中的物质、心理、社会或组织方面的资源,其作用是有助于达成工作目标、减轻工作要求及相关身心消耗、激励个人成长和发展。操作指标有工作控制、社会支持、反馈、报酬、职业机会、任务重要性、监督指导、组织公正等。

这两种工作要求与控制模型各有特点:JDCS 模型主要针对压力而言,该模型精细刻画前因变量与结果变量的关系,但未能全面考察各项工作特征对工作者的影响。JD-R 模型主要针对职业枯竭提出,较全面地考察了不同职业特征因素的作用。[②]

三、努力-回报不平衡模型

20 世纪 80 年代中期,西格里斯特(Siegrist)提出了努力-回报不平衡模型。[③] 他认为压力的研究应有更宽广的视野,现有的社会学研究侧重于工作环境;心理学研究侧重于个体的特征,如技能、应对过程;生命科学研究侧重于压力的长期或短期后果,客观上这些视野要求理论进展的整合。该模型基于两个理论基础:个人-环境匹配和要求-控制模型,但他认为,这两个理论没有充分重视到压力的慢性后果、对控制的理解及个体的特征,于是提出了努力-回报不平衡模型。

该模型假定,工作紧张是高投入与低获取交互作用的结果。投入包括外部和内部投入两个方面。外部投入是工作要求及满足,这些是义务性的;内部则是判断性应对,即控制需要,高控制需要的个体心理付出更大。回报则是包含薪金、自我评价回馈及身份控制。西格里斯特的身份控制指个体基于自我认同

① Arnold B. Bakker and Evasngelia Demerouti, "The Job Demands-Resources Model: State of the Art," *Journal of Managerial Psychology*, Vol. 22, No. 3, 2007, pp. 309—328.

② 吴亮等:《工作特征对工作者的影响——要求-控制模型与工作要求-资源模型的比较》,《心理科学进展》2010 年第 2 期,第 348—355 页。

③ Johannes Siegrist, "Adverse Health Effects of High-Effort/Low-Reward Conditions," *Journal of Occupational Health Psychology*, Vol. 1, No. 1, 1996, pp. 27—41.

的心理需要。他认为每个人都有自主性、有效性和自尊性,当这些受到威胁时,会产生负面情绪,如恐惧、害怕和愤怒,导致自我调节的困难,形成压力感。对于成人来说,职业提供了社会角色的认同方式,因此,职业角色受到威胁时,会产生严重的危机反应。如果丧失了安全(或职业发展机会),即提升前景,丧失和谐状况和工作安全,将带来不平衡结果。努力和回报缺乏交互时,即高努力低回报,将导致压力。

该模型与要求-控制模型的不同是,其引入了个人因素,如态度、行为、情绪等。

第三节　压力的组织诊断

在组织层面,各种理论有意无意以组织效益、效率为标准,考察个体-组织间的活动、平衡,解释压力产生的具体因素与机制,这对于理解现代人的组织生存状况有很大启发,但这些模型均有一个问题,即潜在地认定组织的要求是合理的。

其实,压力作为人的心理反应,体现着组织运转的良性状况。当组织所有的人都有异常压力感,出现职业倦怠时,说明组织存在不同的问题,以压力为指标,可以对组织进行诊断,帮助组织发展。

一、压力的组织诊断理论

库勒(Kohler)提出综合压力管理方案(Comprehensive Stress Management Program,CSMP)。[①] CSMP 有三个主要方面:压力消减,包括工作再设计和工作外干预;自我管理,包括技能训练和引导,如情绪幸福、工作认知;背景支持,包括员工心理支持和组织改进。

CSMP 有三个阶段:

(1) 组织准备。特别是高层支持极为重要,包括跨部门的执行团队;组织测评与诊断;方案准备;压力管理意识唤醒。

(2) 执行选用的综合压力干预方案。包括自下而上的压力源寻找,个别辅导;自我管理训练;家庭/朋友程序;成功经验推广。

---

① Jennifer M. Kohler and David C. Munz, "Combining Individual and Organizational Stress Interventions: An Organizational Development Approach," *Consulting Psychology Journal Practice and Research*, Vol. 58, No. 1, 2006, pp. 1—12.

(3) 措施的制度化。后期训练机制,再认知系统,反馈评价。

CSMP 的关键在于上层领导的支持,有了领导支持,就可以在管理设计、人员支持、组织协调等领导层面进行战略设计与协调。

二、压力的组织管理措施

从组织管理层次看,压力管理常见的措施为:

1. 合理的人力资源配置

一般的人力资源配置常常优先考虑人的技能、胜任特征等。但从压力管理的角度看,在人力资源配置时也应注意人的心理适应能力。不同岗位对人的心理品质要求是不同的,应注意安排那些适应特定岗位的人从事某些岗位。这方面要特别关注心理健康基础和心理素质,可以根据人的神经类型和性格特征来进行员工的配置。

2. 压力源管理

在进行组织设计时要按照压力源的情况进行规划。在压力管理时,也要通过组织化方式化解或消除明显的工作压力源。

3. 适应性培训

组织在上岗之前要进行员工的岗位培训,但常常是技能性的。在压力管理时,也要进行压力管理的培训,岗位培训时的压力管理培训会帮助员工克服压力。

4. 进行组织沟通

沟通可以缓解压力,跟沟通有关的是社会支持系统,这种支持主要是心理性的,虽然沟通时讲的都是“无用”的话,但能起到缓解作用。

5. 工作再设计

压力管理最根本的组织措施是工作再设计,这包括目标管理,目标要具体而现实;有条件地进行岗位轮换,使员工可以在不同的时间从事不同的岗位,缓解特定岗位的压力;有条件地实行弹性工作,给员工更大的工作自主权;推行参与管理,让下级和员工与企业的高层管理者处于平等地位,讨论组织中的重大问题。

6. 身心健康方案

EAP(Employee Assistant Project)是一项针对企业员工心理问题的福利制度,在西方社会得到了一定应用。EAP 指由组织出面,通过雇请专业机构,对员工通过心理和生理的以及生活技能的辅导，提高员工在组织中的工作绩效以及改善组织气氛。

EAP 具有以下几个益处：(1) EAP 促进员工心理健康、降低生产成本。(2) EAP降低了管理成本。(3) EAP 具有投资回报率高的功能。事实上，单纯对员工援助计划进行的成本回报分析只是对这项计划价值的部分估计，如果考虑到员工工作动机、士气的提高、生产率的增加，以及这项计划带来的长期效应等，其作用则更明显。

第四节　压力的个人管理

一、个人压力模型

本书提出个人压力管理的 SPA + 2W + 3M 模型：

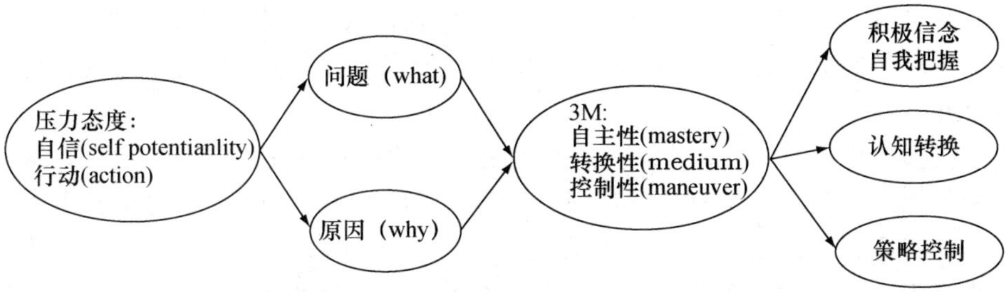

图 7.2　压力自我管理的 2W + SPA + 3M 模型

SPA 指对待压力的态度。人类的适应能力是在人类发展过程中培养起来的，但是现代社会舒适的生活环境反而让人的适应能力减弱，很多人在遇到压力时常常会被吓倒。其实，人有巨大的潜力，只要有决心，人是可以发掘克服困境的能力的，同时，认识到自己的能力还要行动，人的问题是在行动中解决的，自怨自艾不会使问题消除。现实中遇到压力时人们的第一反应往往是回避，然而行动才是解决问题的最好方法。当遇到问题时，带着问题去行动，问题不仅会消除，而且压力也会减轻。

2W 指对压力的自我分析，即压力为什么产生？造成这些的原因是什么？由于人的心理因素的因果关系不是单链条的，而是多维度的，因此要尽量发现压力产生的内在关系。

3M 指化解压力的三种主要方式："mastery""medium"和"maneuver"。其中："mastery"指自主性，体现在把握自己和管理自己方面；"medium"，即中介转换的过程,通过自我认识转换,把消极的认识转换为积极的认识;"maneuver",即策略化自我控制,主要指通过操作化的程序,身心的控制和行为控制,消除压力。

二、立心与自我把握

立心与自我把握可以用英文"mastery"表示,具体看有两层含义:一是有积极向上的人生理念,二是要能够自我控制和把握。

积极的人生理念指人的终极信仰。人是有观念的社会动物,人的特性在于他的意义性。"意义"是个言不尽意的概念,不同学科的不同学者对此均有不同界定。本书理解为个体心理上对事物存在状况的符号指称及其相应的心理体验。信仰是人对于生命存在终极问题的体系性看法。信仰问题关注的都是人生的几大困境:人与自身、人与人、人与世界。如儒家认为这个世界是有意义感的,人在自然界中最为灵秀,人生来就应该承担责任,所有困难挫折都是上天给你的磨炼,正所谓"天将降大任于斯人也";而基督教认为人生来是有罪的,苦难是上帝对我们的虔诚的考验;佛教认为,生命是轮回的,今生的苦难是为来生活得更好。

信仰的作用是"安身立命",使人摆脱外面的控制,选择自己的人生,用高层次的信仰来支配自己、约束自身。信仰是解决压力的内核的道理就在于此。

自我把握。这需要个体有反省的习惯。人的伟大和人的痛苦都源于人的自我意识。自省就是自我检查,对自己的状态进行自我把握、自我观察。其方式是:在主观方面,自己有痛苦感就说明自己出现了问题,应当分析解决;如果自己的心理-生理机能紊乱,出现了诸如休息不好、消化不良的问题,就说明自己处于压力状态,需要调整自己;如果自己看问题总给人不合实际的感觉,让人觉得不正常,也说明自己需要调整心理。在客观方面,如果自己原来能够很顺利做的事情现在不能做了,或者自己与人的正常交往也不能进行了,则说明自己有了问题,需要调整。

自我把握的具体内容为:第一,心理状况方面,如情绪性的,心境性的。第二,心理能力丧失,是否能够如过去那样发挥正常的心理能力。第三,身体方面,是否出现了身心疾病。短期症状为头痛、头晕、胃痛、便秘、心跳加快、血压上升、血糖增加与血液凝结;长期生理征兆有心脏病、高血压、胆固醇增加、淋巴腺炎、甲状腺异常、秃头、胃及十二指肠溃疡、心肌梗死等。第四,工作方面,是否易产生沟通障碍,使效率下降,人际关系紧张。

三、认知转化

认知转换可以用英文"medium"表示，即策略性地改变自己的认识、认知来消除心理问题的过程。

认识决定人的行为和后果，认识上的改变带来心理的良性化。例如同样面对在沙漠中只有半杯水的情况，消极认知的人会说糟了，只剩半杯水了，结果没有尝试就放弃了。而积极认知的人则会说，还有半杯水，还可以去尝试一下。也许这个尝试使他走出了沙漠，或者在过程中发现了水源，使他能够走出沙漠。这不是寓言性的案例，研究发现乐观的人比悲观的人有更好的肺功能和心理健康状况，乐观者的寿命比悲观者多了7.5岁。[①] 可见，改变认识状态是利于压力缓解和心理健康的。

认知转换看起来好像是一种自我安慰和自我欺骗，其实，其中存在着"理"与"器"的关系。现代人的人生价值取向是以入世的态度来看待人生，以科学、理性、控制的态度创造事业、取得成功，这是人生之"理"。但在具体的生活问题上，以折中、可改变、不一定的理性方式来化解具体的心理问题，这是一个"器"的问题。当然，认知转变的效果不是立竿见影，需要成为习惯才能有效。

策略转换有一定的规律，常见的有这样几个方面：

第一，内在性认知转换。即从自己的心理内容入手，重新解释外部压力性事件。其结构示意于图7.3：

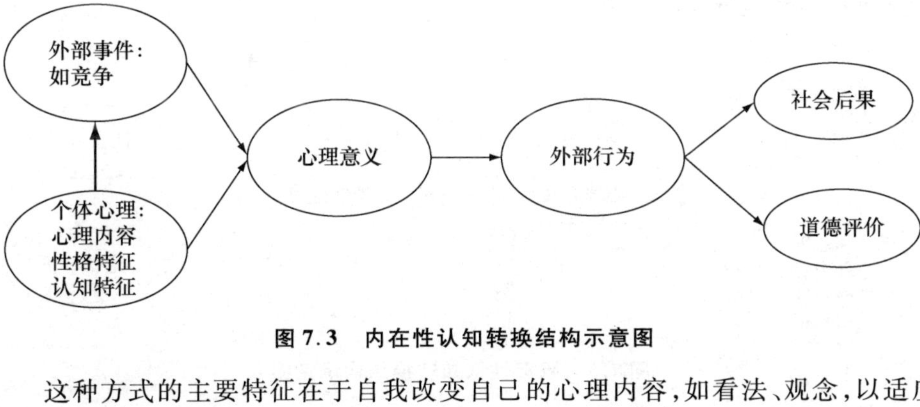

图7.3　内在性认知转换结构示意图

这种方式的主要特征在于自我改变自己的心理内容，如看法、观念，以适应外部压力事件。

① Laura Smart Richman et al., "Positive Emotion and Health: Going Beyond the Negative," *Health Psychology*, Vol. 24, No. 4, 2005, pp. 422—429.

相对比较是常用的方法。当人们遇到某件事情,会产生一种压力感,对其意义进行重新解释可以有效消除压力,如"塞翁失马,焉知非福",什么事都有好的一面。智慧是对复杂事物的通透理解。有时的"得"是失去,但有时候失去却是有所"得"。

第二,外在性解释。即以外部事件压力合理性为依据,重新认识外部事件。其结构示意于图7.4:

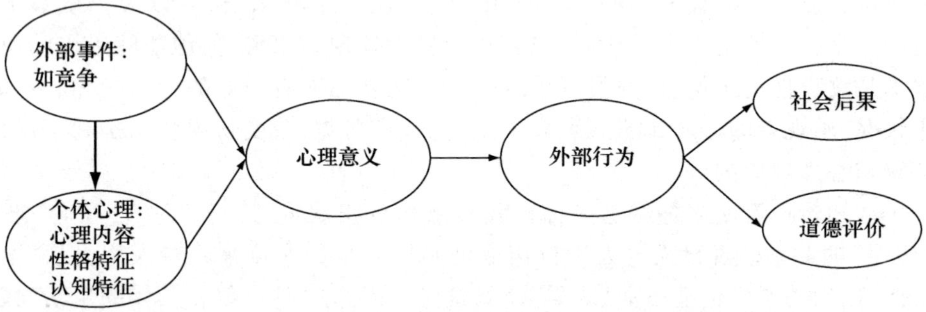

图7.4　外在性认知转换结构示意图

常见的解释有合理化(存在是合理)和适应(人有潜力)。人常常把问题的原因归为别人,其实很多时候出现问题是与我们自身有关的。承认问题的合理性、直面问题是化解压力的有效方式。

第三,隔离性认知转换,即在心理上把外部事件与心理内容隔离,重新解释外部事件。其结构示意于图7.5:

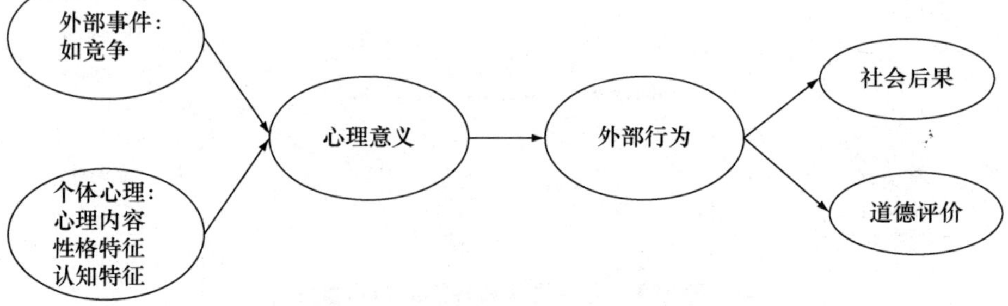

图7.5　隔离性认知转换结构示意图

人们在一定情境下会对某些事情有极端身心反应,但事后又会有另外的不同反应。适当隔离自己、脱离问题情境,会降低人的压力反应。

这三个示意图中最大的区别在于个体心理对外部事件的解释,三个图的粗箭头方向意味着解释的基点。

按此基本思路，人们可以找到无数理由来进行认知转换及自我安慰。尽管自我安慰的效果在开始时不一定明显，但坚持下来终有成效。

四、心理-生理控制

心理生理控制即通过心理-生理的互动作用而达到压力调节的目的，这可以用英文“maneuver”来表达。这里介绍两种简单的方法：

1. 深呼吸法

深呼吸类似瑜伽、静坐、坐禅、坐忘等，都是对身心的调整。从中国传统身心调整思想看，其原理是通过调身、调心、调息来实现的。调身即身体要端正；调心就是自觉控制意识活动，是要做到“清心寡欲”，排除杂念，达到“入静”状态；调息就是自觉控制呼吸，要求是“细、静、匀、长”，逐步达到无声无息。做法：

（1）站、坐、躺均可，只要感到舒服，使脊柱保持直立状态。保持这样的姿势。

（2）对身体扫描。闭目放松，如扫描一样，从头到脚，对身体自我感知。

（3）把一只手放在胸部，另一只手放在腹部。

（4）缓慢、深深地吸气，使腹部能够鼓起你的手。

（5）想象、体验你的肺中充满了空气。你的胸部随着吸气而有轻微的运动，意识集中于你的腹部活动。

（6）轻微地、但是大气量呼气，保持面部、嘴巴、颌部松弛。

（7）当你呼吸的时候，注意体验你的感受像什么，你呼吸的声音像什么。

（8）每次出长的、缓慢的、深呼吸，持续 10 分钟，每天 1 到 2 次。

（9）掌握深呼吸技术后，如果你愿意，可以提高呼吸的次数、频率。

（10）对身体进行再次扫描，体会深呼吸前和呼吸后的区别。

深呼吸方法简单，但效果不错。这属于腹式呼吸，使氧气增加，血液里氧气量的增加带来生理上的代谢。

2. 想象行为训练

这是通过在头脑中想象演练而达到的自我训练方法。例如一个害怕在公众面前演讲的人想象自己在公众面前发表演说。想象演练是有效的新行为培养方法，对运动员训练、消除焦虑、提高克服危险行为能力有很大作用。做法：

（1）评估对你来说具有挑战性的事情的整体情况。

（2）还原事情的构成因素。

（3）区分事情的过程。

(4) 考虑其他相关细节。

(5) 想象你是主人公,与相关的人、事、过程互动。

(6) 想象行为情景要生动,犹如电影画面一样。

(7) 反复演练。

五、时间管理

管理学中有“80/20 原则”,即一切事物都是这样组成的:20% 是至关重要的,而 80% 是平常的;20% 的人决定了 80% 的人;要让 20% 的投入产生 80% 的效益。从个人角度看,要把握一天中的 20% 的经典时间。时间也存在这样的特点。

时间管理指的是:将事情整理得有条有理,将事项组织化成一个个任务;将任务化成一张张工作清单,并让你在任何场合都有一份合适的待办事项清单,有效率地完成工作。简言之,时间管理就是如何更有效地安排自己的工作计划,掌握重点,合理有效地利用工作时间,属于个人管理。管理的步骤为:

(1) 评价你的时间使用情况。

(2) 集中优先。时间“四象限”法是常用的时间管理理论,由美国管理学家科维提出,此理论把工作按照重要和紧急两个不同的维度进行划分,分为四个“象限”:既紧急又重要(如客户投诉、即将到期的任务、财务危机等)、重要但不紧急(如建立人际关系、人员培训、制定防范措施等)、紧急但不重要(如电话铃声、不速之客、部门会议等)、既不紧急也不重要(如上网、闲谈、邮件、写博客等)。

重要紧急的事马上做,例如处理客户投诉、处理服务器故障等突发性问题,应尽量以最短最快的时间内完成。

对于重要而不紧急的事,这一类的事情影响深远,例如学习新知识、新技能等,其效益是中长期的,时间管理理论的重点是把主要精力和时间集中放在处理重要但不紧急的工作上。

对于紧急但不重要的事,要学会说“不”。

而不重要也不紧急的事则尽量不去做。如果确实需要做,要严格限定时间。

(3) 计划。提高工作效率最关键的环节是规划,规划自己的工作过程,利用有限时间是高效完成工作。

(4) 有效地运用时间。

(5) 创造时间。

（6）避免分心。

（7）养成时间管理习惯。

第五节　压力管理总体原理

一、压力管理总体框架

对于上述压力管理知识,可以用图 7.6 概括：

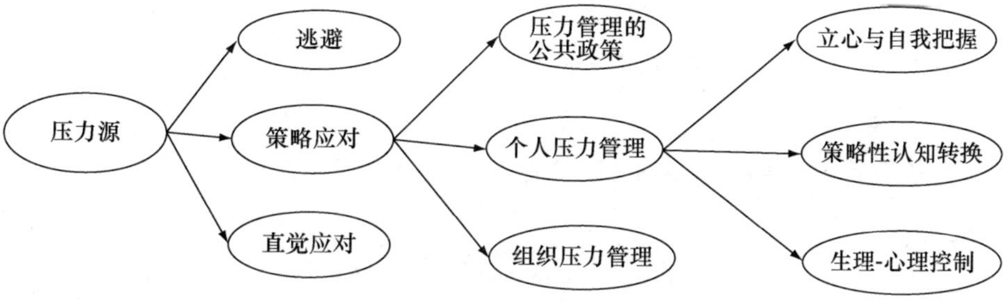

图 7.6　压力管理结构示意图

二、压力管理的基本理念

概括来看,压力管理有以下总的结论：

第一,压力是可以控制的。

第二,压力的解决是“硬”(生存本领)与“软”(心理调整)的结合。

就具体内容看,压力可能有经济压力、情感压力等。如果一个人能力很强,有很好的工作,经济压力自然就小。而在人的情感方面,一个人如果很善于情感表达和处理人际关系,则情感或情绪问题自然容易化解。因此,压力的管理需要“软”“硬”结合。

第三,个体层次的压力管理要点是自我控制意识、认知转换、策略控制。

第四,应把 3M 培养为习惯。心理问题重在平时解决,现代人需要这种基本生活技能。

第五,持久自有效果。心理调整的效果是微妙的,持久努力才会有效果。

三、压力管理的基本原则

1. *有压力管理意识*

一旦有了压力管理的意识,压力其实已消除了一半。应当把压力管理意识作为个人的一种技能。

2．分析自己的压力问题(表现、来源)

分析自己所表现出的压力症状，如焦虑、疲惫、生理机能紊乱等，并找出造成压力的原因。

3．运用理论知识，制订具体应对计划

一般来讲，生活中压力问题不会像上面写出来的原理这样规范，但压力问题的有效管理需要计划。制订可操作的计划，是有效管理压力的必要步骤。

4．使用个人化压力管理技术

根据自己的实际情况，采用身心控制技术，坚持下去。

5．效果评估

对压力管理效果进行评价，调整存在的问题。

6．学会求助

正式的求助方式是到专门机构咨询。非正式的求助方式是与自己的亲朋好友交流。

思考题

1．试述压力问题的社会文化原因。
2．如何理解压力的相关概念？
3．试述压力代表性的理论模型。
4．试述压力管理的目的。
5．试述压力管理的层次。
6．如何理解压力管理的 SpA + 2W + 3M？

第三编　群体心理与管理

群体具有超越个体心理特征的整体特性，即群体心理作用机制。群体是管理的中层，群体既可以是松散的非正式群体，也可以是紧密的正式群体。正式群体的典型形式是以任务为核心的团队。

在群体中，群体心理有特殊性，群体沟通成为管理问题，群体冲突也是管理的重要方面。群体的心理原则是他人原则，即他人在场引发的心理变化，这表现为群体规范、群体压力与互动影响。

本编将围绕上述线索，讨论群体不同于个体的性质，群体作用的心理机制，团队建设与管理，群体中的沟通，群体冲突等问题。

第八章　工作群体与团队

本章重点

一、群体的含义与特征
二、群体作用的心理机制
三、群体互动的代表性理论
四、群体凝聚力
五、团队管理
六、虚拟团队

心理学家所罗门·阿希(Solomon E. Asch)在1956年进行了一次实验。被试为大学生,每组7人,坐在一排,其中6人是实验者的助手,只有一位是真正的被试,被试并不知道其他6人的身份。实验开始之后,实验者向所有人展示了一条标准直线X,同时向所有人出示用于比较长度的其他三条直线A、B、C,其中有一条和标准直线X长度一样。然后让所有被试(其中包括6位助手和1位真的被试)说出与X长度一样的直线。实验者故意把真的被试安排在最后一位,前面6位由实验者的助手伪装的被试们,都会按照事先的要求说出统一的错误答案,最后由真的被试判断哪条直线和X长度一样。实验结果为,有37%的回答遵从了其他人意见的错误回答,有3/4的人至少出现了一次从众,只有1/4的人保持了独立性自始至终没有一次从众发生。①

这即是经典的从众实验,它证明了个体在群体的影响下,会放弃自己“正确的”判断而跟从他人的不正确行为。其原理是,群体压力对人的行为产生作用。

人通过社会群体而做符合社会主流意识的事,然而群体亦会出现“非理性”现象。这些均属于群体心理现象。

第一节 群体的含义与分类

一、群体的含义

群体指由两个或两个以上通过一定的社会关系而结合起来的共同活动、相互作用的人群。这里的“一定的社会关系”指群体连接起来的制度、文化、心理等方式,它们在不同的组织和社会环境下是不同的。

构成群体的要素是:有共同的活动,群体成员能够相互作用,作用过程中产生情感。情感包括正面和负面情感。如一个学习班级,有共同的学习任务,同学间互相交流,大家有同学情谊。只有三因素作用才是群体。如一群等候乘车的人就不是一个群体,它只是人的集合。那什么时候会变成群体呢?比如说有小偷了,大家一起把他抓住;汽车失火了,大家互相帮助。在这个情况下,有了共同的任务,有相互作用,有情感卷入,就成了一个群体。

管理心理学中的群体指以组织任务为纽带的工作群体。

二、群体特征

第一,至少由两个或两个以上的人组成。

第二,群体成员在工作上相互联系。

第三,群体成员在心理上彼此意识到对方存在,且相互影响。

第四,群体成员有共同的目标和利益。

第五,群体成员有共同的规范。

三、群体的分类

群体可以从不同角度进行分类,常见的类型有:

---

① Solomon E. Asch, "Opinions and Social Pressure," *Scientific American*, Vol. 193, No. 5, 1955, pp. 31—35.

1. 正式群体和非正式群体

正式群体是为了完成组织所规定的特定目标或特定工作而产生的官方性群体。在组织框架之外,还有一些没有经过官方的规定,而是自然形成的个人性组织,即为非正式群体。

组织要重视非正式群体的影响。梅奥在霍桑实验中发现,有能力的员工并非因其能力强而使工作绩效大大超越同伴,而是考虑同伴的情况,按照大家约定俗成的标准完成自己的工作。可见,非正式群体的客观存在及作用。

2. 大群体和小群体

大群体在量上可以无限大。当然,这些群体的量具有虚拟性。大群体的具体人数没有严格说法,一般指几十人以上;小群体则是指十人及以下的群体。

3. 开放群体和封闭群体

开放群体指群体对外界开放,可以随时接纳新成员的加入。而封闭群体指有固定人员和明显的制度要求的群体。

4. 网络群体

随着互联网的出现,网络群体这一信息时代的特殊群体出现了,它们借助于微博、BBS、QQ、MSN 等网络社交工具而形成,并表现出其独特性。

第一,快速联系性。由于网络的开放性、发散性、快捷性、自由性的特点,网络信息存在着信息来源多元化和缺少把关人等特点,使得过去不容易集合起来的个体在网络中变得更容易聚集。

第二,边界开放性。互联网信息使网络群体超越传统时代,能够快速与相关群体联系起来,并进行动员。

第三,高度同质性。互联网信息社会除了门户信息外,有大量的由同类或共同兴趣构成的论坛,这些论坛一方面由共同的兴趣构成,一方面由共同类别的人构成,他们因价值观、社会态度、甚至年龄相符而成为具有超越现实组织的高同质性群体。

网络群体更易导致“群体极化”。群体极化指一种意见从多数意见中脱颖而出并逐渐极端化的过程。团体成员一开始即有某些偏好,在商议后,人们朝偏好的方向继续移动,最后形成极端的观点。其原因为:第一,网络群体中人们常常倾向于夸大意见群体的力量,实现自我肯定,这些情绪性舆论在网络中会不断地弥漫和扩散。第二,网络的匿名性淡化了责任意识,人们能更轻易发布危言耸听的信息或评论。第三,网络信息缺乏把关人,互联网与传统媒体最大的区别在于其缺乏传统媒体的信息把关人而有便捷的开放性。第四，网络媒体的“小众化”趋势。随着微博、微信等网络社交工具的发展，网络社区的作用开始突显。网络社区中的群体因有相同的兴趣和爱好，持共同的观点，对同一件事情更容易引起共鸣。第五，协同过滤机制。网民会根据自己的社会经济环境、兴趣爱好等因素对网上的海量信息进行过滤，选择与自己的意见想法类同的信息进行关注，这就使其本身持有的观念得到了进一步强化。①

网络群体经过虚拟发酵后，可以转化为现实行动，现代社会形形色色的抗议活动与此有密切关系。

四、群体结构

群体结构包括：

1. 地位等级

群体存在地位等级差异。有些群体表面上似乎地位等级不明显，但实际上，有些人是支配性的，有些人是依从性的。依从现象可能是心理的，也可能是经济的。

2. 角色构成

群体由不同角色构成，群体中角色会发生分化，角色之间也存在压力。

3. 常模(norms)或规范

群体行为是由可见或不可见的群体规范约束的，即群体常模，包括：描述性的，描述群体的行动、感受与想法；共享性的，群体成员层次而非个体层次的信念；不合适行为的否定，能够给出哪些行为在群体看来是坏的或错误的；期待性的，非正式的群体期望标准。

4. 关系纽带

群体存在各种各样的网络，包括社会网络、地位网络、吸引网络和沟通网络等。它是群体成员的社会结构与互动结果。②

五、群体的形成

群体形成经历了从个体到群体，从个人认同到社会认同等过程，在此过程

① 〔美〕凯斯·桑斯坦：《网络共和国——网络社会中的民主问题》，黄维明译，上海人民出版社2003年版，第49页。

② Donelson R. Forsyth, *Group Dynamics*, 5th ed, Wadsworth, Cengage Learning, CA, 2010, pp. 440—473.

中，社会关系和社会责任发挥着作用。一般来说，群体形成有这样几个环节：①

1．形成期

所有的组织都因任务而建立群体，也是因组织任务而形成和存在的。大的组织往往通过价值认定而形成，小的组织依具体任务而建立，如因销售任务而成立销售部，因部门成立而招募成员形成群体。

2．震荡期

进行任务认知和解释。对于群体成员来说，其中一个环节即是对任务的认识，群体成员在任务认识和追求中互动，成为心理意义上的群体。这个阶段存在冲突与适应。

3．规范期

形成了群体规范并为成员遵守，构成真正的群体。

4．执行期

群体作用会成为激励的过程，引导行为的后果，进入到群体的强化和发展阶段。

5．解体

当任务完成了或者组织不存在的时候，群体就面临解体。

第二节　群体影响机制

一、助长或致弱效应

群体能够激发个人的热情，助长个人绩效的提高，这是群体对目标和效率的正面影响。当有他人在场的时候，人们的工作成绩会提高，但有些时候，他人在场反而导致成绩降低。为什么他人在场会产生完全相反的现象？对此，扎荣克(Zajonic)提出了社会助长驱动理论，该理论认为，对我们的活动感兴趣的他人会对我们产生激励唤醒作用，特定情境下最容易作出的那个反应倾向也随之增加。社会惰化效应可以用群体工作下的期望-效价理论来解释，即当个体和他人成为群体一起工作时，假如知觉到个人努力与产出之间的关系比较弱，就可能出现社会惰化，也就是说，付出和得到之间的不确定状态是造成社会惰化

① 〔美〕S. L. 麦克沙恩、M. A. F. 格里诺：《组织行为学》，机械工业出版社 2010 年版，第 275 页。

效应的原因。[①]

二、个体的群体生存

群体之所以对个体行为产生影响，是因为有如下的原因：

1. 生存依托

个人往往要依靠群体而生活，特别是人类，单一个体的力量是很小的，但以群体方式组织起来，力量反而是巨大的。在群体中，个体可以更安全地生存。在这个进化论意义下，个体对群体的需求可以是本能性的。

每个人刚降临到这个世界上时都是孤单的个体，但作为有自我意识和在社会生存的人，需要有从属感、归属感，这是人的本能。当人和群体联系在一起时，这种社会性需要就能够得到满足。

2. 认识参照

群体能够作为个体认识的参照标准。个体在很多情况下对问题的判断是不确定的，而是往往以群体为标准而行动，即使群体的认识是错误的，个体也觉得安全。

3. 情感满足

人是有高级情感需求的动物。人的喜怒哀乐是在与他人互动中产生的，因此，情感的表达、情感的被接受、情感的安慰是人的基本需求，而这一定是通过与他人的互动完成的，且离不开群体。

三、群体对个人影响的作用机制

从心理机制看，群体对个体作用方式为：

1. 强制性维系

人的行为在个体情况下是自主的，但当进入到群体中，行为的维系便不是自主的，而是别人的，因为组织有纪律和制度的约束。

2. 认识标准化

群体提供了行为的标准化和方向。群体能够控制诸多单个人不能控制的事物。个体要参照群体来行为。

---

① David G. Myers, *Social Psychology*, Beijing: Post and Telecom, Press, 2005, pp. 286—297.

3. 群体心理压力

当个人在群体中与多数人的意见有分歧时，会感到群体的压力。这种会迫使群体的成员违背自己的意愿产生完全相反的行为与群体行为保持一致。社会心理学中把这种行为叫做"顺从"或"从众"。

群体压力来源主要是被群体抛弃时产生孤独感，导致心理上的焦虑和不安全感。

个体在群体中，会产生去个人体化心理（deindividuation），会做在单独行动时不会做的事情，这与群体的大小、匿名性、自我意识的最小化有关。①

四、群体凝聚力

群体凝聚力指群体对成员的吸引力及其成员保持为群体-成员的程度。

群体凝聚力发展阶段包括：

第一，群体成员的相互吸引。

第二，群体成为整体。

第三，群体归属与道德感。

第四，群体社会力量强化，使个体成为群体的有机成员。

第五，保持。

第六，信任与团队化。群体成员相互信任、互补而成为有机整体。②

群体凝聚力的影响因素有：成员的相似性，成员的价值观、态度、性格越相似，凝聚力越强；群体大小，一般来说，群体规模越小，凝聚力越强；成员互动程度，成员之间越频繁互动，凝聚力越大；进入难度，成为群体成员的困难程度越大，凝聚力越强；群体成功经验，不断经历成功的群体，凝聚力大；外部竞争，团队面对竞争时凝聚力增强。

第三节　团　　队

一、团队的含义

团队是由两个或两个以上的人构成的群体，他们为实现与组织目标相关的

① David G. Myers, *Social Psychology*, Beijing: Post and Telecom Press, 2005, pp. 297—303.

② Donelson R. Forsyth, *Group Dynamics*, 5th ed., Wadsworth, Cengage Learning, CA, 2010, pp. 440—473.

共同目标而彼此负责。团队表现为其所属成员具有相同的目标，成员间相互依赖、合作与影响。团队是复杂的、适应性的动力系统。①

团队是高度组织化的、以任务为中心的群体，个体以共同的价值目标、目的、任务为方向，相互依赖性地互动，且彼此约束。团队的特点是互补、共同目标、相互负责和利益共享。

团队在现代组织中有重要作用，由此形成一些比喻性理论，如木桶理论，鲶鱼效应，砖块理论，雁群效应等。其中，砖块理论是指：将一块砖放在地上，没有任何东西挤压它，它永远只是砖块；如果它参与房屋建设，就必须受到其他砖块挤压，只有相互挤压，才能建设出精美房屋。人亦如此，挤压是痛苦和烦恼的，如果不想受到挤压就只有独立。既不想独立，又不想离开组织，还不想受到挤压是不可能的。只有相互挤压，才构造出团队。

团队从总体上可分为两类：一是以信息为纽带的管理、项目、顾问团队，二是以绩效为纽带的服务、产品和行动团队。②

团队规模与群体规模的要求相似。认知心理学的研究表明，人的认知加工广度为 7 ± 2，也称之为“心理魔数”，这个数字成为确定有效团队规模的认知框架。例如，把团队规模定为 7 ± 2 人。

二、虚拟团队

随着互联网的发展，出现了虚拟团队。它是一种具有共同目标、动态性和灵活性，依靠技术，跨越时间、空间距离和组织边界而形成的小型群体。虚拟团队的主要特点为：一是以任务为中心的动态性，二是以网络技术为沟通手段，三是群体成员异质性，四是无边界性。全球虚拟团队是指短期的、文化多元的、地域分散并进行电子化沟通的工作群体。③

虚拟团队与传统的面对面团队之间的显著差异在于其“虚拟性”。这些特征主要可以归纳为：成员多样性、工作场所的分散性，计算机辅助技术，有突出的文化差异和国家差异。

研究显示，虚拟团队目标设定与团队承诺、协作和决策质量呈正相关，但在虚拟团队中形成共享愿景和使命感将更为困难。虚拟团队的沟通广受关注，沟

① 〔美〕S. L. 麦克沙恩、M. A. F. 格里诺：《组织行为学》，机械工业出版社 2010 年版，第 264 页。

② Donelson R. Forsyth, *Group Dynamics*, 5th ed., Wadsworth, Cengage Learning, CA, 2010, pp. 440—473.

③ 王凌剑等：《虚拟团队中交互记忆系统理论研究现状述评》，《心理科学进展》2013 年第 8 期，第 1512—1520 页。

通被认为是虚拟团队的关键点，由于社会背景线索的减少，虚拟团队中的沟通有效性降低。也有研究显示虚拟团队的参与和沟通质量并不比面对面团队差。达成一定共识的是，高效的虚拟团队在沟通上比绩效较差的团队往往采用更多非正式的社会方式。虚拟团队中，诸如凌辱、骂人等不羁行为比在面对面团队中发生更多。虚拟团队环境下决定交互记忆系统（Transactive Memory System，TMS）发展水平主要是依靠任务导向的沟通，而非社交-情感导向的沟通。虚拟性互动背后的全球化过程中的文化差异是需要关注的，虚拟团队建设应超越具体民族文化，构建新的跨文化团队文化。

在虚拟团队的管理中，应充分重视文化在其中的突出作用；应注意建立成员的全球视野；如果有可能，鼓励团队成员的面对面沟通；应从文化的视野理解团队成员的性格、行为风格、价值观差异；鼓励成员，提高心理安全性质的沟通；通过管理竞争、内部动机、参与等提高成员的效能感；以信任为方式，构建虚拟团队的工作常模，形成团队激励机制。①

三、团队发展

在团队发展领域，有影响的理论是计算机模型（the input-processes-output, or I-P-O, model），即把团队比喻为信息输入，信息加工和信息输出过程。这个模型有一定解释力，但也存在不足。它不能很好地说明团队的复杂性和自我适应性，也没有重视其中的中介因素对团队绩效的影响，更不能很好说明团队互动中不同环节的非线性影响机制。一般来说，团队的发展阶段可以包括：

1. 形成阶段

（1）建立信任。团队形成中，信任感很重要，团队个体必须相信自己的竞争性，也应互相信任。信任包括对团队和个人潜力的信任，相互之间的安全感信任。

（2）计划阶段。计划关系着团队的绩效，好的计划需要充分寻找、共享及沟通相关的信息。团队中的个人有不同的专长和知识背景，互补性的信息和知识共享利于计划的完善。

（3）结构化。这指团队规范、角色和互动方式的发展与稳定。其中共享心智模型（Shared Mental Model）和互动记忆系统（Transactive Memory Systems）起

① Cristina B. Gibson, Laura Huang, Bradley L. Kirkman, and Debra, L. Shapiro, "Where Global and Virtual Meet: The Value of Examining the Intersection of These Elements in Twenty-First-Century Teams," *Annual Review of Organizational Psychology and Organizational Behavior*, Vol. 1, 2014, pp. 217—244.

到很大作用。

2. 功能发挥阶段

(1) 团队纽带培育。这个阶段,把团队连接起来的纽带感,尤其是信任感有极大的作用。此外,团队凝聚力,团队生存力,对团队的满意感,个人-团队合适性,团队承诺等都发挥作用。

因此,这个阶段的团队差异管理显得特别突出与重要。差异不仅体现在人口学变量上,如年龄、文化程度,还表现在价值观等意义认知、性格差异等方面。与此对应的还包括冲突管理。

(2) 适应。团队发挥功能后,即进入适应阶段,是常规适应还是创造性适应成为一个问题。团队工作中的负担及其互助是影响团队适应的重要因素。

(3) 学习。学习是组织发展的重要方式。其中,向组织其他成员学习和向团队中表现最好的成员学习是两个重要的学习方面。

3. 解体阶段

团队因各种原因而解体。这种解体可能是因为任务已经完成,或者因为其他原因。无论如何,团队解体需要总结经验,进行心理评估与反馈。[①]

四、团队的作用机制

团队通过什么心理而起作用?这属于内在团队工作机制问题,大致可以归纳出如下理论:

1. 互动理论

团队之所以有超越个体的功能,是因为团队可以通过相关个体的互动,形成集知识、技术和能力于一体的工作群体,使团队更为有效。还有理论认为,团队工作机制是心理的、行为的和智力的过程。团队由不同成员构成,这些成员有各自的价值观、个性等,要将他们联合起来,需要通过不同的过程而实现,包括几个方面:第一,任务扩散,即任务关系解释与评价,包括重要目标、操作环节、团队资源的认同、目标的优先程序、次要目标、策略形成等;第二,行动过程,即对目标的执行跟踪和解释,也包括内部跟踪,如人事、设备、环境、行为反馈;第三,人际互动过程,如冲突管理、动机激发、信心建设、集体自信、情绪管理等。

① Daniel R. Ilgen, John R. Hollenbeck, Michael Johnson, and Dustin Jundt, "Teams in Organizations: From Input-Process-Output Models to IMOI Models," *Annual Review of Psychology*, Vol. 56, 2005, pp. 517—543.

2．团队心智模型

心智模型(The Team Mental Model)指团队关于执行、问题解决、行为类型的认知表征。共享心智模型指团队成员关于团队作业本身、作业情境、策略、团队互动和队友特点等的共同知识结构。凭借这种共同的知识结构,成员在团队执行任务时,无需通过外部沟通即可达成对团队所处情境及其变化的特点以及队友的行为的一致理解和预测,从而协调自己的行为以适应情境的要求和队友的需求,做到内隐协调。知识共享是指对基于共同目标的任务内容、技术诀窍(Know -How)、反馈等知识的提供与接受,包含专长知识和对团队内部知识分布认知的隐性协调。共享的知识细分为提供解决问题的方式、涉及的人、对问题的重新解构。通过对这些知识的共享,虚拟团队能够形成团队知识网络,提高解决复杂任务的能力。

3．交互记忆

交互记忆(Transactive Memory)是一种群体认知理论,用以阐述团队成员如何进行集体性的学习、知识存储和协作。交互记忆指在拥有亲密关系的人之间形成的一种对不同知识领域的信息编码、储存、检索和交流活动的共享性认知劳动分工。团队成员每个人有自己的记忆优势,大家互补性地发挥自己的优势,构成共同完成工作的知识需要。在工作群体中,当个体了解到其他成员的专长时,获取和编码与专长相关信息的责任就会通过内隐或外显的方式分配给最合适的专家成员,交互记忆就出现了。交互记忆系统则是交互记忆的概念在团队层面上的延伸[①],它被大多学者视为群体中每个成员所拥有的知识的总和,即通过一系列的交互(集体编码、存储和检索),团队成员的记忆系统被相互连接形成团队交互记忆系统。团队交互记忆系统的运行涉及的流程包括目录更新、信息分发与存储和合作检索。在目录更新流程中,团队成员建立元记忆目录,其中包含反映团队内知识分布的信息。这些信息通常包括知识的标签(对知识的描述)和存储地点。[②]

五、团队建设理论

从运作过程看,有效团队具有七个关键特征:(1) 明确的方向;(2) 胜任的

① 王端旭、武朝艳:《团队交互记忆系统的动态演化及其效应研究》,《科学学与科学技术管理》2010年第11期,第182—188页。

② 叶文、褚建勋、汤书昆:《学习型组织中的虚拟团队知识共享模型研究》,《管理学报》2009年第5期,第635—640页。

成员;(3) 明确的责任;(4) 高效的程序;(5) 积极的关系;(6) 主动的激励;(7) 适应的系统。从特征看,高水平的团队能够在信息共享、合作行为和联合决策等方面达到很高协同。

如何建设高水平团队?有如下几个代表性理论:

1. 角色理论

马杰里森和麦卡恩(Margerison & McCann)认为,在成功的团队中应当有不同的角色,高效团队是不同角色的互补。他们给出一个团队中的九种角色,包括:建议者(advisor),即鼓励别人去寻找更多信息的人;联络者(linker),连接创新思想的人;创造者(creator),倡导和拥护所产生的新思想的人;评估者(promoter),深入分析各种可行方案的人;组织者(organizer),建立机构的人;生产者(producer),落实构想的人;控制者(controller),注意细节及规章制度的人;维持者(maintainer),处理各种外部冲突和矛盾的人。其中有些团队成员会扮演两种以上的角色。

贝尔宾等在对澳洲和英国研究与实践中提出了自己的角色理论,认为一支结构合理的团队应该由八种人组成,这八种团队角色分别为:实干家、规划者、创新者、信息者、监督者、完美者、协调者和凝聚者。团队建设的重点是,实现功能齐全;容人短处,用人所长;尊重差异,实现互补;增强弹性,主动补位。①

2. 交换理论

希尔斯(Seers)的"团队成员交换"概念,是在领导成员交换理论(Leader-Member Exchange,LMX)的基础上形成的,是对团队中个体与其他成员间的互益性交互作用的表述,其理论基础是社会交换理论。社会交换理论认为,个体知觉到他(或她)与其他人之间存在社会交换关系。人们的付出是为了获得,是为了以最小的付出获得最大的收益。人的社会交换并不单纯是物质交换,还包括名誉、声望、尊重等心理层面的非物质交换。团队成员交换就可以理解为一种团队成员间基于社会交换的高质量的交换关系,并且这种交换关系以互惠为原则,成员也会努力维持这种交换关系的平衡。互惠主要有三个维度:回报的即时性、回报的等值性和兴趣程度。兴趣程度是指在交换关系中的每个交换者的动机,范围从最高的自我兴趣到无私的奉献和考虑对方的深层问题。互换中,角色也起到作用。团队新成员在组织的社会化进程中,要经历角色获得、角色扮演和角色例行化三个阶段。在角色获得阶段,成员之间通过相关事件来评价

① 郑文生:《浅析团队角色理论的若干问题》,《农业与技术》2007 年第 5 期,第 152—154 页。

同事的动机和能力;在角色扮演阶段,成员可能会给其他成员提供帮助或者是自己寻求帮助,如果对方接受了并作出积极的反馈,则可能形成高质量的团队成员交换。此外,互换中存在认同作用。当成员实现从“我”到“我们”的转变,说明个体对利益的关注也从个人利益转变为“团队利益”。此时,团队成员间形成一种广泛的交换形式,这也是团队成员交换的重要特点之一。①

3. 学习理论

团队学习(team learning)的概念可以追溯到圣吉(Senge)的《第五项修炼——学习型组织艺术与实务》(*The Fifth Discipline: The Art and Practice of the Learning Organization*)一书。圣吉认为,团队是组织学习的基本单位,团队学习是组织学习的最重要形式,也是发展团体成员整体搭配与实现共同目标能力的过程。对于团队学习有三种取向:(1)行为取向。认为团队学习是组织中团队成员的互动行为,如团队成员分析数据、发现问题,调整且改善自身的活动。其特征是寻求反馈、进行实验、反思结果,并讨论出现的各种错误或者非预期的结果。(2)信息加工取向。强调团队学习是发生在团队成员之间的信息加工过程,如团队学习是信息获取、信息分配、信息收敛、信息发散、信息存储以及再使用信息这六个环节的循环过程。(3)结果取向。强调团队学习是团队成员之间的知识转移,即团队学习后的成果。如团队学习就是团队成员之间的经验共享,是一种团队水平上的知识和技能相对固定和持久的变化。

团队学习理论建立在这样几个理论基础之上:其一,组织学习理论。团队学习建立在组织学习的研究基础之上,被视为组织学习中的一个重要组成部分。其二,知识分享理论。知识分享的定义可以分为广义和狭义两种,广义的知识分享是指为了缩小个体或组织间的知识差距而进行的包括知识传播、知识扩散和知识转移的所有活动与过程。狭义的知识分享则是指在特定环境下,个人将私有知识有意识地暴露给他人,以达到知识被他人所拥有和利用的过程。其三,人际沟通理论。在组织管理中,人际沟通包括沟通环境、沟通障碍、沟通氛围、沟通技能和沟通效果五个方面。②

六、团队建设的具体方法

第一,规模要适度。工作团队规模一般都不是很大。美国组织行为专家斯

① 陈兴淋、徐铮:《团队成员交换理论研究综述》,《中外企业家》2013 年第 18 期,第 1—4 页。

② 王雁飞、杨怡:《团队学习的理论与相关研究进展述评》,《心理科学进展》2012 年第 7 期,第 52—61 页。

蒂芬·P.罗宾斯认为,如果团队成员多于12人,则效果不好。

第二,慎重选聘团队成员。

第三,培训。进行心理融合教育,培养共同目标。

第四,深度沟通。

第五,在利益分配方面进行制度和教育工作。

第六,淘汰。团队目标的实现需要全体成员相互分工协作,任一成员对具体目标完成得不好,整体目标就会受挫,团队就可能会被其他团队取代,所以对不称职的成员,应该让其离开,使团队真正成为精英的组合。团队需要不断地淘汰,这需要一定技巧,因为团队淘汰是很复杂的工作,应在团队人员选拔时有明确的制度保证。

思考题

1. 试述群体的含义与特征。
2. 群体互动的心理机制包括哪些?
3. 如何提高群体凝聚力?
4. 试述团队作用机制的主要理论。
5. 试述虚拟团队建设的方式。

第九章　沟　　通

本章重点

一、沟通的管理价值
二、沟通的心理机制
三、沟通的代表性理论
四、“忠恕”与“共情”的心理机制
五、跨文化沟通问题
六、沟通的心理技巧

《孟子·万章上》

咸丘蒙曰:“舜之不臣尧,则吾既得闻命矣。诗云:‘普天之下,莫非王土;率土之滨,莫非王臣。’而舜既为天子矣,敢问瞽瞍之非臣,如何?”曰:“是诗也,非是之谓也;劳于王事,而不得养父母也。曰:‘此莫非王事,我独贤劳也。’故说诗者,不以文害辞,不以辞害志。以意逆志,是为得之。”

“以意逆志”是孟子提出的文学理解方法,其中“逆”指迎合、揣摩,“志”指诗人写诗的目的、意图。朱熹《四书集注》中说:“当以己意逆取作者之志,乃可得之。”朱自清在《诗言志辨·比兴》中说,“以意逆志,是以己之意迎受诗人之志而加以钩考。”这就是说,读诗人的诗应全面领会诗篇,这样才能认识作者之志。“己意”如果是建立在对作品的客观分析基础上的,就像孟子对《北山》的理解一样，那就可以和诗篇客观的意一致；反之，如果“己意”是建立在猜测基础上的，就会歪曲“诗”的本意。

这当然是文学的理解，但是换一个角度，其中涉及信息发送者与接收者的理解与反应，其实蕴含着沟通心理机制问题。

那么，如何才能有更好的沟通？管理如何成为沟通问题？这是沟通管理要讨论的基本问题。

第一节 沟通的含义与过程

一、沟通的重要性

决策理论学派代表人西蒙（Herbert Simon）提出“没有信息沟通，显然就不可能有组织”[①]，由此可见沟通在管理中的地位。沟通在管理中的作用具体体现在：

1. 工作信息的传达

信息是人或组织生存状况的表征。沟通指意义的传递与理解，有四种功能：控制、激励、情绪表达和信息传递。[②]组织存在的情况和性质都通过信息方式表达出来，对组织的判断和控制都以信息方式表达。只有传达信息，才可以进行管理。所以，沟通具有最基本的信息传达功能。

2. 情感功能

朋友也好，家庭中的成员也好，很多时候都是通过对一件事情的描述和讨论来增加感情的。人们通过沟通交流情感，逐渐成为工作中互相信任的伙伴和生活中的好朋友。

就组织来看，有学者甚至认为，沟通障碍是导致离职或流动的重要原因之一。

二、相关概念

1. 沟通

沟通指个体或组织之间进行的信息传递过程。这个过程有目标、信息含义

① 〔美〕赫伯特·西蒙：《管理行为：管理组织决策过程的研究》，杨砾等译，北京经济学院出版社 1988 年版，第 149 页。

② 〔美〕斯蒂芬·P. 罗宾斯、蒂莫西·A. 贾奇：《组织行为学》，李原、孙健敏译，中国人民大学出版社 2008 年版，第 309—310 页。

及情感的参与。

2. 沟通管理

沟通管理指个体或组织对自己的沟通过程进行有意识地反省、控制与引导,以达到有效的信息和情感交流目的的过程。其特征为:

第一,它是管理性的,是为组织目标服务的。

第二,内容是以组织任务为主的。

第三,渠道往往是正式的。沟通者的沟通活动在组织规范、制度、文化等要求下来进行。

3. 个体沟通管理与组织沟通管理的异同

个体沟通往往是个人的选择,常有很大的随意性。组织沟通管理是在组织中进行的,要服从组织的要求。例如在工作场合,即使你讨厌自己的沟通对象,也不得不和他进行沟通。

在沟通的主体上,个人沟通是多边性的,沟通的方式和渠道是多样的,而组织沟通渠道是相对稳定的。

在目的上,个人人际沟通的目的以维护私人关系为主,组织则围绕工作目标的达成共识。

在沟通的方式上,个人沟通主要是口头沟通,而管理沟通是以多种方式并存的,如书面的、口头的,制度化和非制度化的。

个体沟通管理和组织沟通管理的共同点是,都试图实现对沟通的控制,是对沟通过程的管理。

三、沟通的种类

沟通可以按不同标准进行分类:

1. 正式沟通和非正式沟通

正式沟通是通过组织化或制度化渠道,以符合组织程序的方式进行的沟通;非正式沟通是以个人性的、非组织程序的方式进行的沟通。

2. 上行沟通、下行沟通、平行沟通和斜向沟通

在沟通方向上,沟通可以分为上行、下行、平行沟通和斜向沟通。上行沟通是把信息传达到上级的沟通。下行沟通是把信息传达到下级的沟通。平行沟通则是同级之间的信息传递。而斜向沟通是上下不同系列部门的沟通。

在不同方向的信息传递过程中,情感因素的作用方式不同,向上级报告和

对下级指令的情感、口气是不同的。此外,语言的运用在不同方向的信息沟通中显得非常重要。上行沟通往往是汇报和请示性的,有不确定感,行文在意语词使用;而下行沟通则是指令性的、要求性的、服从性的。

3. 单向沟通和双向沟通

从沟通的互动情况看,沟通分为单向沟通和双向沟通。单向沟通是指令性的,不要求对方回应,双向沟通则是沟通双方的信息互动。

4. 口头沟通和书面沟通

从信息的表达方式看,沟通分为口头沟通和书面沟通。口头沟通是以口头言语的方式进行的沟通,书面沟通则是以符号化的文字为中介方式的沟通。

二者的效果不一样。书面沟通可能不容易引起注意,但保存的效果要好,有正式的感觉。而口头沟通则不同,能够引起对方情感的共鸣,但是不利于持久。

5. 言语沟通与非言语沟通

以沟通是否使用言语为标准,沟通分为言语沟通和非言语沟通。言语沟通是使用符号语言,以语言为意义载体的沟通;而非言语沟通则是通过身体姿势进行的沟通,如眼光、表情等。

眼光接触、个人形象、个人空间等非言语信息都反映出人的背景和素质。人的动作反映出人的性格,言谈举止反映出生命的历程和一个人的涵养。面试是让人看到你背后的东西,是人的气质。

体态语言是社会个体同外界交流感情、传递信息的全身或部分身体有意或无意中作出的各种表情和肢体动作。每一种表情、姿势和动作在不同文化和情景中都有不同含义, 同样是“OK”的手势,在美国表示顺利,在日本表示金钱,在法国是表示零的符号。此外,音质、音量、音调、语速、语调和清晰度,均表达不同的情绪和情感。

另外,也有以沟通组织方式进行的分类,如电话、小组会议、公告板和电子邮件等。

四、沟通的信息机制

任何沟通都由三个基本要素构成,即信息发出者、信息接收者和信息本身,由此形成八个环节:发送者、编码、信息、通道、解码、接收者、噪音和反馈。其中,从每个因素看,有不同的注意事项:

从信息发送者看,发送者的可信性、魅力、权威等个人品质影响到信息传递。如果信息发送者是可信的、具有魅力的、权威的,那么接收者对信息的个人解释程度就小，信息畸变的程度就弱，信息可以更好地被传递和执行；反之则带来更大的自我化解释，使信息畸变。

从信息接收者看，接收者的同理心、人格、智力、性别等个人品质也影响着信息传递。如果信息接收者具有同理心，能够从对方的角度思考问题，具有信任他人的性格，则更能够接受信息；反之，如果接收者具有多疑人格等，则会对信息有较大的个人化解释。

从信息本身来看，信息的内容以及信息的表达方式也影响了信息传递。如果信息内容以确定的方式表达，对于相关概念有准确定义，且行文严谨，那么信息发生畸变的可能性就小，反之则大。同时，信息的排列方式，如纵向或横向，也影响着人的解释，带来信息理解的差异。

总之，在沟通过程中，影响信息的因素非常多。沟通要围绕信息的准确性来控制相关因素。

五、沟通的心理机制

无论是沟通中的信息发送者还是接收者，都离不开"心理作用"。本书从个体对外界环境信息的解释看，概括出沟通如下的心理机制示意图（图 9.1）：

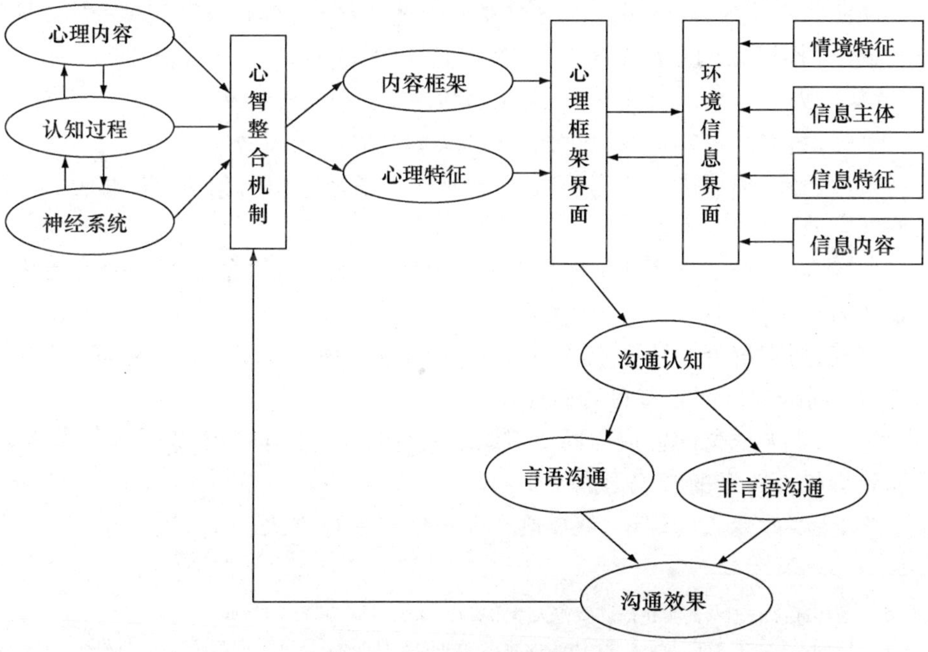

图 9.1　沟通心理机制示意图

对信息的解释受人的心理内容制约,心理内容指个体的信仰、价值观、需要等内容性因素。同时也受人的心理特征和认知方式影响,它们共同决定了对信息的解释,产生意义感,而意义会带来具有社会性质的行为。①

这样的心理过程同时发生在信息发送者和信息接收者身上。如此,信息发送者是一个解释系统,接收者是另外一个解释系统。双方解释的差异带来信息解释的差异,也带来双方的互动,双向互动过程会造成大量问题。在沟通过程中,信息一定会发生变化。所以,一件事情从一个人传给另一个人,在经过几个人之后可能就和最初的解释不一样了,这与个人的解释有关。

这启示,管理沟通中如何保持信息含义的稳定性是重点。

第二节　沟通的心理理论

沟通是在人际间进行的,因此,沟通的心理过程或机理就尤为重要,在此方面,形成了不少沟通理论,这里介绍两种代表性理论:

一、换框理论

换框理论认为,沟通可以通过改变人的认知框架,重新解释现象,达成理解与一致。② 换框理论有很多研究,其基本具体含义为:

第一,人的行为是意义性的,意义由价值观念决定。

第二,真实由事实组成,但对各种真实的描绘因人不同。

第三,心理框架决定人对事件的解释。心理框架由价值观、认知方式和性格构成。

第四,心理框架选择性地解释对象。选择指从众多信息中撷取少数特殊信息转换为有意义的认知。

第五,框架解释涉及主观认知,因而必然造成偏见。不同框架之间,具有竞争性, 不同框架之间也有可协商性。

第六,个人框架的形成与同一组织或其他社会集体间有互动关系。框架建立在具有权力关系的意识形态上。

第七,要改变人的认识,就要改变人的框架解释方式。

---

① 景怀斌:《心理意义实在论》,暨南大学出版社 2005 年版,第 71—89 页。

② Dennis Chong and James N. Druckman, "Framing Theory," *Annual Review of Political Science*, Vol. 10, No. 1, 2007, pp. 103—126.

二、忠恕与共情

“忠恕”是儒家的术语,有不同解释。朱熹说:“尽己之谓忠,推己之谓恕。”冯友兰认为,“忠恕皆是推己及人。忠是就推己及人的积极方面说,恕是就推己及人的消极方面说。”他还认为,“忠恕”是孔子思想的重要方面,“仁”是孔子哲学的中心,而“忠恕”又是“为仁”的下手处。[①]

“忠恕”虽然是儒家的思想性概念,但也可以从心理角度进行分析。“忠恕”的心理过程为:

首先,“忠恕”是以自己的心理状态为依据的。自己的心理状态既包括了心理过程(如自己感知世界的方式、特征),也包括了心理特征(如自己的性格、气质),还包括了自己的价值观念体系。也就是说,是“己”的所有方面。

其次,是以自己的心理体验去比拟他人、判断他人的心理过程,是“己”用自己的心理状态(标准)来匹配他人的过程。如果他人的表现与“己”吻合,则有肯定的反应,如果不吻合,则有否定的反应。这是由心理意义生成过程决定的。

最后,用“自己”的感受要求或评判别人。“己所不欲,勿施于人”或“己欲立而立人,己欲达而达人”。“忠恕”或推己及人的过程,实际上是基于“己”的价值性意义认知过程。“忠恕”或“推己及人”不是换位思考,换位思考是从他人的“位”来思考,而“忠恕”,无论是“己所不欲,勿施于人”还是“己欲立而立人,己欲达而达人”均是以“己”为比较、分析的起点。

与“忠恕”对应的西方概念是“共情”(empathy),这特别为西方心理学所强调。“共情”被认为是好的个性品质,它与一系列积极的品质相联系,如社会生活、政治活动、心理治疗、心理健康等,缺乏共情被认为是心理症状的一个特征。“共情”,就词义看有两种情况:一是将周围环境引发的感受或情绪投射到某一自然物或艺术品,即所谓艺术家的移情作用;二是用于社会心理学、心理咨询等学科中的“同理心”,指能够理智地理解他人在某一情况下的体验和感受。在这个意义上,“共情”被定义为知觉别人观点,体验和共鸣别人情感和行为的能力。其核心成分是像他人那样产生同样的情感体验。“共情”有三个基本成分:知觉和区分别人的情绪,即认识、确定和标明别人的情绪;以别人的角度思考,即假设和体验别人经验的能力;情绪反应的能力,即类似别人情绪反应的能力。[②]

---

① 冯友兰:《冯友兰集》,群言出版社 1993 年版,第 351 页。

② Changming Duan and Clara E. Hill, “The Current State of Empathy Research,” *Journal of Counseling Psychology*, Vol. 43, No. 3, 1996, pp. 261—274.

"共情"的心理过程是,有理解对方心理状态的意愿,在内心扮演对方的角色,体验对方的感受,判断对方的心理状态。这包括认知、情感和预期三个方面的替代体验:认知的替代体验,指个人理智上对他人内部经验的洞察、理解;情感的替代体验,指在情感上体验他人的内部情绪状态;预期的替代体验,指个人能预期他人在具体情境中的情感反应。有学者指出,"共情"有四个阶段:情绪认知(emotion recognition),认知他人的情绪情况;他人思考(perspective-taking),把自己放到别人的位置,体验他人的处境;情绪体验 (emotion replication),体会他人同样的情绪;反应决定(response decision),对他人的情况作出反应。①

可见,"共情"不是以"己"为基础的人际认知,而是以"人"(他人)为基础体验到的"他人"的心理状况。在此过程中,先在的不应是"自己",而是"他人"。

"忠恕"与"共情"区别,具体表现在:

第一,出发点不同。"忠恕"是从"己"而论的,"忠恕"以自己的心理状态及感受为人际认知的参照点。而"共情"则把别人的心理状态和体验作为认知的基础。

第二,背后的人性假设不同。"忠恕"认定,人与人有相同属性,如此则可以从自己推到别人。也就可以随时以自己为依据衡量、判断他人;"共情"背后的认定是人与人不同,你的看法不一定是我的看法,我如果要理解你,就要进入你的心理状态中,而不是用我的价值判断来判断你。

第三,过程不同。"忠恕"以"己"所发现、体悟的他人的问题为开始,以自己的判断依据要求他人;而"共情"则以"他人"遇到的问题或表现的行为为开始,体验他人,认知他人。两个过程虽然都涉及自己与他人,但侧重点不同,前者是"己",后者是"人"(他人)。

第四,结果不同。"忠恕"用自己的感受来要求他人,人际认知结果具有强加性;而"共情"则主张站在他人的角度来理解他人,人际认知结果具有多样性。

第五,关系不同。"忠恕"体现出的是"我-他"的关系,即从"己"的角度理解他人;而"共情"体现出的则是"他-他"的关系,即从他人的角度理解、认知他人。

第六,实质有差别。"忠恕"是由自己的状态推断别人,当然这里面的"己"涉及诸多心理因素,如价值观、认知特征、个性等,但其中主要是个人的价值观念;"共情"则是"由人推人",从他人体验把握他人,具有情感体验性。

这些差异是由它们所形成的文化差异带来的。"忠恕"产生于中国文化,孔

① 《中国大百科全书(心理学卷)》,中国大百科全书出版社 1991 年版,第 383 页。

子开启了“忠恕”思想，后儒不断推崇、倡导、强化这一人际认知方式。而“共情”的情况则不同。“共情”起初基本上是一个艺术概念，后来心理学家认识到“共情”不仅是心理辅导概念，也是个体基本的社会性品质。“共情”似乎可以追溯到西方文化的宗教特征，如“你们愿意别人怎么待你们，你们也要怎么待人”(《圣经·马太福音》(7:21))。

当然，“忠恕”和“共情”作为人际推断的方式，都存在着问题：

就“忠恕”看，生活的现实情况是，人与人虽然“同属”，却不一定“同情”。相反，在诸多情况下，人与人的心理是有差异的——我喜欢的，别人不一定喜欢；我厌恶的，别人不一定厌恶；我的意愿不一定是别人的意愿。此外，从心理感受看，“忠恕”还有心理的优势感——以“我”推人，无可避免地带来了强制性感觉——强加于人，强制而行。“忠恕”还有道德的优势感——我的道德人品比你“高”，我应当以我的标准来要求你。这当然有历史文化原因，历史上“忠恕”的倡导者往往是“士”，他们具有知识话语权，故往往以自以为是的方式来影响他人。关于这点，有学者指出：“所谓各种文化都认可的、据说可以作为第一普遍原则的金规则‘己所不欲勿施于人’，表面上似乎表达了对他人的善意，其实隐藏着非常典型的主体观点，它的思维出发点仍然是‘己’，它只考虑到我不想要的东西就不要强加于人，根本没有去想他人想要的是什么，这意味着，我才有权利判断什么东西是(普遍)可行的，我的心灵才算是个有资格的心灵，而他人的心灵和思想根本不需要在场。还有一条从另一个角度表述的金规则‘己所欲必施于人’，所暗含的意思甚至更糟。”[①]从这个角度看，中国社会诸如父以己之意愿苛求于“子”，官员以己之感受强求于百姓等类似现象可能与此有关。

“共情”同样有问题：承认人与人是不同的，你的看法不一定是我的看法。我要理解你，就要进入你的心理状态，不能用我的价值观念来要求你。这固然能够充分尊重个人差异，保持人与人的心灵自由，但假如人与人是不同的，那么，人与人还可以沟通吗？还可以有共同性和一致性吗？进而，还可以有共同的社会准则和秩序吗？推之于极端，亦是一个不能不正视的问题。

如何办呢？似乎可取“中”的立场，把它们结合起来。承认人的共同性使人们具有人际沟通的心理基础，也使人们有前进的标准，同时承认人的差异性使人们可以容忍人。这就是说，在很大程度上，“忠恕”“共情”都不失为人际认知的方式，可以用，但不宜极端。

① 赵汀阳：《我们和你们》，《哲学研究》2000年第2期，第25—34页。

第三节　沟通管理

一、沟通管理的理论

沟通作为管理问题，形成了沟通的管理理论。沟通管理的发展可以划分为三个阶段，即萌芽阶段、行为科学阶段和以信息革命和网络技术为背景的现代沟通阶段。[①] 其代表性观点为：

泰勒的科学管理理论涉及沟通管理问题。泰勒提倡职能工长制，这虽然有利于提高效率、降低成本，但在实际工作中，如果一个工人同时接受几个工长领导，则会引起沟通的混乱。甘特认为，把原来工长的"监工"身份变成工人的老师或帮助者，提出和发展了泰勒职能工长制探索的下行沟通。法约尔则提出"等级链和跳板"沟通原则，即从最上级到最下级各层权力联成的等级结构，以等级链方式进行沟通，同级之间可以采用"跳板"进行横向沟通。

梅奥实验发现，人际因素对生产过程发生作用，故提倡人与人之间的相互沟通，包括上下沟通和人与人之间的沟通。其中，非正式沟通的作用也不能忽视。有学者认为，梅奥首次正式提出沟通在管理中的作用。

巴纳德指出，组织的存在及其活动是以信息沟通为条件的。作为正式组织的协作系统，不论其规模大小或级别高低，都包含了三个基本要素，即协作意愿、共同目标和信息的沟通。为了进行有效的信息沟通，组织成员要有正式的信息沟通路线，且必须依照正式的路线沟通信息，以免产生矛盾和误解。信息沟通的路线必须尽可能直接和便捷，作为信息沟通中心的各级管理人员必须称职，信息沟通应该有权威性。

西蒙有限决策理论特别强调信息联系的作用。在他看来，信息联系是一种双向过程。在信息沟通的整个过程中，包括信息的设计、传递和接受，存在各种各样的障碍因素，为克服这些障碍因素，西蒙主张在组织中成立一个特别的"信息联系服务中心"以收集、传递和贮存各种情报。同时，西蒙还特别重视利用会议作为信息沟通的手段。

德鲁克指出，在知识管理时代，沟通方式由纵向沟通转向横向沟通。他认为知识管理由获取知识、传递知识和使用知识三个系统组成。知识管理有四个

---

① 崔佳颖：《管理沟通理论的历史演变与发展》，《首都经济贸易大学学报》2005 年第 3 期，第 15—19 页。

基本职能:外化、内化、中介和认知过程。外化是从组织外部知识海洋中捕捉对其发展有用的各种知识,发现组织内部存在的各种知识,特别是隐性知识,并进行集成以利于传播;内化是通过发现企业知识库中与知识寻求者相关的知识,并把它们呈现给知识需求者,以节约知识使用者的时间,提高知识使用效率;中介将知识寻求者和最佳知识源相匹配,通过追溯个体的经历与兴趣,把需要研究某一课题的人同在这一领域中有经验的人联系起来。企业传递知识有两种基本方法——编码法和人员法。编码法指将所需要的知识编辑存储在完善的数据库中,并采取一系列的措施使得每个员工都能方便地接触和使用其中的信息。人员法指在一些知识与特定个人紧密结合在一起的组织中,知识传递的主要方法是人与人之间的相互交流。在这种情况下,企业的注意力应该主要集中在对知识沟通进行鼓励并为它创造条件上。

人类文明已由农业时代、工业时代进化到资讯时代。随着 Web2.0 技术的发展,人们的沟通产生革命性变化,主要体现在传播工具和传播主体两个层面:传播工具的便捷、廉价、丰富与普及,实现了人们自由选择的目的;传播主体的变革则表现为受众与参众的同一化和平民化,传统媒体依靠权力和财富建立起来的壁垒被拆除,人类进入“自媒体”(We Media)时代。

在网络时代,管理沟通有了新的发展。如彼德·圣吉《第五项修炼——学习型组织的艺术与实务》中提出深度会谈和集体学习的沟通思想,萨维奇在《第五代管理》中提出虚拟企业的信息化沟通等观点。

通过互联网的帮助,人们能够超越时空阻隔进行即时沟通和信息获取,但网络技术的发展也在帮助、诱使甚至强迫人们挑选和过滤信息。以信息为基础的壁垒在一定程度上替代了地理上的阻隔,逐渐呈现出“信息割据”的局面。“信息割据”是指这样一种现象:“观念市场”被分割成无数大大小小的领域,从而使不同观念之间产生隔阂;“观念市场”的各个领地——仿佛分形几何学中的图形——趋向于分别独立发展并再次分割,如此循环往复,不同领域之间缺乏信息的有效交流与竞争,而单个领域内部的舆论则趋向片面和偏激。这已经成互联网信息传播的显著特征。[①]互联网一方面为沟通提供了便利,另一方面又封闭了人。

① 钱弘道、姜斌:《“信息割据”下的沟通失效与公共论坛重建——发现互联网时代新的公共论坛原则》,《浙江大学学报(人文社会科学版)》2013 年第 1 期,第 18—30 页。

二、跨文化沟通

跨文化沟通指具有不同文化背景的个人或组织之间的沟通。学者们对此有许多研究,主要聚焦于以下两个视角:一是静态视野,即从国家文化视角描述不同文化背景的商务人员之间的跨文化沟通。如中国商务人员都会像“典型的中国人”一样进行沟通。二是动态视野,即从跨文化沟通动态情境理解跨文化沟通。跨文化沟通情境有三种类型:(1) 组织内部的管理沟通情境,包括部门与部门间、领导者与员工间、员工与员工间的沟通情境;(2) 组织与外部的管理沟通情境,包括企业与供应商间、与中间商或经销商间、与消费者间、与竞争者间,以及与社会和政府间的沟通情境;(3) 企业跨国合资与并购情况下的管理通构。

跨文化管理依赖于跨文化敏感性,它指在跨文化沟通情境下,认知、体验和欣赏文化差异的情感能力,主要理论包括特征理论模型和发展阶段模型。特征理论模型认为,跨文化敏感性主要包括以下一些特征:自我概念、开放思想、非判断态度、灵活多变、社交放松和共感等。总体来说,跨文化敏感性包括认知、情感和行为三个层面。发展阶段模型将跨文化敏感性分为六个阶段:拒绝、防御/逆反、轻视、接受、适应和融合,前三个阶段是民族中心主义导向的,后三个阶段是民族相对主义导向。

中国企业的跨文化沟通有自己的特征,表现为:(1) 中国员工的低计划、高执行和外国员工的高计划、低执行的工作习惯的不匹配带来的冲突;(2) 中国员工的结果导向和外国员工注重风险点控制的过程导向的不匹配带来的冲突。

中国市场表现出“快鱼吃慢鱼”的特征,需要企业能快速响应市场需求,中国员工遇到突发状况会加班,但是外国员工往往拒绝加班,注重休息时间,这种工作习惯也易引发冲突;中国员工对自己职责的认知不清楚,不愿意承担职责,与外国员工对职责的专业性理解存在差异,这也是导致冲突的一个重要原因;其他还有考核、培训等方面的冲突。在中外员工的合作环节,也会由于其文化背景、思维习惯、语言方式导致不同程度的跨文化沟通冲突。语言理解也是一个原因。例如一位中方员工认为技术图纸上某处粘胶的位置存在问题,就说“你这个粘胶怎么这样粘的?”其实他的意思是“这个粘胶的位置弄错了”,但是由于沟通上的误解,美国同事理解为“粘胶的位置在工艺流程上是怎么做的?”于是他就进行一大堆流程上的解释。所以跟外籍员工沟通时应该直截了当,而不是用反问的方式。[①]

跨文化沟通常用的技术为：

(1) 及时沟通。挑战发生时，直接面对挑战，与对方及时沟通，解决问题。

(2) 引入第三方。挑战发生后，通过高层领导者或其他主管，或其他第三方人员进行调停。

(3) 逐渐适应。在沟通过程中发现问题，调整自己的沟通方式，并逐渐适应外国人员的沟通方式。

(4) 平等。尽量尊重对方的文化习惯，待人接物有基本的礼仪；保持诚信，兑现承诺；不卑不亢，保持平等的态度，增强跨文化知识。

(5) 经验和外语水平。加强对当地宏观环境、行业知识、企业的管理理念、管理方法、组织行为的了解，增强对当地风俗习惯、宗教信仰、文化礼仪等的认识程度；增加跨文化经历以更好地解决跨文化问题；增强外语水平。

(6) 妥协。对个人无法控制的挑战事项表示无奈，必要的退让。

三、沟通管理的操作方法

提高管理沟通的效果，既有制度性的方法也要有技巧性的方法。基于上述分析，可以从以下方面进行。

1. 建构制度化的沟通渠道

一般来说，组织沟通渠道有以下几种形式：

(1) 链型网络。链型网络是垂直等级组织的沟通方式，适合单线联系特点的群体或组织。但在该渠道下，信息经过层层传递容易失真。因此，在使用该渠道时，不要设置太多的链条层次。最好使用书面语言而不是口头传达信息。

(2) Y字型网络。两位或多位下属向上传递信息。该渠道解决问题的速度比较快，但信息容易不一致。

(3) 轮型网络。每个成员只能与中间那个人沟通，中间人代表主管，四周的人代表下属，所有的沟通都是主管与下属之间的沟通，这种方式集中化程度高，解决问题速度快，但因为沟通渠道少，沟通不畅通，员工的满意度不高。

(4) 圆圈型网络。每一个人都从他临近的两位员工那里接收信息，而不与其他人进行沟通，虽然沟通渠道不多，但每个员工可以随时接收信息。这种方式适合分散小组、突击队、智囊咨询机构或特别委员会等组织形式。

---

① 田志龙等：《跨国公司中中国员工面临的跨文化沟通挑战与应对策略》，《管理学报》2013年第7期，第1000—1014页。

(5) 全渠道型网络。允许所有的成员之间彼此进行沟通,沟通不受任何限制,所有成员都是平等的。

在现实中,很难有绝对单一的沟通渠道,要提高沟通效果往往要多种方式综合使用,关键是要根据自己的组织情况,建立适合的沟通渠道。

2. 消除沟通心理障碍

罗伯特(Robert E. Lefton)提出“管理者行为评价模型”,将管理者的沟通活动分为如下四种典型风格:①

(1) 封闭型。这类管理者的典型特征是既很少进行自我披露,也很少运用反馈,他们经常担心失去工作或职位,并认为维持现状是唯一的安全策略。这类管理者常用静止不变的眼光看待员工,员工对这类管理者怀有敌对和失望情绪。

(2) 隐秘型。这类管理者的沟通具有单一性和防御性特征,即一味追求他人的反馈信息,却很少披露自我。猜疑和寻求社会认同是隐秘型管理者的典型心理。在猜疑心的支配下,他们往往为了弄清员工的活动和心思而寻求反馈。隐秘型管理者也渴望社会认同,为了取得他人的喜爱和认同而寻求反馈。他们认为保持团队的表面和谐或一致是管理工作的宗旨,为达此目的,他们甚至不惜大事化小。

(3) 盲目型。这类管理者更多地进行自我披露,而忽视了反馈的运用,其管理行为具有“独断”色彩,过分自信是他们的典型心理。他们更多看到的是员工的缺点,忽视其优点和潜力。对盲目型管理者,员工心怀不满,很少将自己视为组织的一员,导致生产率下降。如果上下关系日趋糟糕,员工则可能采取强制性反馈手段,如提意见、向上级告状,或者隐瞒重要信息来报复管理者。

(4) 开放型。这类管理者既重视自我披露,又注意运用反馈,能在团队中营造出宽容互信的开放气氛。他们敏于体察员工需要,鼓励员工积极参与组织事务,因此这种沟通风格不仅营造了健康融洽的人际氛围,而且提高了团队的工作绩效。

3. 培养沟通技巧

沟通与其说是理论的问题,不如说是实践的问题,提高沟通操作效果,要注重以下方面:

---

① 高伟凯、武博:《企业组织人力资源流动中沟通管理研究》,《学海》2007 年第 1 期,第 177—183 页。

(1) 树立沟通管理意识,了解相关知识。沟通是生活的必然现象,但很多时候,沟通不仅无效,甚至有反效果,原因就在于在沟通时没有沟通管理意识,而只是情绪化表达。所以,对于有效沟通而言,具备沟通管理意识是重要的。

(2) 构建有效的沟通机制。制约沟通有效性的因素还包括沟通机制问题,良好、确定的沟通机制可以消除沟通中的不确定因素。要构建良好的沟通机制,最好减少沟通环节,利益相关方直接联系。

(3) 要有沟通的基本知识和理论。能够运用换框理论理解对方,用忠恕、共情的理论理解双方的关注点和想法。

(4) 沟通中注意准确性问题。沟通中信息畸变是一种普遍现象,为加强沟通的准确性,最好使用书面语言,这对多环节的沟通尤其重要。另外,沟通中要注意消除非正式群体的影响。非正式群体常常是以自己的理解来解释信息、再造信息,要以一定的方式防止信息的畸变。

(5) 发现心理共感地带。到沟通是有共同性的,之所以需要沟通说明还有很多东西是不一致的,这就要从共同的地方入手来解决问题。历史上的说客就很会找到这些共同的地方,以此来打动人、说服人。

(6) 提供知识和原理。沟通不仅仅是单纯的信息传达,还是一种知识的传递和互补,沟通过程同时也是学习过程。沟通本身是一个中介,内容才是核心。

(7) 重视非正式沟通。非正式沟通具有独特的情感调节作用,如领导和员工的交谈等,能解决很多问题。

(8) 培养沟通技巧。例如,同样是要求对方,命令式与请求式的效果就不一样。但命令式与请求式又会随着情况的变化而不同,要灵活处理。在沟通中既要重视正式沟通,也要注意运用非正式沟通。

也有人提出这样的技巧提高沟通的效果,如:倾听、反应、提问、重复、澄清和阐明、沉默、触摸、小结和自我暴露。

思考题

1. 沟通的重要性体现在哪些方面?
2. 试述人际沟通的代表性理论。
3. 试述管理沟通的理论。
4. 试述提高沟通效果的措施。

第十章　冲　　突

本章重点

一、冲突的要素与实质
二、冲突的心理机制
三、冲突管理的主要理论
四、冲突的中国文化理解
五、冲突管理方式与原则

古巴导弹危机发生于1962年10月14—28日。

1962年10月26日，周五：苏联不顾封锁，在古巴继续部署导弹。美国强硬派要求空袭，假如必要的话就入侵。

赫鲁晓夫写信给肯尼迪，表示如果美国保证不入侵古巴的话，苏联可以撤离导弹。肯尼迪回复保证不入侵古巴。

当时苏联在古巴附近有四艘核潜艇，美国海军很快就确定了所有潜艇的位置，但是美国人不知道这些潜艇上带核导弹。由于这些潜艇潜水很深，它们无法与莫斯科通讯。

1962年10月27日，周六：早晨时分，美国进行了一次运载火箭试验。美国海军对一艘苏联核潜艇投深水炸弹。核潜艇上的舰长以为战争已经爆发，决定发射舰上的核导弹，由于三副执意不同意（按照当时苏联核潜艇的规章必须三位最高军官一致同意才能发射导弹），最后潜艇上浮来请示莫斯科的命令。一架美国U-2侦察机在古巴上空被一枚SA-2反空导弹击中坠毁。几乎所有人都预料美国会在数小时内进行报复，第三次世界大战似乎不可避免。

肯尼迪决定不报复并表示同意继续谈判，表示同意赫鲁晓夫的意见，撤回部署在土耳其的导弹。

1962年10月28日，周日：秘密外交谈判终于成功。赫鲁晓夫宣布同意撤回古巴的导弹。美国同意不入侵古巴，并秘密撤回土耳其的导弹。

事件通过几个回合后以和平方式解决，最终避免了一个灾难性事件的发生。

可见，冲突管理极为重要，那么究竟应该采用什么样的方式才能实现冲突解决，达到最佳处理呢？

第一节　冲突含义与过程

一、冲突与冲突管理

对于“冲突”，不同学科有不同理解。社会学认为，冲突指因稀有地位、权力和资源而发生在人与人、群体与群体之间激烈对立的社会互动方式和过程；政治学认为，冲突是人类为了达到不同的目标和满足各自相对利益而发生的某种形式的斗争；管理学则认为冲突是指两个或两个以上的行为主体，由于在管理问题上的目标、看法、处理办法或意见的不一致和存在的分歧，所产生的相互矛盾、排斥、对抗的一种态势。这些定义关注的视野不同，带来的解释和结论不同。

心理层面的冲突理解，同样有多重界定。冲突传统被理解为因稀缺资源、目标差异和挫折而导致的利益冲突。但这不能解释哪些没有利益冲突，但也存在各种各样冲突的现象，于是出现了一部分以协调因素为特征的冲突。一般理解为，冲突是由于实际的利益或非利益因素的互不兼容性而产生的两个或多个社会成员之间的紧张状态。[①] 冲突管理则指防止冲突，处理公开冲突，缓和冲突升级带来积极后果的管理过程。

---

① Dean Tjosvold, Alfred S. H. Wong, and Nancy Yi Feng Chen, “Constructively Managing Conflicts in Organizations,” *Annual Review of Organizational Psychology and Organizational Behavior*, Vol. 1, 2014, pp. 545—568.

二、冲突的构成要素

1. 情境的互相依赖

冲突产生于特定的情境中，没有共同的情境，冲突无法产生。比如，两个人相遇，但没有互动，则不会产生冲突；而当两个人相遇，开始互动，有了互动情境，就有可能产生一定程度的冲突。

2. 缺乏资源

无论是有形的资源或是无形的资源，当双方皆有所需求时，在资源有限的情况之下，即有可能产生冲突。

3. 目标不一致

不管是明确表示的目标，或是隐匿的目标，当组织成员皆有所求，但又无法整合时，冲突将会产生。

三、冲突的种类

1. 以层次分类

存在个人冲突、组织内冲突和组织间冲突三种形式。其中，个人冲突既可能发生在组织成员的价值观和工作方式上，也可能发生在职位角色间。组织内冲突既可能是组织内成员意见不同和行为不一致的结果，也可能是组织内各分支结构的利益和意见不一的结果。组织间冲突则是两个或多个组织利益或价值观带来的组织之间的对立。

2. 以内容分类

从心理需求看，冲突可以有多重分类：(1) 双趋冲突，两个东西都想要，鱼与熊掌想兼得，但实际只能获取其一，从而带来内心冲突；(2) 双避冲突，遇到威胁的时候，既要回避这个又要回避那个而构成的心理冲突；(3) 趋避冲突，一个东西是想要的，一个东西是要失去的，而这两个同时发生，此时的冲突即为趋避冲突；(4) 双重趋避冲突，即要得到的与要失去的都是多重的，从而构成众多冲突。严格来讲，个人内在冲突不属于管理心理学要讨论的，但在现实生活或工作中，每个人都会遇到这样的冲突，成为与组织管理相关的个人管理问题。

任务和关系是组织的两大方面。围绕这两个方面，有三种冲突方式：(1) 任务冲突是指组织成员对任务内容看法不一致而导致的冲突；(2) 过程冲突，指组织成员对完成任务的程序、方法不一致而产生的冲突；(3) 关系冲突，是指组织成员由于价值观、个性等的不同而导致的针对他人的情绪宣泄、对他人的否定等行为。

从后果看,冲突也可以分为两类:一类为破坏性冲突,即你死我活的冲突;一类为建设性冲突,双方虽然有冲突,但随着冲突的解决对组织发展是有利的,最终有利于组织的发展。

四、冲突的作用

学者对冲突的认识是逐步改变的,从早期的否定性看法,逐步发展为适度认可性理解。罗宾斯(Robbins)把冲突研究概括为三阶段:第一阶段,早期研究认为,冲突是非理性、破坏的,是功能失调的结果,是有害的;第二阶段,20 世纪 40 年代到 70 年代,冲突被认为是不可避免的,既然不可避免,则应当按照人际关系一般现象接纳之并合理化;第三阶段,20 世纪 70 年代以来,认识到冲突本身也可以是建设性的。

冲突有非常明显的负面效果,德鲁(Dreu)发现冲突会抑制工作满意度和组织绩效。高冲突水平下的组织表现为:(1) 秩序混乱;(2) 成员处于过度压力的状况;(3) 对工作不满;(4) 组织目标难以达成。但在过低的冲突水平下,会呈现出群体思维(group thinking)现象。杜伯林(Dubrin)则认为冲突会产生五种负面影响:(1) 冲突造成个人自我利益的极端发展。(2) 冲突使个人情绪与心理深受影响。(3) 冲突造成时间与精力的浪费,妨碍目标的达成。(4) 冲突造成成员间永久的不信任。(5) 冲突会造成事实与真相的扭曲。

冲突也有积极功能,如果没有冲突,组织就会面临较少的新挑战,从而使成员间变得漠不关心和停滞。冲突也可以揭示问题,促进个人与社会的变迁。冲突还可以表现和考验能力,增加团体认同的机会。[1]

因此,对于冲突应有理性的观念,既不能过于否定,也不能过于认可,而应有动态的、控制的、发展性的观念。

五、冲突的过程

冲突不是静态的,而是动态的,其激烈度会随着冲突的发展而变化。

托马斯(Thomas)认为,冲突的历程可分为挫折期、认知期、行为期和结果期,结果又可以导致新的挫折和冲突的循环。拉美尔把冲突过程看成一种追求

---

① 刘军、刘松博:《企业高层管理团队冲突管理方式:理论及证据》,《经济理论与经济管理》2008 年第 2 期,第 58—64 页。

平衡的行为过程,即均衡与非均衡相互转化的过程,是由以下几个不同阶段形成的冲突生命圈:势均力敌(均衡)、均衡打破、潜伏性冲突、外显冲突、实力趋向均衡。在这一模式中,冲突是一个螺旋式不断上升的过程。庞蒂(Louis R. Pondy)1967年提出了冲突过程的五阶段划分,即潜在的冲突、知觉的冲突、感觉的冲突、显现的冲突和冲突的结果五个阶段。罗宾斯具体指出冲突过程主要有五个阶段:潜在对立、认知介入、冲突意向、冲突行为和冲突结果,他认为在不同的冲突阶段有不同的冲突要素,应该采取不同的策略。①

与此相对应,冲突管理阶段大略可以分为:冲突预防、冲突管理和冲突解决几个方面。冲突预防是在平时采取的应对行动;冲突管理是在冲突显现之后采取的应对策略;冲突解决则是在冲突升级之后采取的解决各方追求目标不相容的一种应对策略。

第二节　冲突管理理论

冲突的解决总体上有两大传统:第一,理性主义。它把组织理解为目标导向的理性集体活动,冲突产生于组织内各种不相容的目标、利益、价值观、信念和情感。这个传统视冲突为威胁组织效率和绩效的因素,消除各种不和谐因素,使其成为有效的整体是冲突解决传统的中心原则。第二,文化传统。它视组织是常模性质的集体活动,通过制度环境制约、社会互动的、主体解释而作用,组织运转为正式和非正式关系决定。它强调法律、规则和社会地位在冲突解决中的作用,如日常的冲突修补行为,回避,仲裁和集体行动,等等。前者受科学主义影响,后者受社会学和组织行为学的文化转向影响。②

具体的代表性理论有如下几种:

一、进攻-防御模型

这个模型最早由普鲁特(Dean G. Pruitt)提出,称为进攻-防御模型(The Contender-Defender Model)或攻击-防御模型(The Aggressor-Defender Model)。

该模型认为,当冲突爆发时,冲突的一方经常会首先使用进攻性手段,以迫使对方作出让步和屈服。一般来说,进攻方往往首先试探性地使用谄媚策略,

① 樊富珉、张翔:《人际冲突与冲突管理研究综述》,《中国矿业大学学报(社会科学版)》2003年第3期,第82—91页。

② Calvin Morrill and Danielle S. Rudes, "Conflict Resolution in Organizations," *Annual Review of Law and Social Science* Vol. 6, 2010, pp. 627—651.

当不能达到目的时往往会选择使用相对激烈的手段,直至使用暴力来解决问题。面对进攻方咄咄逼人的气势,防御方也往往会采用相似手段,以保障自身利益不受侵害。当利益要求不能满足时,多次的进攻和防御最终会导致冲突的全面升级。进攻-防御,再进攻-再防御,进攻方和冲突方的多次博弈推动了冲突的升级。

在这个模型中,不同阶段的冲突管理是不同的。研究者以解决问题、接受冲突、改变冲突、抵制冲突和共享冲突为基础,提出了各种各样的冲突管理模式。如回避、妥协、竞争、协作与基于协作和自信的适应都可以运用。

二、合作-竞争理论

杜斯基(Deutsch)(1949)、乔斯佛德(Tjosvold)(1990)以合作与竞争来解释冲突。合作,即冲突双方在利益、态度、思路上相契合的状态,能够面对差异,分享对方的观念与知识。人们对冲突的本能反应是回避,认为冲突是不好的,但是,只要双方有合作的意图,冲突往往能够以双赢的方式解决。合作体现在:有解决问题的态度、面对差异分享的意念与知识、寻求完整的解决、寻找双方皆赢的局面、视问题与冲突为一种挑战而不是决裂。竞争产生争赢输的情境,表现为敌对竞争,利用权威以达成目的等方面。[①]

与此思路相近,皮克雷(Pinkley)从冲突主体(争论者)归纳出冲突认知结构的三大维度:关系-任务、情绪-理性及妥协-取胜。其中关系-任务维度反映了个体看待冲突的内容取向,关系导向的个体关注冲突对方人际方面的问题,任务导向的个体关注的则是冲突涉及的物质层面问题;情绪-理性维度表现在对情感成分关注程度上,一些个体较为关注冲突过程中诸如嫉妒、憎恶、生气和沮丧等情感信息,而另一些个体可能更为关注冲突过程中发生的动作和行为;妥协-取胜维度描述了个体在寻求冲突解决方案时的心理倾向,认为冲突责任应当归于双方的个体更加倾向于同时考虑双方利益,寻求妥协的解决方案,而将冲突责任归为对方的个体则竭力在冲突中胜出或者最大化自己的利益,甚至牺牲对方利益。其中,情绪-理性框架决定了个体对结果的满意度,关系-任务和合作-取胜框架则决定了冲突结果的类型和价值。[②]

① 芦红、吕庆华:《冲突管理:研究动态与展望》,《广西财经学院学报》2009 年第 2 期,第 33—36 页。

② 宝贡敏、汪洁:《冲突管理方式研究综述》,《人类工效学》2008 年第 1 期,第 57—60 页。

三、逃避、解决导向与控制

普特南(Putnam)和威尔森(Wilson)(1982)以逃避、解决导向与控制三个维度来解释冲突,并力图以图式(schemes)来促进组织冲突的有效管理。他们发现,组织中上司与下属间的人际冲突主要由沟通原因造成,因此着手发展出一套以沟通为基础的冲突管理模式。

1. 逃避(Non-confrontation)

这是一种间接的冲突管理方式,包括冲突时选择避免或离开冲突。逃避沟通行为有沉默、掩饰口舌争论及隐瞒苦恼的感觉等,亦即倾向于从冲突情境中退缩。

2. 解决导向(Solution-orientation)

面对冲突时直接开放讨论问题,寻找解决渠道,结合双方需求而让步或和解。

3. 控制(Control)

面对冲突时争论性对质,坚持立场,不轻易退让。

逃避型象征着退缩不前,缺乏工作魅力;控制型只关心自己,不在乎别人;问题解决型既关心别人,也注意问题本身,是较理想的冲突管理风格。①

四、心理二维论

本书基于人的心理根本上分为两个维度,即理性的利益维度与价值性的情感维度。提出冲突的心理二维论②该理论认为,围绕这两个心理维度,会形成不同的心理诉求和个人特征,构成了冲突的原因和化解原则。表现为:

1. 利益诉求

人的存在是以资源为基础的,这转换为利益诉求。无论是社会的,还是组织中的人均有自己的利益诉求。利益诉求是带来冲突的基本因素。

2. 价值观

人是在心理意义支配下产生社会行为的,它由个体持有的心理内容系统决定,尤其是终极观支配下的价值观念系统、意识形态等,这也构成了冲突的价值

① 宝贡敏、汪洁:《冲突管理方式研究综述》,《人类工效学》2008 年第 1 期,第 57—60 页。

② 景怀斌:《公务员职业压力:组织生态与诊断》,中央编译出版社 2011 年版,第 30—35 页。

观原因。如宗教战争往往是因宗教信仰差异而引起的。

3. 角色

人因自己的角色地位不同而对事物有不同的判断。这些差异也是导致冲突的一个因素。

4. 沟通不良

即由双方缺乏有效而正确的沟通引起冲突。这既是冲突的一种表现也是冲突的原因。

5. 性格差异

人与人之间行为方式的差别,也成为冲突的原因。人都有以自我为标准的我向性,体现在习惯方面,人们会有意无意地用自身的习惯来要求别人。

上述不同方面的整合,构成了个人或组织的目标、任务或观念诉求,它们之间的不一致构成了冲突。其基本模型如图 10.1 所示:

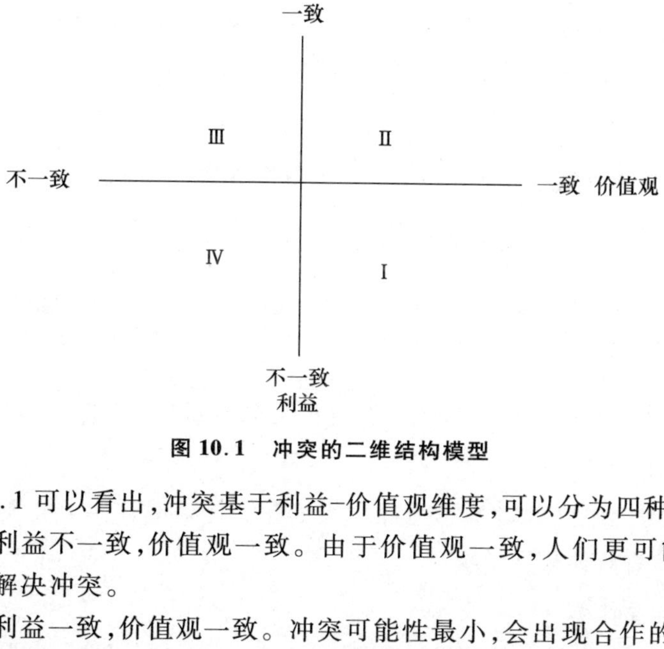

图 10.1　冲突的二维结构模型

从图 10.1 可以看出,冲突基于利益-价值观维度,可以分为四种类型:

Ⅰ——利益不一致,价值观一致。由于价值观一致,人们更可能以协调和退让的手段解决冲突。

Ⅱ——利益一致,价值观一致。冲突可能性最小,会出现合作的、长期结盟的兄弟般的合作关系。

Ⅲ——利益一致,价值观不一致。这有可能带来暂时性的结盟,但最后会产生根本冲突。

Ⅳ——利益不一致,价值观不一致。这会产生对撞性的剧烈冲突,往往以消灭对方结束。

第三节　冲突管理原则与方式

一、冲突应对方式

常见的冲突处理有多种形式，主要包括：

1. 回避

面对冲突时暂时不处理，通过拖延时间来解决冲突，即所谓的冷处理。冷处理不失为一种冲突处理的有效方法，应以积极的心态去看待它。冲突是发生在一定时空情境下的，而人在特定时空下掌控的信息有限，当时空发生变化后，信息也会发生变化，就有可能适时地解决冲突。

2. 强制（征服）——“他输，我赢”

即处于优势地位的一方通过权力或暴力方式强制对方接受问题解决方案，暂时化解冲突。这一方式是暂时的，会带来后续的反抗。

3. 忍让

处于优势或劣势的一方以忍让的方式暂时掩盖冲突，甚至表现出表面的合作。

4. 折中

即双方“均有赢有输”。在任何交易时都会有让步，没有让步就没有交易。

5. 合作

通过合作、沟通、谈判等方式进行意见交流，达到化解冲突的目标。

6. 掩盖

冲突一方面临问题时不想把冲突表面化。掩盖总体上是化解冲突的一种方式，但也要看具体条件情境。

7. 第三者仲裁

当社会处于实际性的正义法律制度环境时，第三者裁判有利于解决问题，反之，第三者裁判就会带来恶性冲突后果。

8. 和平共处

承认冲突，承认问题的存在，但双方不受已有问题的影响，继续共处，完成组织任务。

9. 转移目标

用新的目标转移冲突注意力,化解当前冲突。

10. 教育

知识性重新塑造问题情境,调整利益诉求、价值观,从根本上化解冲突。

11. 重组

从组织结构或制度上解决冲突。改革好像与冲突没有关系,实际上改革往往是冲突无法解决时所采取的组织结构措施。

12. 建立超级目标

与转移目标类似,把冲突的注意力转移为冲突双方都希望达到的更高目标,由此消除冲突。

二、中国传统冲突处理理论

中国文化提倡"和为贵",不愿意以正面冲突的方式处理矛盾。现实中,也常有"小不忍则乱大谋""化干戈为玉帛"等表示妥协的用语。其实,中国文化有更为系统的处理冲突的理论,可以称为"经权""用中"思想。

"经权"思想,即强调在遵守原则时,亦要根据具体情况而灵活处理。孔子说,"可与共学,未可与适道;可与适道,未可与立,可与立,未可与权。"[①]把"权"看做基于学、道之上,而高于学、道的有原则的、随机性的、体悟性的见机行事。孟子也说,"嫂溺不援,是豺狼也。男女授受不亲,礼也;嫂溺援之以手者,权也。"[②]强调要根据时空情境,不弃原则而有效地处理现实问题。孟子甚至说,"执中无权犹执一"。现实不是纯粹的理论就能够解决的,对现实问题的处理需要用经权结合的方式进行。

对于现实问题的情境性特性,儒家用"时"来说明。"孔子之去齐,接淅而行,去鲁,曰:'迟迟吾行也,去父母国之道也。'可以速而速,可以久而久,可以处而处,可以仕而仕;孔子也。孟子曰:'伯夷,圣之清者也;伊尹,圣之任者也;柳下惠,圣之和者也;孔子,圣之时者也。"[③]在孟子这里,"时"有时间、地点、空间的含义,强调时的变动、动态和合适性。孟子的时圣指能够按照时间、地点、空

① 《论语·子罕》。
② 《孟子·离娄上》。
③ 《孟子·万章下》。

间而不失分寸,坚持原则的仁道而有效的德性行为。

与“经权”对应的是儒家的“用中”原则。儒家对“中庸”有不同理解。朱熹对中庸的解释为:“中庸者,不偏不倚、无过不及而平常之理,乃天命所当然,精微之极致也。惟君子为能体之,小人反是。”①王夫之对中庸持另外的看法,他认为“中”是体,“庸”是用。“以实求之:中者体也,庸者用也。”②对此,今人似更认同。“‘中庸’的基本观念,实际上是在最复杂的时空交汇点上取得最好的解决问题的途径。‘中’这个观点,不是指静态的中心,而是对动态过程的把握。”③

儒家“中庸”思想的形成与当时部落联盟制的社会结构有关。其时,社会由部落构成,各个部落相对独立,部落首领代表各自部落的利益。当实行一些措施时,常常会因部落之间的不同利益而发生意见纠纷。尧舜这些统治者不得不协调各部落的关系,以用中为施政特点,“各设中于乃心”,这就是尧舜时代“允执其中”的社会背景状况。显然,“中”是协调、统合各方利益的行为过程。“中”不是不讲原则和不做事情,而是更有效地调和各方利益,以实现既定的政治和社会目的。这样的“中”不是静止的、妥协的,而是发展的、进取的;不是绝对的、强制的、暴力的、权威服从的,而是相对的、协商的、平和的、民主的;也不应是“过”或“不及”,而是“适中”。其实质是“用中”的过程,是协调各方面利益达成一致的过程。

达到“中庸”,就不完全是知识性,而是利益的博弈,是“运用之妙,在乎一心”的体悟性过程。程颐说:“‘中字最难识,须是默识心通。且试言:一厅则中央为中,一家则厅非中而堂为中,一国则堂非中而国之中为中,推此类可见矣。且如初寒时,则薄裘为中;在盛寒而用初寒之裘,则非中也。更如三过其门不入,在禹、稷之世为中,若居陋巷则不中矣。居陋巷在颜子之时为中,若三过其门不入,则非中也。’或曰:‘男女不授受之类皆然?’曰:‘是也。男女不授受,中也。在丧祭,则不如此矣。’”④

如何才能够“中庸”呢?有学者提出,中庸的真精神可解释为四个不同的步骤:第一,尽精微,仔细地分析事物,理性地把握事物;第二,致广大,以开阔的视野认识世界之整体,并自我反省;第三,极高明,对事物背后的“道”有根本性的把握;第四,中庸,使道能中于用。

① [宋]朱熹:《四书集注》,中华书局1996年版,第17页。
② [明]王夫之:《读四书大全说》(卷二),岳麓书社1996年版,第450、451页。
③ 杜维明:《儒家传统的现代转化》,中国广播电视出版社1993年版,第217页。
④ [明]黄宗羲:《宋元学案(伊川学案上)》,中华书局2009年版,第626页。

三、冲突管理策略

1. 对冲突有理性认识

第一,冲突管理是管理的重要方面。在一定意义上,对一个领导人来讲,他面临的管理问题实际上就是冲突的解决问题。因为岗位的不同、结构职责的不同等,组织的内部运转往往是冲突的过程。

第二,维持适度的冲突。当一个组织没有冲突的时候,其高度的同质性使组织没有了活力。冲突使员工处于兴奋的状态,是另外一种形式的沟通,冲突可以发泄长久积压的情绪,可以使冲突一方对另一方的职务及其困扰等有更深入的了解,从而理解到对方的难处。

第三,解决冲突时应避免情绪化。人本能上对外界的反应是应激性的、不计后果的,往往表现为情绪的发泄,并不利于问题的解决,但情绪的表达应控制在一定限度内。

第四,消除不可控制因素。在解决冲突时,尽量将不可控制的因素化为可控制性因素。如用新的框架来构造它,重新对它进行解释。

2. 共赢原则

第一,不要有"零和"要求。零和游戏(Zero-Sum Game)源于博弈论(Game Theory),"零和"指一方得益必然意味着一方吃亏,胜方所得与负方所失相同,两者相加后正负相抵,和数必为零。零和对策是一种完全对抗、强烈竞争的对策。在现实世界中,除了赌博和军事冲突之外,一般很少出现这种"你死我活"的局面。

20 世纪以来,"零和游戏"观念正逐渐被"非零和游戏",即"负和"或"正和"观念所取代。"负和"指一方虽赢但付出了惨重代价,得不偿失,可谓没有赢家。"正和"指赢家所得比输家所失多,或者没有输家,结果为"双赢"或"多赢"。在竞争的社会中,人们逐步认识到"利己"不一定要建立在"损人"的基础上,应以"双赢"取代"零和"。

第二,用中原则。儒家的用中冲突处理思想兼顾对方利益与诉求,让冲突各方各有所得,认可冲突结果。

第三,共情原则。即从对方的角度思考问题、体会问题与困境、体验情感,从而达至理解,化解敌对态度。

第四,沟通原则。冲突的发生很多时候是由于沟通不够,充分良好的沟通既可以共享信息,也能够增进感情,有利于解决冲突。

3. 利益互惠和开放思维

在利益上，既考虑自己的利益，也考虑他人的利益，并尽量建立联合利益关系。

在冲突双方的互动上，通过发展、表达自己的看法，探析与理解他人的观点，整合与创造性地提出解决方案，同意与执行解决方案。①

思考题

1. 如何看待冲突的积极意义和消极意义？
2. 试述冲突的构成要素。
3. 试述冲突的深层心理原因。
4. 试述冲突处理的主要理论。
5. 试述冲突常见的处理方式。
6. 试述冲突管理的原则。

① Dean Tjosvold, Alfred S. H. Wong and Nancy Yi Feng Chen, "Constructively Managing Conflicts in Organizations," *Annual Review of Organizational Psychology and Organizational Behavior*, Vol. 1, 2014, pp. 545—568.

第四编　组织心理与管理

组织是以组织理念为基础，以组织任务为导向的，是由制度规约的人的集合。

组织运行的原则是制度原则，即制度总体规定和约束着个体及群体。如果说群体作用机制是“他人”原则——群体正式或非正式的心理压力，那么，组织则是以制度规约人——组织通过提供生存资源和奖惩措施，强制性地要求其中的个体遵从组织规则，使个体表现出与组织要求或期望相匹配的行为。同时，个体、群体的心理对组织有反馈作用。制度-心理机制分析是全面理解组织的分析框架。

组织层面的心理分析包括了这几方面的内容：

第一，组织心理特征，如组织社会化、组织政治行为、组织心理契约、组织承诺、组织公民行为、组织文化。

第二，组织作为整体的危机反应与应对。

第三，组织变革的心理等。

第十一章　组织心理

本章重点

一、组织行为的制度–心理机制
二、组织社会化理论
三、组织政治
四、组织承诺
五、组织公民行为
六、组织文化

水火有气而无生，草木有生而无知，禽兽有知而无义；人有气、有生、有知，亦且有义，故最为天下贵也。力不若牛，走不若马，而牛马为用，何也？曰：人能群，彼不能群也。人何以能群？曰：分。分何以能行？曰：义。故义以分则和，和则一，一则多力，多力则强，强则胜物，故宫室可得而居也。故序四时，裁万物，兼利天下，无它故焉，得之分义也。①

荀子在这段话中分析了人与动物的区别。他指出单个人的力量不如牛马，但牛马反而为人所用，其根本原因在于人能够以群体的方式进行合作。人之所以能够合作，是因为人可以分工。又是什么东西决定了人既分工又合作？是社会性的“义”。

---

① 《荀子·王制》。

可见，古人已洞悉人的组织性特征，迄今对世人有启发价值。

第一节 组织行为形成机制

一、组织行为的制度-心理机制

组织行为如何形成？这是理解组织心理的基本问题。本书认为，制度-心理互动机制是解释组织心理的必要方面。这是因为：

组织以制度化为核心。管理心理的研究传统上基本都是心理取向的，即从心理视野进行学术分析，这一路径很重要，但与人在组织中的制度化存在事实不完全相符。现代人在组织中生存，生命的大部分时间是在组织中度过的。而组织是制度化的，是经过有意识设计的人的集合，有正式结构的社会实体，是为长期或短期利益而加工资源和信息的复杂的社会-技术系统。[①]其中，制度起到根本性的统合作用。“制度”在奥斯特洛姆看来，“可以界定为工作规则的组合，它通常用来决定谁有资格在某个领域制定决策，应该允许或限制何种行动，应该使用何种综合规则，遵循何种程序，必须提供或不提供何种信息，以及如何根据个人的行动给予回报。”[②] 现代组织制度性地规定了人的权利和责任。制度除了直接约束人外，还通过历史起作用。在诺斯看来，历史重要的原因不只在于学习历史能够以古喻今，还在于制度的连续性将现在与未来紧密地和过去连接在一起。今天与明天的人类选择在过去就已立下雏形，而过去究竟是什么，则唯有从制度的演进中去探求。[③]

但是，组织中的个人并不是简单受组织制度控制。个体作为活生生的生命存在，是观念的、心理意义的。人的“意义”体现在信仰—价值观—态度层次上，终极性的信仰是价值观和态度的核心，终极观内在性地、核心地决定着价值观。价值观是行为选择的标准，它们可能是下意识的，但常常比需要更容易唤起和表达。[④]个体具体情境下的心理往往是意义化认知的结果，是在其神经心理系

① J. K. Hazy, “Measuring Leadership Effectiveness in Complex Socio-Technical Systems,” *Emergence: Complexity and Organization*, Vol. 8, No. 3, 2006, pp. 58—77.

② Elinor Ostrom, “Coping with Tragedies of the Commons,” *Annual Review of Political Science*, Vol. 2, No. 1, 1999, pp. 493—535.

③ 〔美〕道格拉斯·诺斯：《制度、制度变迁与经济成就》，刘瑞华译，时报出版社 1994 年版，第 4 页。

④ Gary P. Latham and Craig C. Pinder, “Work Motivation Theory and Research at the Dawn of the Twenty-first Century,” *Annual Review of Psychology*, Vol. 56, No. 2, 2005, pp. 485—516.

统、心理内容基础上与环境信息互动而产生。这个过程固然表现出是分析综合等认知形式，也是意义认知的过程，即个体已有的心理内容与环境信息的匹配过程，从而产生认同或排斥的结果。[①] 制度的特性和心理的特性说明，建立为组织服务的制度并不一定与具有我向性的“意义”天然一致。制度与人的心理关系存在可能的紧张。

因此，现实中人的组织行为往往不是制度完全的、直接的、自动的运行结果，而是个体与组织制度的互动和博弈结果，是在理想行为与现实行为间的选择。人在组织中的行为表现出如下几个规则：

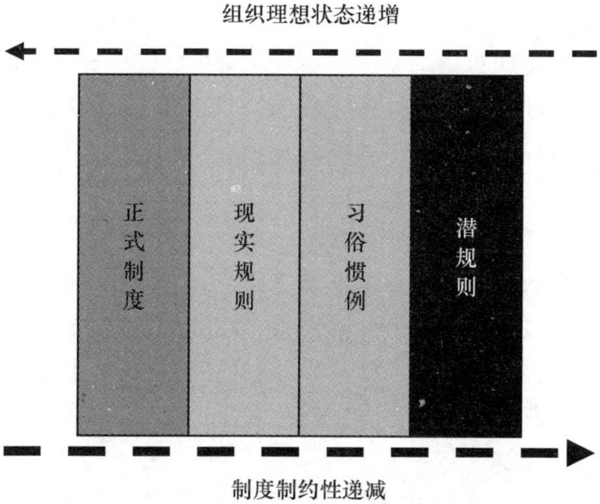

图 11.1　不规则间功能关系示意图

（1）现实规则与正式制度不同。正式规则包括政治（与司法）规则、经济规则以及契约。这种规则上自宪法，成文法和组织章程，都界定了从一般规则到特别的限制。政治规则广泛地界定政治体制的阶层结构，包括其基本的决策结构和明显的议程控制的特性。经济规则界定财产权，也就是总括财产的使用权、所得权，以及让渡资产或资源的能力。契约包括的条款则专属于交换中特定的同意条件。[②]可见，正式规则是明文规则，是单向要求性的，而现实规则不是明文规则，是制度-人-情境下的行动规范。

（2）现实规则不同于“习俗惯例”。诺斯认为，在决定人们日常行为的选择

① 景怀斌：《公务员职业压力：组织生态与诊断》，中央编译出版社 2011 年版，第 47—54 页。

② 〔美〕道格拉斯·诺斯：《制度、制度变迁与经济成就》，刘瑞华译，时报出版社 1994 年版，第 60 页。

方式上,非正式约束(informal constraints)的行为习惯、习俗和行为模式对一个社会的运转起到至关重要的作用。他举例说,如谢普斯利(Shepsle)和维恩格斯特(Weingast)在研究委员会权力的制度基础时指出的那样,国会各种委员会的权力并不能由正式规则所解释,而是来自一组经内部成员重复互动而演变出的非正式、不成文的限制。[①]可见,诺斯的习俗惯例是一个组织约定俗成的文化。而这里所说的现实规则,是一个组织有意识地为实现组织任务而形成有意识的工作规则,是正式制度、习俗惯例、潜规则综合作用下的工作性规则。

(3) 现实规则不同于"潜规则"。"潜规则"一词是中国化概念,其基本含义为:事实上存在于各种正式制度之外、明文规定背后的、被广泛认可的行为章程,在各自的领域内得到大多数人的默许和遵守,而成为相关法律法规之外的另一套行为准则和规范。[②] 显然,现实规则不是潜规则,潜规则是为满足自利需求而形成的组织互动规则,是负面性的,而现实规则是为了实现组织目的而采取的切实可行的实际工作规则,不一定是消极的。

可见,正式规则(制度)是理想状态下的规则,现实规则是在正式规则、习俗惯例和潜规则(组织政治)共同作用下的主动性的工作规则。[③]

在正式规则(制度)、现实规则、习俗惯例、潜规则之间,正式制度约束是递减的,即越到潜规则,正式制度越难以约束,而从相反方向看,越是遵守正式制度,则组织运作的理性状况越好。这意味着,当一个组织的正式制度被其他规则替代时,组织趋于瓦解。

制度-心理视野下人的行为具有制度-人双重性。一方面,现代人作为社会、组织化的生存受制度制约,制度基本性地决定了人的行为性质。另一方面,个体的信仰、价值观、性格就极大地影响着个体的行为方式。个体组织行为是制度-心理作用的结果。

二、组织的心理作用

西蒙认为,组织通过划分工作范围,标准化工作惯例,权威和影响体系,信

① 〔美〕道格拉斯·诺斯:《制度、制度变迁与经济成就》,刘瑞华译,时报出版社 1994 年版,第 51—52 页。

② 吴思:《血酬定律》,中国工人出版社 2003 年版,第 201—202 页。

③ 景怀斌:《政府决策的制度-心理机制:一个理论框架》,《公共行政评论》2011 年第 3 期,第 33—66 页。

息沟通,培训与教育等方式而对组织成员产生作用。[①]从心理分析看,组织是以如下的方式决定个体心理的方式:

1. 组织决定着员工的生存状况

组织为个体提供了生存物质条件,其提供条件的可能性和程度影响着员工的生存方式和质量。如过去国有制出现的"单位人现象"。"单位人现象"是指组织为其成员提供根本性的生存条件,使个体的一生都依赖于组织,即一旦个体成为某组织的成员,他的生老病死就完全靠这个组织了。单位人现象对现代人仍有影响。

2. 组织制度决定了员工的工作心理和行为方式

组织是通过制度而形成的为达成某一任务目标的人的集合。组织中的人是通过制度而连接起来的,制度决定了员工的工作心理、行为方式。对于现代人来说,大部分的工作活动是在组织中进行的,因此,组织的性质决定了员工的工作方式和行为方式。如白领为什么要加班呢?是因为组织竞争的状态决定了员工必须加班。这就是组织对员工的行为方式的影响。知识创新组织和"三来一补"组织的员工工作方式是不同的。

3. 组织领导人的心理决定了组织文化

从根本上看,组织文化是组织领导人理念的展现,或者说是组织领导人对相关情况判断而形成的经营理念。比如迪斯尼所有活动都围绕"欢乐"这个主题,就与迪斯尼领导者的理念有关。

4. 员工心理影响着组织气氛

从员工对组织的影响看,员工的心理也会影响组织的气氛。员工的需要、员工心理素质决定了他对工作的认知,使其形成关于工作意义、工作责任等的理解。众多员工这样的解释就成为组织心理气氛。

三、组织心理的表现

组织心理,简单说是个体在组织中的心理反应或体验。组织对于个体来说,是其生活的"社会",对于这个"社会",个体会有各种各样的心理反应和体验,这可以称为组织心理。由此,组织心理可以定义为组织中的个体对组织整体的心理反应,这样的心理在一定程度上反映出组织的整体特征。

---

① 〔美〕赫伯特·西蒙:《管理行为:管理组织决策过程的研究》,杨砾等译,北京经济学院出版社1988年版,第100—101页。

组织心理表现在不同方面，主要有个体对组织的社会化适应、组织政治、组织心理契约、组织承诺、组织的公民行为、组织文化等方面。下又分组织社会行为和个人行为两方面介绍。

第二节　组织社会行为

一、组织社会化

1. 含义与实质

组织社会化的概念是基于人的社会化理论而提出来的。社会学和心理学研究人的社会化（文化化）——人如何从自然人向社会人转化。人的社会化体现在伦理、道德、法律等方面，其过程是从自然人到社会人（文化化）的过程。类似地，组织社会化指新员工进入组织，成为该组织真正成员过程中所涉及的社会和文化方面的所有学习过程。

组织社会化的实质是社会人变成组织人的过程，即从组织的外部人变成组织的内部人的过程。员工既是社会人，又是组织人，二者之间有冲突。

目前，组织社会化的观点有六种取向：(1) 角色转换与适应论。组织社会化是新进员工学习与适应新角色的过程。(2) 认同论。组织社会化是个体认同组织的规范、文化并内化的过程。(3) 符号互动论。组织社会化是个人价值观与组织价值观相互影响并最终融合的过程。(4) 交易论。社会化是员工与组织的利益彼此互换的过程和结果。(5) 冲突论。个体在组织中会遇到各种各样的人际冲突，个体对这些冲突进行妥协、折中与调适的过程就是组织社会化。(6) 学习论。组织社会化就是新进员工学习与内化的过程。

2. 内容

关于组织社会化的内容，不同学者有不同看法。有代表性的是六因素模型：

第一，工作绩效标准化。指员工是否学习到与工作相关的技巧、知识及能力。

第二，人际关系。指新员工如何与组织内成员建立良好的人际网络。包括：纵向——上下级，横向——同事之间，好的人际关系可以有效帮助员工工作和成长。

第三，组织政治。指员工能否有效地获取组织内正式或非正式工作关系及权力结构的信息。

第四,语言。个体能否理解组织中的专业技术用语,能否清楚知道一些简写、俚语或行话。

第五,组织目标/价值。强调新进员工必须学习组织目标及价值观的重要性,必须知道一些非语言性的规范和非正式网络。

第六,历史。指新进员工理解组织的传统、习俗、故事及仪式等。

3. 组织社会化方式与策略

组织社会化方式大体上有四种观点:(1) 组织主导取向。组织在员工组织社会化过程中具有主导作用,个体在这个过程中则处于被动和反应的位置,组织可以通过各种组织社会化策略来影响新进员工。(2) 员工主导作用取向。在新环境中个体会主动通过各种方式来收集需要的信息,并通过对这些信息的分析与处理来采取相应对策,以加快组织社会化的进程。在这个过程中,社会认知起到重要作用,通过社会认知机制,个体形成了对组织、部门和工作的总体印象,减少不确定性,增强自我效能感与自信心,并使自己的行为更加有效。(3) 员工与组织互动取向。组织社会化的过程是个体与组织互动影响和双方共同努力的结果。有效的组织社会化是组织根据员工的特点采取恰当措施,而员工则根据组织环境的特点采取相应的个人-组织社会化策略匹配的过程。(4) 综合模型。组织社会化不仅是一个过程,还表现为多个层次,可以分为个人、群体和组织三个层次,这三个层次的组织社会化内容与策略差异较大,并且相互影响。在组织社会化的过程中,个人的社会认知过程会介入其中,影响到组织、群体和个人的行为与绩效。同时,组织和群体层次的组织社会化还会对个人差异变量产生影响。

组织社会化策略指组织通过特定的策略促进员工组织社会化,可以分为六种,每种由相互对立的两个概念组成:(1) 集体的-个别的。集体组织社会化策略指新进员工以集中的方式,通过团体的学习与经验分享来了解组织信息经验和价值观,达到社会化目标。个别的策略通常以分散的方式单独学习经验和传统,员工比较容易对工作角色产生反应差异。(2) 正式的-非正式的。正式的社会化策略是先通过对员工有计划的培训,使其专心地学习相关技能和工作角色,培训结束后才开始正式的工作。非正式策略是直接安排员工从事工作,在工作环境中探索和学习,实现组织社会化培训过程。(3) 固定的-变动的。固定的组织社会化策略指员工的组织社会化有一个固定且明确的时间表。变动的策略则没有固定一致的时间安排,员工无法确知每个阶段的学习程序。

(4) 有序的-随机的。有序的策略指组织提供给员工一系列明确且连贯的学习经验或程序,使其了解将来在组织内会经历的各个阶段;随机的策略没有固定的模式和顺序可循,其角色认知是模糊、随机的。(5) 连续的-分离的。连续的策略指组织安排有经验的资深成员伴随新进员工完成社会化过程,他们实际上是角色榜样。分离的策略则让员工在没有其他员工帮助的情况下自行摸索和发展,没有既定的角色榜样可以学习。(6) 授权的-剥夺的。授权的社会化策略指员工的个人特征以及先前的某些观念受到组织的尊重。而剥夺的社会化策略则认为新员工需要改变,必须重新建立起组织所需要的知识、经验和观念。①

二、组织公民行为

组织公民行为(Organizational Citizenship Behavior,简称 OCB) 指员工身上表现出来的利于组织发展又超出组织要求、法律要求的有利于组织的行为。

组织公民行为对组织绩效有正面作用,同时,也是员工自身发展的条件。员工的公民行为是员工评价、晋升以及加薪的重要依据之一;组织公民行为也对员工满意度、公平感、领导支持以及组织承诺等产生重要影响。

美国印第安纳大学的敖根(Demnis Organ)教授及其同事巴特曼提出了“组织公民行为”这一术语,被定义为:未被正常的报酬体系所明确和直接规定的、员工的一种自觉的个体行为,这种行为有助于提高组织功能的有效性。

根据敖根的研究,组织公民行为应由五个因素组成,分别是利他行为、尽职行为、运动家精神、谦恭有礼和公民道德。利他行为是指员工愿意花时间主动帮助同事完成任务或是防止同事在工作上可能会发生的错误;尽职行为是指员工的表现超过组织的基本要求标准,能够尽早规划自己的工作以及设定完成工作的时间;运动家精神是指员工在不理想的环境中,仍然会保持正面的态度去面对,不抱怨环境不佳,仍能忠于职守,此外,个人也会为了所属工作团体的利益而牺牲自己的利益;谦恭有礼是表示员工用尊敬的态度来对待别人;公民道德是指员工主动关心、投入与参加组织中的各种活动,包括主动阅读组织内部文件, 关心组织重大事件,对组织发展提出建议等。有这种行为的员工表明他已经把自己视为组织中的一员。帕特萨可夫(Podsakoff)和麦克兹(Mackezie)在敖根的基础上对组织公民行为的各种观点进行了归纳,将其分为七个维度,即帮助他人、运动家精神、忠诚于组织、顺从于组织、自我驱动、公民道德和自我

① 谭亚莉、廖建桥:《员工组织社会化理论的研究进展》,《人类工效学》2004 年第 2 期,第 38—41 页。

发展。

中国组织公民行为有自己的特点：重人际和谐，重勤劳品质，强调保护公共资源，重视社会本位性，有非绝对化的个人首创性（不是为了创造而创造，而是以比较温和的方式展现个人价值）。[①]

三、组织文化

1. 含义

组织文化有广义和狭义两种理解。广义的组织文化指组织所创造的具有自身特点的物质文化和精神文化；狭义的组织文化指组织所形成的具有自身个性的价值观念、经营宗旨和道德行为准则的综合体，或者指组织全体成员共同接受的价值观念、行为准则、团队意识、思维方式、工作作风、心理预期和团体归属感等群体意识的总称。

2. 内容

组织文化综合地反映组织人的心理的价值取向和行为特点，反映在组织契约、组织承诺等方面上，是组织心理特征的综合体现，往往被称为一个组织的风格。组织文化可以通过两个独立的维度来划分，这两个维度的英文单词都是以"s"开头的，分别是：社会性（sociability）和一致性（solidarity）。[②]

组织文化的内容包括：第一，组织哲学，即一个组织特有的从事生产经营和管理活动的世界观和方法论。第二，价值观念，即组织员工对组织、经营目的、经营宗旨的价值评价和整体化、个性化的群体意识，是组织全体共同的工作价值准则。第三，组织道德，指调整本组织与其他组织之间、组织与顾客之间、组织内部职工之间关系的行为规范的总和。第四，组织形象，指组织通过外部特征和经营实力表现出来的被消费者和公众所认同的组织总体印象，如徽标、广告、商标、招牌、门面、服饰、营业环境等。

3. 功能

组织文化的功能：第一，有导向功能，通过它对组织的领导者和职工起价值取向引导作用。第二，约束功能，主要通过完善管理制度和道德规范来实现对员工组织行为进行规范、约束。第三，凝聚功能，组织文化可以把成员凝聚起

① 武欣、吴志明等：《组织公民行为研究的新视角》，《心理科学进展》2005 年第 2 期，第 211—218 页。

② 孔繁霞：《跨文化沟通中组织文化的双 S 模型》，《青海社会科学》2012 年第 6 期，第 142—145 页。

来。第四,调节功能,可以对员工的心理进行调整。

美国的特雷斯·迪尔和阿伦·肯尼迪在《企业文化——现代企业的精神支柱》一书中指出,企业文化是由企业环境、价值观、英雄、习俗和仪式、文化网络五个因素所组成的,它们的各自作用不同。他们所说的"企业环境",并不是指企业的内部环境,而是指企业经营所处的极为广阔的社会和业务环境,包括市场、顾客、竞争者、政府、技术等;价值观指企业价值观,它是企业文化的核心或基石;英雄人物是企业文化的人格化,是企业员工行为模仿效法的具体典范;习俗与仪式,是企业文化的外在表现,是在企业各种日常活动中经常反复出现、人人知晓而又没有明文规定的东西;文化网络,是指企业内部以轶事、故事、机密、猜测等形式来传播消息的非正式渠道。迪尔和肯尼迪的企业文化五因素说揭示了企业文化建设的历程。第一,根据企业所处的环境选定企业文化建设的模式;第二,通过树立英雄人物使全体职工认同企业价值观;第三,利用仪式等巩固企业价值观;第四,通过文化网络传播企业价值观;第五,最终实现企业文化建设的目标——形成企业价值观。①

4. 价值观管理

与组织文化密切相关的一个管理活动是价值观管理。

价值观管理是一种以价值观为核心,以全面提高组织和人员的综合素质为目标,以更好地服务于大众和推进人类社会可持续发展为己任,制定和实施组织竞争战略的理论。由于价值观管理本身是对传统经济主义价值观的伦理反思的结果,所以在谈到价值观管理时约定俗成地将之视为是伦理取向的。"'诚实''责任''公平''忠诚'这类词都是价值观的具体化。"价值观管理主要有三方面:第一,塑造出有益于组织和个人发展的组织价值观,这是价值观管理的初始阶段。第二,价值观用来指导组织的日常工作与组织政策、管理决策的制定,这是价值观管理的传播、运用阶段。第三,组织成员对价值观进行适当的反思与创新,以求使组织充满生气与活力。②

在具体操作上,价值观管理有以下步骤:第一,明晰组织使命;第二,讨论确定扼要、实用、实效的价值观体系;第三,沟通、认知、认可、植入价值观;第四,价值观品牌化;第五,评估结果和过程;第六,螺旋式提升。③

① 韩文辉、吴威:《国外企业文化理论主要流派述评》,《哈尔滨工业大学学报(社会科学版)》2000年第4期,第121—125页。

② 葛荣晋、邱忠来:《从人的角度探析价值观管理》,《东岳论丛》2013年第2期,第17—21页。

③ 胡宁、张鑫:《价值观管理基础理论研究述评》,《道德与文明》2007年第4期,第93—96页。

第三节　组织个人行为

一、政治行为

组织政治行为是一种社会影响的过程,是经过精心设计以获得最大个人利益的行为,其结果可能与其他人的利益一致,也可能牺牲别人的利益。换言之,组织政治行为指组织中的个体通过非职位性权力的运用,以影响或试图影响组织内利益格局和关系格局个人获取个人利益的活动。[①]常见的组织政治行为有:自利行为、不当薪酬和晋升,也有人认为包括讨好、自我、塑造良好形象、建立联盟、利益交换和打击竞争对手等。[②]

组织政治行为有以下三个特点:第一,组织政治行为是实施社会影响的手段;第二,组织政治行为是用来提高或保护自我利益的,其实质在于为个人或群体牺牲他人利益谋取私利;第三,组织政治行为至少涉及有明显或潜在利益冲突的两方。

费里斯(Ferris)最早提出组织政治认知由五个维度组成:(1)一般政治行为;(2)保持沉默,静待好处的行为;(3)同事及小团体行为;(4)上级的行为;(5)薪酬与晋升政策的行为。此后,费里斯和卡玛(Kacmar)又将组织政治知觉的结构合并成三个维度:(1)上级的行为;(2)同事与小团体行为;(3)组织政策与实务。[③]

组织政治行为并非有百害而无一利,领导者(管理者)应该从符合人性的观点出发,识别他人政治行为发生的原因和结果,对他人的政治行为保持足够的职业敏感性,同时,要恰当运用权力并发挥权力的积极作用,避免自身政治行为的破坏性影响。

组织政治行为及知觉与中国社会通常所称的"潜规则"有相近的地方。潜规则是人们私下认可的行为约束。所谓约束,就是行为越界必将招致报复。潜规则在社会行为主体的互动中自发生成,它使互动各方的冲突减少,降低交易

① G. R. Ferris & K. M. Kacma, "Perceptions of Organizational Politics," *Journal of Management*, Vol. 18, No. 1, 1992, pp. 93—116.

② 黄忠东、陶学禹:《组织政治行为评价结构及其与个人绩效关系的实证研究》,《经济管理》2005年第12期,第45—49页。

③ G. R. Ferris & K. M. Kacma, "Perceptions of Organizational Politics," *Journal of Management*, Vol. 18, No. 1, 1992, pp. 93—116.

成本。但这种在实际上得到遵从的规矩，往往背离了正义观念或正式制度的规定，侵犯了主流意识形态或正式制度所维护的利益，因此不得不以隐蔽的形式存在。通过这种隐蔽，当事人将正式规则的代表屏蔽于局部互动之外，或者将代表拉入私下交易之中，获取正式规则所不能提供的利益。[①] 潜规则的目的是个人利益的最大化，直接后果是冲击了正式规则的公正性和有效性。

在潜规则的生成过程中，当事人实际并不是两方，而是三方（看不见的）：交易双方再加上更高层次的正式制度代表。双方进行私下交易的时候确实是两个主体，但是，当他们隐蔽这种交易的时候，就变成以正式制度为对手的一个联盟。隐蔽本身就是一种策略，这种策略的存在反映了更高层次的正式制度代表的存在。潜规则的坏处在于：架空制度，对组织内部来说潜规则是让正式制度不能很好地发挥作用，为组织内部认定了两种行为方式；逆向淘汰，潜规则使组织中那些正派的成员被排挤，甚至离开；恶性循环，潜规则的受益者会产生榜样效应，促进其他成员效仿。[②]

二、组织犬儒主义

组织犬儒主义指对组织的负面态度和对组织缺乏诚信的信念，包括及伴随这种信念和情绪而产生的诋毁和挑剔组织的行为倾向。组织犬儒主义大致分为五类：个性犬儒主义、社会犬儒主义、变革犬儒主义、职业犬儒主义和雇员犬儒主义。[③]

1. 个性犬儒主义（Personality Cynicism）

个性犬儒主义是个体人格特质，是对整个人类行为的负面认知使然。个性犬儒主义者认为世界上所有的人都是不诚实的、不关心他人和自私的，因此不值得交往。具体表现为愤世嫉俗，这种态度会导致愤怒、辛酸、憎恨和被控制感，但不会有实际的攻击行为。

2. 社会犬儒主义（Societal/ Institutional Cynicism）

又称制度犬儒主义，是指个人对社会制度的公平性和有效性持怀疑态度。其产生的根源在于公众和政府之间社会契约的破裂。社会契约主要包括个人

---

① 吴思：《潜规则：中国历史中的真实游戏》，云南人民出版社 2002 年版，第 200 页。

② 林炜双、高腾、孙李银、景怀斌：《作为组织政治行为的潜规则：影响因素与作用机制》，《公共行政评论》2010 年第 4 期，第 85—110 页。

③ 张士菊、廖建桥：《组织犬儒主义研究的新进展》，《中南财经政法大学学报》2007 年第 4 期，第 14—19 页。

被赋予稳定的工作权，房屋所有权、财富增长、负担得起大学教育，以及子女会获得良好的经济前景等。一旦这些契约已被彻底打破，个人感到社会道德沦丧，信任他人是有风险的。社会犬儒主义的主要特征是与社会疏离，认为现有社会制度和经济制度改变了自己的命运，因对未来的失望而追逐短期利益，对工作安排和机会都持“它对我有什么好处”的态度，从而导致对工作的有限投入和痛苦，嫉妒同行，嘲弄他人的成功，将他人的成功归因为关系和运气等。

3．职业犬儒主义（Work/ Occupational Cynicism）

职业犬儒主义源于互动压力和角色冲突，主要指向组织以及服务对象和工作规范。互动压力过大使雇员身心俱疲而丧失了自我效能感，导致雇员去个人化或疏远顾客，其主要特征是情感麻木、冷酷无情、缺乏同情心。

4．雇员犬儒主义（Employee Cynicism）

不平等感是雇员犬儒主义与其他类型犬儒主义的主要区别。雇员犬儒主义是心理契约违背的结果，雇佣双方的心理契约中隐含平等、公平的承诺，而在现实中高级管理者的薪酬往往是普通员工的几倍到几十倍甚至几百倍，特别是在组织绩效不佳时，组织大量裁员导致被裁者痛苦不堪，而留职者又满怀愧疚，员工普遍缺乏公平感，雇员犬儒主义盛行。典型的反应是雇员难以接受组织目标，蔑视管理者，并且对组织未来的发展丧失信心。

5．组织变革犬儒主义（Organizational Change Cynicism）

瑞切斯（Reichers）等人认为组织变革犬儒主义是因过去的变革不成功而对推行变革的领导人失去信心，认为变革无用和变革推动者起负面作用。变革犬儒主义包括两个方面：一是对变革成功持悲观态度；二是对领导人缺乏促使变革成功的动力进行责备。

三、心理契约

组织心理契约指员工在组织活动过程中自己与组织有心理上的约定，这种心理约定类似于契约。“契约”首先是法律概念，后来引申到社会领域而出现了“社会契约”的概念。从其基本含义看，“契约”是这样一个协议，它打算建立并且实际上真在建立一项其中一方可以使之于另一方的权利。[①] 心理学家把社会契约概念引入心理领域。但不同的学者对心理契约理解不同。“心理契约”是

① 〔英〕迈克尔·莱斯若夫：《社会契约论》，刘训练、李丽红、张红梅译，江苏人民出版社2010年版，第8页。

个人与组织之间的一份内隐的协议,协议中的内容包括在彼此关系中一方希望给另一方付出什么、同时又该得到什么,这种约定是双方在心理上对对方的一个期待。“心理契约”即雇员个人以雇佣关系为背景,以许诺、信任和知觉为基础而形成的关于双方责任的各种信念。如果说达不到这个契约或是不满意,员工就可能辞职。而组织也对员工有一个期待,制度往往只是一底线。

学者对心理契约的内容或维度有不同概括。荷里奥(Herriot) & 曼宁(Manning)等以管理者代表组织,用关键事件技术对 184 名管理者和 184 名员工的心理契约内容进行研究,结果发现,心理契约中的组织责任包括:(1) 培训,我作为一个员工你应该给我什么样的培训;(2) 公正;(3) 关怀,我作为员工应该受到什么样的关怀;(4) 协商;(5) 信任;(6) 友善;(7) 理解;(8) 安全;(9) 有恒一致,心理契约是不是从一开始到后来都一直不变;(10) 薪资;(11) 福利;(12) 工作稳定。心理契约中员工责任包括:(1) 守时;(2) 务业,敬业;(3) 诚实;(4) 忠诚;(5) 爱护资产;(6) 体现组织形象;(7) 互助。中国学者对对 40 家企业,562 名知识员工进行的心理契约调查发现,知识型员工心理契约中的组织责任由物质激励、环境支持和发展机会三个维度构成。员工责任由规范遵循、组织认同、创业导向三个维度构成。①

四、组织承诺

组织承诺可以理解为,从感情上忠诚于组织的目标和价值,忠诚于组织相关目标和价值,即个人对组织的一种肯定性的内心倾向,是对特定组织感情上的依附和参与程度。

组织承诺包含三个方面的因素:接受组织目标和价值观的强烈信念、愿意付出努力去支持组织、保持组织成员的愿望。此外,也有学者提出组织承诺的三因素理论:(1) 情感承诺。指员工在情感上依附于组织,与组织目标相一致。早期工作经历在情感承诺的发展中扮演着重要角色。(2) 持续承诺。它产生于员工进入组织后,与离开组织的成本相联系,也与缺乏就业或转换职位的机会紧紧联系。(3) 规范承诺。它是指留在组织中的责任感。员工之所以留在组织中是因为他们觉得应该留,是组织投资于员工所产生的结果。中国员工的组织承诺为五因子结构,即感情承诺、理想承诺、规范承诺、经济承诺和机会承诺。

---

① 朱晓妹、王重鸣:《中国背景下知识型员工的心理契约结构研究》,《科学学研究》2005 年第 1 期,第 118—122 页。

组织承诺产生的基础大致包含四个方面:(1) 基于对组织或团队目标的认可和信仰;(2) 基于社会经济性的因素;(3) 基于忠诚感和责任感;(4) 基于捆绑的行为。①

组织承诺的培养有这些途径:(1) 遵循以人为本的价值取向;(2) 正确表述组织使命;(3) 确保组织公平;(4) 创建系列共同体; (5) 支持员工发展。②

心理契约和组织承诺常常被放在一起讨论,但二者存在差异。组织承诺是单向的,是员工对组织的。心理契约则是员工与组织双方的。

思考题

1. 组织心理的含义是什么?
2. 试述组织社会化的主要内容和方式。
3. 如何看待组织潜规则?
4. 试述组织承诺的主要内容。
5. 如何培育组织公民行为?
6. 试述组织文化的主要内容。

① 翁清雄、陈国清:《组织承诺的理论溯源与最新研究进展》,《科学学与科学技术管理》2009 年第 11 期,第 27—34 页。

② 戚振江、朱纪平:《组织承诺理论及其研究新进展》,《浙江大学学报(人文社会科学版)》2007 年第 6 期,第 90—98 页。

第十二章 危机管理

本章重点

一、危机与应急管理的异同
二、危机管理的代表性理论
三、危机管理的过程与机制
四、中国传统危机管理经验
五、危机管理的基本原则

探赜索隐，钩深致远，以定天下之吉凶，成天下之亹亹者，莫大乎蓍龟。（《易·系辞上》）

明者远见于未萌，智者避危于无形，祸因多藏于隐微，而发人之所忽者也。（《司马相如上书谏猎》）

中国古代有诸多防患于未然的思想。这些实际上是古人对社会生活的经验总结，至今仍有巨大的说服力。

现代社会是风险社会，组织与公共危机事件随时都可能发生。组织（企业与政府）如何进行危机管理，已成为无法回避的重大管理问题。

第一节　危机管理的含义与机制

一、危机与应急管理

危机、应急常常与突发事件(emergency)和灾害(disaster)相关联。危机与灾难指对社区或组织现状具有大规模的、威胁性的、紧急的且充满不确定性的破坏情形。它们都是始料未及、超乎想象,且超越可用资源的。应急即准备和应对那些意外的、有威胁性的突发事件的行为。应急管理(经常亦作危机管理)不仅指自然灾害管理,也包括了各种给社会造成伤害、瘫痪的事件的管理,例如流行病、基础设施瘫痪、恐怖袭击以及大规模暴力事件。危机通常指小概率大后果的突发事件。危机具有突发性、紧急性、不确定性、社会性、扩散性和破坏性等基本特征。①

公共危机具有突出的公共性,一是表现为巨大的人员伤亡或者财产损失,二是造成公众的普遍恐慌,正常的社会秩序被打乱。中国政府将突发公共事件主要分成四类:(1) 自然灾害,主要包括水旱灾害、气象灾害、地震灾害、地质灾害、海洋灾害、生物灾害和森林草原火灾等;(2) 事故灾害,主要包括工矿商贸等企业的各类安全事故、交通运输事故、公共设施和设备事故、环境污染和生态破坏事件等;(3) 公共卫生事件,主要包括传染病疫情、群体性不明原因疾病、食品安全和职业危害、动物疫情以及其他严重影响公众健康和生命安全的事件;(4) 社会安全事件,主要包括恐怖袭击事件、经济安全事件、涉外突发事件等。按照各类突发公共事件的性质、严重程度、可控性和影响范围等因素,总体预案将突发公共事件分为四级,即Ⅰ级(特别重大)、Ⅱ级(重大)、Ⅲ级(较大)和Ⅳ级(一般)。

危机管理(Crisis Management)也称危机沟通管理(Crisis Communication Management),其重点在于通过加强信息的披露,争取公众的谅解与支持,这是危机管理的基本对策。危机管理则是企业、政府部门或其他组织为应对各种危机情境所进行的规划决策、动态调整、化解处理及员工培训等活动过程,其目的在于消除或降低危机所带来的威胁和损失。通常可将危机管理分为两大部分:危机爆发前的预防管理和危机爆发后的应急善后管理。

---

① Arjen Boin and Paul't Hart:《如何组织有效的应急管理——危机与灾害管理研究中发现的经验与教训》,黄寅轩译,《中国应急管理》2012 年第 3 期,第 44—51 页。

由于组织性质不同,企业与政府在应急管理的侧重点和做法上存在差异。企业组织的应急管理主要围绕企业的利益保护和社会责任而进行,政府应急管理则是针对整个社会的损失、整体发展而进行的管理活动。公共危机目标的实质是在最短的时间内,以最小的代价重建社会平衡体系,维持其发展。政府公共危机应急管理具有如下特征:以政府为主,相关主体多元性;以法律和行政手段为主,辅之以经济手段;追求社会公平、公正、安全、秩序和稳定等内在的平衡;受到公众监督和约束等。

二、危机管理的内容

在战略层面上,危机管理通常有九个方面:

第一,事态研判(sense making):在信息有限且经常自相矛盾的情况下,正确研判是极为重要的危机管理内容。

第二,事态描述(meaning-making):提供给大众具有说服力的危机描述,包括:发生了什么,为什么会发生,如何应对,谁来负责,负责什么等。

第三,决策(decision-making):在时间紧张、事态不明及集体压力情况下作出战略性的应对抉择。

第四,沟通(coordinating):在公共、私人以及国际参与者之间进行有效的沟通与合作。

第五,援助界定(circumscribing):了解应对危机所需救助的属性和持续时间,并针对在社会和地域概念上常常难以界定的"受害"群体制定出救助目标群体以及供应量的原则和标准。

第六,巩固复苏(consolidating):将政府与社会从应对危机的模式带回到"日常模式"以及重建模式中,同时要注意对符合条件的受灾者提供长期服务。

第七,责任追究(account-giving):危机和灾难之后,应针对专家、媒体、立法以及司法机构的调查问询进行争论,厘清并承担应有责任,避免破坏性的推诿扯皮。

第八,经验汲取(learning):确保所有参与危机处理的组织与系统开展批判性的,而非自我辩护的自查自省。找出有事实依据的、值得反思的教训,而非出于政治考量或类似条件反射的结论,为提高未来的应对能力提供借鉴。

第九,谨记教训(remembering):公开承认危机和灾害给受害者、救援人员以及受波及的组织和公众带来的痛苦经历吸取教训。

在战术/操作层面上,即从现场指挥者和行动负责人面临的具体问题看,危机管理有如下方面:

第一,研判与决策(diagnosing and deciding)。在时间压力和信息不完整的条件下准确地判断出威胁/损失的性质与程度;选择合理可行的先期处置方略;并随环境变化和信息增加而不断更新判断和决策。

第二,动员与组织(mobilising and organising)。快速有序地获取符合事态需要的行动资源,并及时有序地配置这些资源。

第三,抑制与缓解(containing and mitigating)。利用手中的资源高效有力地抑制(减小/根除)威胁与破坏因素,最大限度地减少对民众生命和财产的危害。

第四,通报与授权(informing and empowering)。在危机响应体系中向上、向下以及向外界,包括相关民众与团体,传达准确、及时的信息,以便这些相关方能在其各自负责的范围内作出相应危机反应决策。

第五,协调与协作(coordinating and collaborating)。确保来自公营、私营/社区领域的不同单位、组织与学科在一线的危机处理中,都能可持续地有效协同工作。①

三、危机管理的理论视野

危机管理研究已形成了四种不同的视野或派别:②

第一,技术学派。从管理的技术角度理解研究危机和应对危机的理论学派。

第二,过程学派。强调危机管理是连续的过程。如诺曼·R.奥古斯丁将危机管理分为避免、准备、确认、控制、解决和获利六个阶段。

第三,职能学派。20世纪60年代,美国学者对危机管理领导行为进行研究,分析领导职能危机并建立指标系统,即从领导管理职能、财务危机管理职能、人力资源危机管理职能和营销危机管理职能等角度进行危机管理的学派。

第四,动力学派。20世纪90年代以来,由相关学者通过研究危机管理的动力机制而形成。如约翰·J.伯内特提出危机管理动力模型,提出了危机管理的战略方法;马特勒提出危机公关模型,将公关危机信息沟通作为理论变量引入公关危机管理。

此外,还有决策研究的视野,目前形成了危机决策的认知-心理、官僚-组

① Arjen Boin and Paul't Hart:《如何组织有效的应急管理——危机与灾害管理研究中发现的经验与教训》,黄寅轩译,《中国应急管理》2012年第3期,第44—51页。

② 杜岩、周咏梅:《企业公关危机管理机制模型构建》,《经济与管理》2008年第3期,第46—50页。

织、议程-政治三个分析框架。①

公共应急管理的发展方向是：一是全风险管理，即由分部门专项应对单一灾害转向多部门协同应对系统性风险；二是全过程，由注重应急处理转向预防—准备—处置—恢复—评估的全过程管理；三是全参与，由单纯依靠政府完成应急管理转向建设政府主导下全民参与的应急管理体系。加强权威性、综合协调性和有效性是我国应急管理体系改革的主要方向。②

第二节　危机形成机制

一、危机形成的因素

危机何以形成，有什么样的影响因素？综合来看，主要包括如下方面：③

1. 外部环境不确定性

不确定性可以分为技术不确定性、生产不确定性、需求不确定性和市场不确定性等。如2008年的金融危机是由于雷曼公司因受美国次贷危机影响，不得不在2008年9月宣布破产而引发的。次级贷款是指那些放贷给信用品质较差和收入较低的借款人的贷款。放贷机构之所以愿意为这些人发放贷款，是因为次贷利率通常远高于优惠贷款利率，回报较高。这种贷款通常不需要首付，只是利息会不断提高。2007年8—9月，不少与次贷相关的金融机构破产，美联储和欧洲央行联手救市并降息，美国抵押贷款风险浮出水面。2008年9月雷曼兄弟宣布申请破产保护，美林被迫售予美国银行，美国国际集团出现融资危机，引发世界性金融危机。

2. 社会经济发展因素

如经济社会变迁、政治发展、社会结构的失衡、社会不平等与社会分化加剧、传统及宗教、种族、民族、地区冲突，以及文化、价值观差异等。据分析，当一国人均GDP达到1000美元到3000美元时是矛盾多发期。这表面上是收入问题，背后是诸多经济社会的转型过程引起利益格局的多元化和社会阶层之间利

① 钟开斌：《认知-心理、官僚-组织与议程-政治——西方危机决策解释视角的构建与发展》，《世界经济与政治》2007年第1期，第38—45页。

② 夏一雪、郭其云：《公共危机应急救援力量管理体系研究》，《中国软科学》2012年第11期，第1—10页。

③ 黄书亭：《企业危机成因剖析——兼论美国杰出CEO的危机管理策略》，《中国集体经济》2008年第3期，第41—43页。

益关系的失衡以及思想观念的冲突所致。

3. 外部与内部互动

当环境突变、市场波动、供需关系变化时，或者当技术装备落伍、产品结构不合理、经营管理方法不适应时，均会出现危机。社会发展总体存在不足，加上组织自身的问题，导致危机产生。

二、危机中的民众

与危机有关的民众心理表现在：(1) 灾害/危机对人类行为的影响机理；(2) 灾害/危机信息发布与公众心理干预机制；(3) 高层决策者和普通公众的决策框架与方法；(4) 上级决策对下级决策的影响和放大机理；(5) 恐慌、谣言的扩散机理及其干预等。①

民众对于危机事件的认识是有特点的。SARS 期间民众早期、中期、后期的压力心理模型是不同的，如 2003 年：②

早期：SARS 负性心理(DS) = 事件信息因素 × 社会支持性因素 × 安全保障感因素 × 误差因素。

中期：SARS 负性心理(DS) = 事件信息因素 × 知识性因素 × 危机情境 × 误差因素。

后期：SARS 负性心理(DS) = 社会支持性因素 × 社会气氛因素 × 误差因素。

这就是说，在危机中对民众负性心理的影响因素，早期是信息性的，中期是信息-知识性的，后期为知识性-评估性的。即早期的影响因素是事件信息-社会支持性的，中期的影响因素是事件信息-知识-危机情境的，后期的影响因素是社会支持性-社会气氛因素。

可见，在危机管理中，不同阶段的沟通对策是不同的，早期应是以危机信息为核心的管理，中期是以知识为核心的信息管理，后期则是以专业服务为核心的管理。

三、危机中谣言

危机是谣言的温床，几乎在所有的危机中，均有形形色色的谣言出现。谣

① 汪寿阳等：《突发公共事件应急管理研究中的重要科学问题》，《中国应急管理》2007 年第 2 期，第 84—93 页。

② 景怀斌：《公共危机心理：SARS 个案》，社会科学文献出版社 2006 年版，第 13—35 页。

言扰乱人心，对危机应对有不利影响。那么，谣言如何出现？

1947 年，奥尔波特和波茨曼给出了谣言产生的公式：

$$R = i \times a。$$

其中，R = 谣言（rumor），i = 重要度（important），a = 模糊度（ambiguity）。即一个事件越重要，越不确定，就越容易产生谣言。[①]

现代社会生活中，谣言形成的原因是多方面的，如 SARS 危机中的谣言有这样的类型：（1）为达到经济目的而制造谣言；（2）为掩盖犯罪目的而制造谣言；（3）为达损人目的而制造谣言；（4）单纯为了宣泄和好玩而制造谣言；（5）从良好的愿望出发，借用了民间习俗而形成谣言。

谣言的产生既有主观心理方面的原因，也有社会环境方面的原因。从主观心理来看，一是谣言的产生主要与个体间的认知差异有密切关系。人们在观察、记忆、理解等方面的不足或偏差是造成传递信息出现遗漏、颠倒甚至错误的主要原因。二是人们在传递信息时往往有自圆其说的倾向，也就是每个人都希望自己的话在别人看来是真实的、合理的，为了达到这个目的，传递者便可能有意无意地增补、删改事实，使事实真相发生扭曲，最后成为谣言。三是正常的信息渠道受阻或缺乏信息。信息不清时，个人可能会依据猜测、想象，对事物作出自己的解释，这直接导致谣言的产生。此外，某些易为众人关注的人和事，人们对此的议论便会增多，这也是谣言产生的客观基础。从社会环境看，谣言的产生有其特定的社会背景，换句话说，某种社会状态下更容易出现谣言。首先，一般而言，在社会面临突发事件时最易出现谣言，因为此时社会固有的社会秩序已被打破，失去了往日的稳定感，于是各类传闻会随之发生，谣言也易于传播。其次，社会面临危险的境遇，即使未发生重大事故，但已经出现某种可能或征兆时，谣言也容易发生。最后，社会内部结构紊乱，运行失调，谣言也会发生。

现代社会的通讯，尤其是互联网的便利，使谣言具有前所未有的传播速度。危机管理的重点之一就是谣言管理。[②]

无论如何理解谣言形成机理，谣言管理要特别注意这几个方面：

第一，信息开放，重建信任。如开放-参与解释，共情式解读（忠恕），专业辅助，利用网络的自我矫正机制。

第二，准确告知，不留想象空间。越是给出全面、准确的信息，越利于谣言

---

① 〔美〕奥尔波特：《谣言心理学》，刘水平、梁元元、黄鹏译，辽宁教育出版社 2003 年版，第 114—115 页。

② 景怀斌：《公共危机心理：SARS 个案》，社会科学文献出版社 2006 年版，第 101—117 页。

消除。当然,因利益或其他原因,当事者在此方面很难做到位。

四、危机发展过程

目前产生了多种危机阶段的观点。有如下几种理论:(1) 三阶段模型:危机前(precrisis)、危机(crisis)和后危机(post-crisis)三个阶段;(2) 四阶段模型:症状期(prodromal)、发作期(breakout or acute)、延续期(chronic)和痊愈期(resolution)四个阶段;(3) 五阶段模型(也被称为M模型):信号侦察阶段、探测和预防阶段、控制损害阶段、恢复阶段、学习阶段;(4) 六阶段模型:危机预防阶段、危机管理准备阶段、危机确认阶段、危机控制阶段、危机解决阶段、从危机中获利阶段。虽然各种危机阶段的划分方式不同,但实际上具有很大相似性。①

第三节　危机管理策略

一、中国传统的救荒经验

作为农耕社会,中国在长期的社会实践中,形成了自己的救荒管理经验,主要包括:巫术祈祷、赈济、调粟、养恤、除害、安辑、蠲缓、放贷、节约、重农、仓储、灌溉濬治、造林垦荒等。这些经验迄今仍有借鉴意义,其主要内容为:

1. 系统化的救荒思想及其制度化程序

救荒措施春秋战国时期已经制度化,经过历朝历代的充实完善,到明清时期,形成了较完善的制度化救荒措施,主要表现为报灾、勘灾、审查、赈济、安辑、蠲免等完整的救荒程序。以报灾制度为例,报灾制度始于秦汉时期,政府规定发生灾荒时,地方官吏必须及时如实上报灾情,逐级向上,层层汇总,直至中央,并且对各级地方官吏上报灾情的时间和内容作了详细规定;明清时期对救荒思想进行了理论化和系统化的梳理。据不完全统计,明代约有荒政书籍15部左右,清代增至60余部。这些荒政书籍对救荒程序进行了精细化的分析和条例化的归纳,使救荒程序更加规范化和预案化。

① 赵景华等:《关于企业危机管理三个学派的评述》,《煤炭经济研究》2005年第8期,第44—46页。

2. 民本思想

春秋战国时期,孟子从保民爱民的立场出发,对邹国国君在灾荒之年漠视灾民的做法进行了批评,“凶年饥岁,君之民老弱转乎沟壑,壮者散而之四方者,几千人矣;而君之仓廪实,府库充,有司莫以告,是上慢而残下也。”[①]民本思想为历代统治者推崇,是道义正确的思想原则。

3. 主动性

西周开始重视灾后救助,到春秋战国之后出现积极防灾减灾的思想。中国传统的救荒思想不仅体天意、顺天道,更注重尽人力、修人事,肯定人的主观能动性,认识到救灾的成效取决于政府和社会是否应对得当,进而以“制天命而用之”的救荒理念进行抗灾救灾。

4. 预防性

古代非常重视对灾荒的积极预防,通过重农、仓储、灌溉濬治、造林垦荒等来防灾减灾,增强抵御自然灾害的能力。[②]

二、危机管理的一般过程

1. 危机应对过程

(1) 预警与评估。

对危机发生的状况进行评估。最好的危机管理是在预警阶段就消除危机,这需要应急管理部门的负责、敏感和快捷反应。

(2) 策略计划。

在危机没有出现或刚出现时,能够根据新的情况进行评估,做到周全布局,较长规划。策略计划制定时,一方面要根据预案,另一方面要根据具体的空间情况,进行针对性处理。

(3) 协调性实施。

危机管理往往涉及诸多部门,协同性执行是危机应对的关键点。

(4) 注意与民众的沟通。

现代社会信息高度发达,一方面,信息成为危机的原因;另一方面,沟通也

---

① 《孟子·梁惠王下》。

② 夏一雪等:《我国古代公共危机应急救援的历史经验与有益启示》,《学术论坛》2012 年第 7 期,第 55—60 页。

成为危机应对的资源。封闭信息往往会带来被动。

(5) 评估与反馈。

对于危机应对情况,应及时评估,看哪些是合适的,哪些是有问题的,做到及时调整。

2. 危机心理管理

基于民众危机压力心理早期的影响因素是事件-信息性,中期的影响因素是事件-知识性,后期的影响因素是事件-品质性,对应对危机事件的心理管理策略有如下建议:①

(1) 早期阶段,应以信息管理为核心。

越具体的信息越好,因为越是具体的信息,在大众传播过程中发生畸变的可能性越小。

越直接越好,即危机发生后,当事人(当局、政府部门、责任人)直接把信息发布出来,减少信息发布渠道。因为在民众心中,只有当事人才最了解情况,这也减少了信息传播的环节。当然,这涉及当事人与媒体的关系,合作的、权威的媒体无疑是重要的,因此当事人要重视如何利用媒体发布符合实际的信息。

越权威越好,即信息发布越通过权威部门越好。总之,初期的信息管理目的是发布具体的、准确的、有利于官方与民间沟通的信息,使民众了解事件的状况、因果、发展趋势,减少因信息不确定而造成的信息畸变和谣言,降低社会危害。

(2) 中期阶段,危机管理以知识管理为核心。

即通过专业人员向民众传递应对危机的理性措施和方法。这里提出3R原则,即威望(respect)、相关(relation)、反复(replay)。危机,特别是如SARS这样重大的知识性危机,要由受人尊重的专家、权威介绍有关情况和知识。介绍不仅包括事件本身,还包括相关的知识,同时也要反复进行,因为民众对知识的掌握是不确定的,不知道他们是否掌握了有关知识。所以,不能认为媒体介绍一次就可以了。

(3) 后期阶段,则应重视心理品质性服务。

由各方面专业人员参与,消除危机事件造成的特定影响。这依赖于社会比较完善的服务体系。

① 景怀斌:《公共危机心理:SARS个案》,社会科学文献出版社2006年版,第162—165页。

三、应急预案的标准

1. 将管理的一般方法与特定应急预案有机结合

良好的准备工作基于一种认识——每一个危机和灾难都是独一无二的，且其影响的范围也可能是未知的（或不可知的）。同时，良好的应急准备旨在为组织建立可预见风险和应对的能力。

2. 注重建立一系列细致设计的任务序列

这包括：实施风险监控，自上而下地持续开展人员教育培训，通过实战演练进行检验与学习，与尽可能多的单位与组织建立并维系富有成效的工作关系，相互信任。

3. 通过考虑危机管理中的利弊应对公众期望

注意克服官方在危机响应过程中的固有局限。应急规划不应该仅仅确保政府部门在灾难发生的时候知道做什么，还应增强社区可逆力，规划政府、企业与社区部门之间在危机响应过程中的沟通交流。

4. 不断对危机规划成效进行持续监测、提升与调整

借鉴本国其他地区或他国经验尤为重要。①

四、危机管理常见的问题

综合来看，危机管理中常见的问题包括：②

1. 失败的预案

应急预案是使各组织和官员统一思想应对危机的依据。但是，大规模危机与灾难所展现出的突发情况、不确定性会粉碎大多数预案中的设想。在危机应对中，如果一味地看重预案文本，将会使人们产生一种安全的错觉。那些所谓的“幻想文档”（fantasy documents）——以不切实际且过分乐观的假设为基础的应急预案，尤其如此。

2. 纠结于完整信息

一旦政策制定者们感觉陷入危机，他们通常会不断寻求更多信息。在危机

① Arjen Boin and Paul't Hart：《如何组织有效的应急管理——危机与灾害管理研究中发现的经验与教训》，黄寅轩译，《中国应急管理》2012 年第 3 期，第 44—51 页。

② 夏一雪等：《我国古代公共危机应急救援的历史经验与有益启示》，《学术论坛》2012 年第 7 期，第 55—60 页。

中，确凿的事实与数据往往十分匮乏。需要有能力随机应变，尤其基于不完整信息作出直观判断。

3．沟通瘫痪

组织内部以及组织之间的顺畅沟通在危机管理中至关重要。但是，在绝大多数的危机之中，沟通常因为多种原因而瘫痪，其中纯粹技术性的问题（装备）占少数，主要障碍是文化上的，如缺少事先确定的沟通渠道与规范；组织之间缺乏信任；拘于自己对事态发展的一管之见等。只考虑技术解决方案，而不考虑妨碍沟通的文化因素是不够的。

4．完全依赖命令

长久以来存在一个关于危机规划的神话，即任何危机管理的行动最好在军事化的模式下进行。然而，任何危机的初始阶段都不可避免地伴随着信息、沟通与协调的缺失，由于在提交信息与请求及等待命令回复的过程中消耗了太多时间，过于集权的应急系统往往会瘫痪。在这种极端情况下有效的应急响应一定是临时的、因地制宜的和网络化的，而非事先计划好的、标准化的和集中领导的。

5．低估传媒消息

现代传媒给应急网络和外界都提供了重要的沟通渠道，但其作用不仅于此。传媒构建了可以评价危机管理者表现的平台，同时也增加了沟通与事态描述的复杂性。在危机规划过程中，必须重视媒体。当媒体变得吹毛求疵时，危机管理者对这种“背叛”的失望往往会演变成一种针对记者的对立心理，进而影响危机规划的理念。低估传媒力量的错误做法是可以避免的。

6．低估应急结束之后的危机

对于领导者来说，危机管理中最复杂的难题往往发生在现场处置完成之后。当疲惫的决策者们准备回去处理“常规”的管理问题时，他们会发现大多数的意外事件会留下巨大的阴影。这涉及关注伤痛，在指责的氛围中研究和实施恢复重建方案，此外还有问询、问责、批评与可信度等问题。低估应急结束之后的危机会造成新的危机。

五、危机管理原则

在危机管理过程中，组织（政府）、媒体、公众是不可缺少的三个方面。这三方面因素构成了复杂的关系，带来危机事件发生的无限可能性。

统合三者关系，可以给出危机管理的基本原则：

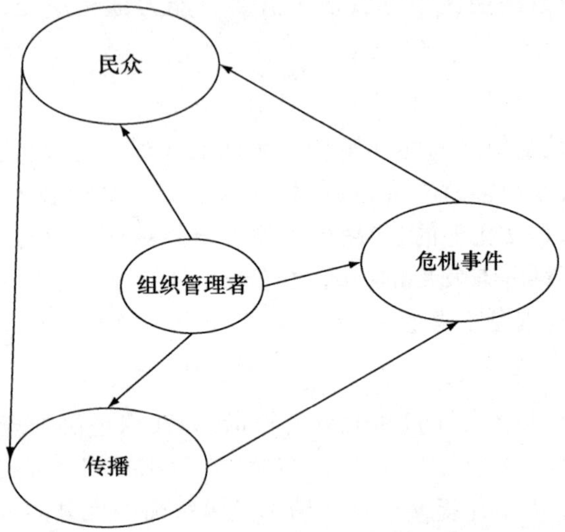

图 12.1 危机发生结构空间图

第一，充分重视。危机是小概率事件，但后果极为严重。因此应充分重视，不能大意。

第二，预案整合，有备无患。

第三，以人为本，平衡理性与情感。

第四，问题中心，以“事”求“解”。

第五，民心可用，重视心理技术。民心成“势”，可用为利，非用为异；满足信息需求，公开，快速，获得信任，第三方参与；同时，在现代社会，媒体高度发展，应充分重视媒体的作用，以真实、接纳的态度把媒体的监督变成促进危机化解的方法。

第六，协调原则。危机发生后，最有效的方式是以最高领导为中心的协调管理，健全分类管理、分级负责、条块结合、属地管理为主的应急管理体制，综合性地处理问题。

第七，科学原则。一方面，处理问题方式要科学，危机处理不是为了领导，而是为了民众，为了组织的发展，不能文过饰非，而应正视问题。另一方面，技术上要科学，要采用先进的监测、预测、预警、预防和应急处置技术及设施，充分发挥专家队伍和专业人员的作用，提高应对突发公共事件的科技水平和指挥能力，避免发生次生、衍生事件。

第八，传播专业知识，提高民众的自救和防范能力。

思考题

1. 危机与应急管理的异同是什么？
2. 危机管理的研究派别包括哪些？
3. 危机管理的基本内容有哪些？
4. 危机管理中的民众信息需求心理模式有哪些？
5. 危机管理的应急预案的标准是什么？
6. 危机管理的基本原则有哪些？

第十三章 组织变革

本章重点

一、变革的心理实质

二、变革的代表性理论

三、变革管理的中国传统经验

四、变革管理的基本原则

臣闻历代之政，久皆有弊，弊而不救，祸乱必生。何哉？纲纪浸隳。制度日削，恩赏不节，赋敛无度，人情惨怨，天祸暴起。惟尧舜能通其变，使民不倦。《易》曰："穷则变．变则通，通则久。"此言天下之理有所穷塞，则思变通之道。既能变通，则成长久之业。我国家革五代之乱，富有四海，垂八十年，纲纪制度日削月侵，官壅于下，民困于外，夷狄骄盛，寇盗横炽，不可不更张以救之。然则欲正其末，必端其本，欲清其流，必澄其源。（范仲淹《答手诏条陈十事》）

这是北宋名臣范仲淹于1043年（庆历三年）九月，在宋仁宗连日催促下，总结其从政28年经验、酝酿已久的变革思想，他提出了十项变革主张：明黜陟、抑侥幸、精贡举、择长官、均公田、厚农桑、修武备、推恩信、重命令、减徭役。这些见解，被宋仁宗所接受，并在庆历三年付诸实施。其中，除第七项兵制宋仁宗认为有些不便而没有实行外，余皆著令以诏书颁下。这便是所谓的"庆历新政"。然而，这次"新政"执行了不到一年，就无疾而终。

这里引述这个历史小故事，目的在于说明：组织同社会一样，变革是必然。

但是，组织变革是极为复杂的过程，既有制度变迁，也有观念变革，是一个需要深度思考的组织全局问题。

第一节　组织变革与内容

一、变革与改革

中国历史上很早就出现了对改革的描述。汉代已用“改革”一词，如《后汉书黄琼传》“复试之作将以澄洗清浊，覆实虚滥，不宜改革”。在中国的传统语境里，对官员的增减、赋税的改动、俸禄结构等变化多用“改革”，而政治、经济、军事、司法等重大体制的变革，则多用“变法”，如“商鞅变法”“王安石变法”等。可见，在传统里，“改革”一般涉及具体的行政制度变化，“变法”则是全面的变革，往往以变更法律促进体制的改易，并以法律作为新体制的保障。

对于组织来说，组织变革是重要的现象与问题。列维（Amir Levy）和梅里（Uri Merry）认为，组织变革是组织在用惯例无法处理组织面临的挑战的情况下，为了生存而在组织结构上所做的重大调整，包括组织使命、目标和企业文化的变革；希尔（Charle W. L. Hill）和琼斯（Gareth R. Jones）认为，组织变革是对企业从目前的状态到未来理想的情境而增加其竞争优势的活动，主要包括改造、流程重组和创新三种活动。①

可见，组织改革指组织为适应不断变化的内外部环境，对组织战略、组织结构、组织成员、组织文化、组织技术、组织心理，甚至是组织目标等进行改革的过程。

二、组织变革的动力

对组织变革的动力有不同概括：②

1. 外部因素论

此观点认为，组织变革主要由外部不确定性引起，外部不确定性主要包括技术创新、法律法规的变化、市场及竞争力、组织成长、宏观经济趋势和危机、产品生命周期与产业结构变换。

---

① 孟范祥等：《西方企业组织变革理论综述》，《北京交通大学学报（社会科学版）》2008 年第 2 期，第 89—92 页。

② 同上。

2. 内外互动论

组织变革的动力可分为外部力量和内部力量。外部力量包括技术、产业变迁、国际贸易、企业及政府、人口驱动等;内部因素包括组织结构、组织流程及人员行为等因素。二者互动,带来组织的变革。

3. 综合论

造成组织变革的因素主要分为三类:一是企业内部权利系统的变迁,如重要人事变动、经营权转移等将直接或间接导致企业结构、制度或文化的改变;二是企业成长过程中主导因素的变迁,如组织生命周期、组织成立的时间和存续的时间、组织成长的转变;三是环境变迁,包括一般社会环境、产业环境、竞争环境的变化,如市场偏好的改变、原料市场价格变动、新兴竞争者进入产业等。三方面互动,导致组织变革。

三、变革的方式

1. 激进变革与渐进变革

激进变革属于先破后立的变革。如俄罗斯采用“休克疗法”,从社会主义制度走上资本主义制度。激进变革社会(组织)在短期内使组织转型,相应地,组织会付出较大代价。

渐进变革则是逐步地变革,是试验主义、工具主义。对于社会变革来说,表现为在政治稳定的前提下进行边际调整。这以中国三十多年来的改革为代表。

2. “自上而下”的变革与“自下而上”的变革

“自上而下”的方式是由上层权力主导,由领导层推进的变革,属于权力型变革。其好处是可以把变革迅速推广开,但基层可能是被动的,在执行政策的过程中发生政策变样。

“自下而上”的变革是一种基于生存需要的变革。但是当变革进行到一定程度时,变革要怎样发展,就不能仅由下产生,而是需要总体设计了。

3. 生存性变革与权力(职务)性变革

生存性变革是组织为了生存而不得不进行的变革,权力型的变革是权力决定的变革。权力变革有可能会出现为变革而变革的情况,其结果往往是面子工程。如现任领导总想和前任有所不同,然后就做一些所谓的变革。

应警惕为变革而变革,若不是基于真的需要而进行的变革,其付出的代价是很大的。本质上看,变革是利益的重新调整。如果大部分人都受益,就是一个好的变革;相反,如果大部分人都受到了伤害,那就不是好的变革。

四、组织变革的内容

变革涉及组织的方方面面,主要包括:

1. 组织性质与任务

组织是基于特定任务而建立的人的集合。由于内外环境的变化,组织的变革往往以性质或任务的调整为开始。因此,组织性质的重新界定是组织变革的前提。

2. 组织结构

组织性质往往通过组织结构而体现,组织变革自然会涉及组织结构的特征。如中国改革初期提得最多的是政企分开、党政分开,即组织结构的变化。

3. 组织文化

非正式安排,包括实际的领导行为,关系的内在系统,非正式规则,沟通与影响方式等。组织变革往往带来组织文化的变革。

第二节 组织变革理论

一、理论视野

组织变革研究有四种视野:[①]

1. 目的论(Teleological)

这是最流行的模型,它基于组织或社会系统的目标形成、执行、评估、行动或目标修正进行组织变革,这是组织变革理论的主流。

2. 生命圈理论(Life cycle)

该模型也比较流行。它从出生-死亡的维度,描述组织的发展阶段,包括出生(成立)、成长、成熟、衰退、生命危机、再生或死亡几个阶段。解释组织变革的一般规律。

3. 进化论模型(Evolution)

这是基于达尔文的进化论而形成的理论视野,其中的自然变异、自然选择、

① H. Skipton Leonard et al., eds., *The Wiley-Blackwell Handbook of the Psychology of Leadership, Change, and Organizational Development*, Oxford: John Wiley and Sons, Ltd, 2013, pp. 244—249.

长尾核心概念是典型的实践优先论,认为对稀缺资源的竞争获取是组织变革的动力和目标。

4. 辩证模型(Dialectic)

这来自黑格尔的变化模型,认为组织或社会系统的冲突带来综合,新的发展挑战原来的模式,新的变化是不可避免的。

二、Lewin 变革模型

勒温(Lewin)提出了组织变革的三阶段模型(Unfreezing-Changing-Refreezing Change Model),即组织解冻、变革、再冻结。

这个模型的理论基础是力场(the force-field)理论。勒温认为,人的行为是社会各种力的结合,组织变革也应当进行"力场"分析。力场分析可以区分组织变革的支持力、阻力,降低组织变革阻力,达到对现有组织的解冻,推动组织变革。

在具体方式上,不同阶段的方法不同:

第一,在解冻期,激励个人或团体正视改变,看到改变的需要。为此,把反对改变的个人从他所习惯的社会关系中隔离;消除现有社会的支持;贬低旧的经验,赞扬新的知识;愿意改变的应给予奖赏,不愿意改变的应给予处罚。

第二,在改变期,接受新的行为模式,掌握新的方法。当一个人受掌握有位置权力的人的命令而被迫改变时,强迫或服从便发生了。在这种情形下,当改变的媒介存在时,行为便会改变;而在不受监督时,行为便不存在。因此,与其把强迫当做一种改变的动力,不如说它是一种解冻的工具。

第三,在形成期,使新行为变成模式行为,融入个人的个性、习惯,完全照新的方法处事。为此,可以运用行为强化理论推进,通过持续的强化,使个人保持新的行为。

三、系统变革模型

卡斯特在开放系统模型基础上加入组织变革因素分析,形成了系统变革模型。所谓开放的系统模型强调组织既是一个开放系统也是由各个子系统有机联系而成的整体。该模型包括输入、变革元素和输出等三个部分。实施组织变革分六个步骤:审视状态、觉察问题、辨明差距、设计方法、实行变革、反馈效果。

美国的哈罗德·莱维特(Harold Leavitt)提出自己的系统模式。他认为,组织变革的内容包括四个方面,即任务、人员、技术和组织结构。组织变革主要通过结构途径、技术途径和行为途径实现。结构途径，如组织系统、预算编制及规章制度的改变，此种方式强调组织结构与制度层面的修正，当环境改变时，目标将随之调整；技术途径是指工作流程的调整或重组，包括根据组织变革目标而做的实物空间优化、工作方法、工作技术的变化等；行为途径则强调通过态度、激励及技能的改变及其辅助活动，如培训、绩效考核、员工的招聘等实现组织变革。[①]

四、跨理论行为模型

跨理论模型（Transtheoretical Model，TTM）由普罗查斯卡（James Prochaska）等于20世纪70年代提出。这一理论模型最初被用在心理治疗中，用以修正问题行为和不良嗜好。在过去的三十多年里，这个模型已成为个体或组织变革的代表性整合模型。

该理论模型是基于行为主义而形成的。行为主义认为，人的行为改变由刺激诱因和强化而形成，改变人就要改变人的行为模式。

跨理论模型的基本内容分为：（1）变化阶段；（2）变化程序；（3）自我效能；（4）决策平衡。这包括了前深思阶段（6个月内不拟行动）、深思、准备（30天内行动，带来小的变化）、行动（积极行动，带来新的行为）和维持（保持变化）几个阶段。共包括经验层面以及行为层面的十个程序，其中经验程序包括意识唤起、主动解脱、环境再评价、自我再评价、社会解放；行为程序包括反制约作用、帮助关系、强化管理、自我解放、刺激控制。其中，自我效能和决策平衡是跨理论模型的关键结构，用来帮助解释行为改变为什么发生。自我效能指个体完成某种特定行为的自身能力信念，决策平衡指决策相关因素的平衡和动态协调。

具体过程为：

第一，界定目标行为。回顾相关文献，进行调查研究，确认和明确组织和个体的变革目标。

第二，明确问题。采用针对性的问卷，了解目标行为的具体情况，着重评估员工对变革的准备或接受性。探讨组织应采用什么样的方式来加速人们的变革意愿。

第三，测评问题。应用问卷，对所有员工进行调查。鼓励员工参与调查，保持信任。

---

① 孟范祥等：《西方企业组织变革理论综述》，《北京交通大学学报（社会科学版）》2008年第2期，第89—92页。

第四,数据分析与反馈。基于数据,形成详细的员工对变革接受性的准备状况,推荐合适的个体或组织层面的干预措施。

第五,提供阶段性的个体和组织层面的干预活动,促成变革目标的实现。

第六,变革阶段再管理测评。在3—6个月内,对变革的阶段情况进行再评估。如处于不同变革阶段的员工有多少?基于这些发现,采取新相应的行为改变措施。①

五、中国变革经验

在一定意义上,社会的发展是通过社会变革而进行的。中国历史上较有影响的变革有:秦孝公时(公元前359—前338年)的商鞅变法,北宋熙宁年间(公元1069—1077年)的王安石变法,明万历初年(公元1573—1582年)的张居正变法。

传统变革的经验是,就主持变法者个人而言,必须在才德两个方面兼优。德高望重自然有巨大的号召力和吸聚力,但才具不足,变法到一定深度就会夭折;雄才大略,但德性亏损,虽可凭借权力推行变法,但其结局就是"人亡政息"。

当代中国的改革开放是巨大的社会组织变革。三十多年的改革是在政治秩序稳定的前提下进行的。这种变法模式由于充分注意到政治的交易成本,采取了一系列极富特色的改革策略,使中国的经济转型表现为一个平滑的、连续的政治经济过程。通过对政策变化和宪法变迁之间的关系进行比对,可以看出,中国的当前改革有这样几个特征:

第一,从制度环境变化看,中国的改革是以政策为先导,以宪法确认的形式逐步展开的,而且政策的变化是连续的,修宪过程是稳定的。

第二,所有制结构方面的政策日渐宽松,呈现出多元化的趋势。政策的市场导向非常明显,私营经济、个体经济等非公有制经济地位稳步提高,尤其是在十五大之后,私营、私有等非公有制经济由国民经济的补充上升为国民经济的重要组成部分,而公有制经济由原来的国民经济的主体下降为国民经济的基础。

第三,意识形态的包容性在"三个有利于"的标准下越来越强。从"一国两制"写入《宪法》到对非公有制经济的友好态度,以及明确提出保护私人产权法律制度,都表现出意识形态方面逐渐增强的包容性。这种包容性不仅具有深刻

---

① H. Skipton Leonard et al., eds., *The Wiley-Blackwell Handbook of the Psychology of Leadership, Change, and Organizational Development*, Oxford: John Wiley and Sons, Ltd, 2013, pp. 350—352.

的政治含义，也具有文化上的意义。

中国改革是在没有发生政治革命的情况下进行的，稳定的政治秩序保存了社会资本存量，为公众的合作行为提供了共同性知识，从而形成改革、发展、稳定之间的良性循环。①

第三节 推动组织变革的原则与方式

一、组织变革心理阻力

常见的变革阻力包括：

1. 信仰-价值观

信仰及其价值观的核心是政治性，中国改革在30年之后依旧存在很大争议，原因就在于此。信仰及其价值观决定了人们的立场和对于利益的解释，也往往是变革的最大阻力。

2. 认知偏差

人都是以自己的方式来解释社会现象的。在社会心理学里有一种"自我服务偏差"的现象，即心理上人们有自我维护的潜意识倾向。男孩子自我估计身高会比真实情况偏高，而女孩子对于体重的评价也比真实情况偏低，这即所谓的"自我服务"效应。当然，这并不是故意自我欺骗，而只是维护自尊的一种心理需求。

同理，人们对变革的解释都是自我化的解释。理想的方案和现实的方案之间存在差别。同样的方案，不同人的解释会带来不同的结果。

3. 利益偏好

人的社会生存有两个方面：一个是生存型的需要，一个是价值情感的解决。变革的实质是利益的重新分配，人们为了保住自己的利益甚至不惜付出生命的代价。利益偏好既是变革的动力，也是变革的阻力。

4. 组织惰性

组织按照一定的方式运行之后会形成惯性，会觉得过去的方式是有效的，因此对新的方式产生不确定感，不愿意进行变革。组织的惰性也是组织变革的

① 张建伟：《"变法"模式与政治稳定性——中国经验及其法律经济学含义》，《中国社会科学》2003年第1期，第137—150页。

阻力。

5. 变革不确定性

理想的方案和现实一定是不一样的。无论是哪位领导人都不敢说他的变革最后是很满意的,被变革的人也会时不时地怀疑,自己的利益最后会不会受到伤害?变革不确定性也是变革的阻力之一。

二、变革设计的原则

组织的变革是极其复杂的过程,它既是组织发展的自然要求,也是提高组织生存质量的必要手段。但变革的实质是利益的再分配,因此,组织变革也极容易导致组织的劣化。组织变革,尤其是大型组织,特别是社会组织的变革不得不谨慎。

1. 变革应有民众意识

变革是深刻的革命,因此,需要有一种约束力量。这样的力量除了制度性因素外,还有心理因素,这就是民众意识。民众意识即变革的目的是为了大部分普通民众,有了这样的意识,它就具有对权力、利益和管理的约束功能。

当没有民众意识时,权力可能会为自己服务或特殊利益集团服务。同样道理,利益诉求是每个人都有的,如果没有民众意识,则利益诉求就会单纯地为自己服务,管理没有了民众意识则会演变为管人或强制性措施;如果有了民众意识,从民众角度思考,则有相反的理解,即管理者所拥有的权力需要承担的社会后果是什么。在中国人的理解里,"管理者"常常是管人的,但是事实上管理者是帮助人的,是助人成长、助人发展的人。

2. 注重领导者的素养

变革由领导者决定,就变革主持者而言,成功的变革者需要德才兼备。尽管各历史阶段对才、德要求的内涵不同,但都强调"兼优",这是规律,在组织管理中极为重要。

3. 平衡两个维度

社会如何运行,从根本上看,围绕两个原理,即价值原则和效益原则,或者说公平-效益轴心。一个社会没有价值认定性质的公平性,就不能获得民心,也就没有变革的正当性;同时,社会的发展离不开物质需要和生存效益的提高,这又是效益性。二者之间也是动态性的,因此,在不同时期有不同的优先次序,不能一味以效益为唯一原则,应实现公平-效益的平衡或结合。

4. 稳与变的关系问题

变革是社会组织的变动甚至剧烈转型,转型有可能带来社会失序,使社会处于不正常状态,难以实现社会的稳定发展。因此,在变革中如何处理稳定与变化的关系就成为重要的原则与技巧。这需要变革主导者兼顾利益,包容处理。

5. 把握承受力

社会承受力是一个很重要的概念。历史告诉人们,极端的变革可能失败,这种情况之所以发生并不是因为人们不接受变革,而是变革方式超出了人们的承受力,不能被大家接受。可见,承受力是社会变革的重要心理。承受力因压力来源、年龄、文化、职务、地域、收入而有所不同,应具体判断。

6. 用"中"的原则

所谓的"中"就是兼顾不同的利益集团,从而选择各方都能够接受的方案。社会变革其实是不同利益集团的利益博弈,这种博弈若以零合游戏的方式进行,则最后带来的是社会动乱。对于变革来说,暴力解决是最坏的结果。应以"中"的原则、双赢或多赢原则来进行。

7. 参与原则

对于具体的变革,决策者要有共情的态度和方式,要理解民众的想法。不要觉得自己的做法他人肯定能执行,而是要站在对方的角度,认真地考虑对方到底能否接受。

决策者应多与他人沟通,以参与的方式使他人理解变革,也要注意民间的意见领袖。异议人士,从社会变革的角度来讲,不一定是坏人。这些人的观点不仅可以使决策者思考问题,还可以影响一大批人,从而利于变革的推进。

三、组织变革的操作程序

1. 确定问题

明确变革到底要变什么,变革总是要针对某一件事情来做的。在这个前提之下,要明白变革问题的来源是什么。

从组织来讲,问题来源就是组织发展遇到的困难。但对人来讲,对于困难的认定存在一定主观性,就像领导所认为的和群众所认为的问题是不一样的。

此时就需要科学合理的方法,这里的"科学"是狭义的,强调能够以真正解决问题的方法来认识问题。真正的变革,它对问题的认识是要基于理性的方法论来考虑的。

2．制订方案，包括目标、人、制度、条件及可能性

变革的目标到底是什么，是提高组织的效益，还是要提高某人知名度。这就涉及权力型变革的问题，权力型的变革往往会让目标发生变异。

另外要考虑变革的人的问题，这涉及谁来进行变革，谁是变革的主导者，要依靠的人是谁，变革的后果影响到的人又会是谁等问题。

变革最后的实现要通过制度建立，变革重在制度的安排。变革最终目标的实现制度完成的，而不是基于个人领导来实现的。

要考虑变革的可能性和条件。一般的变革都不会一步到位，变革需要经历“抛弃过去，重新来做”的过程。就像俄罗斯和我们的变革，不同的文化和领导人所带来的后果是不一样的。

此外，在变革方案制定中，要注意意见领袖的作用。有些人不担任领导的职务，但有很强的领导力，这就成为我们通常所说的意见领袖。能够起到意见领袖作用的这批人往往是德高望重的，具有很大的影响力，要团结他们。

3．制造舆论

从改革开放到现在，人们常说变革是好的。这个舆论已经变成社会的心理定势，就像我们现在说谁反对变革谁就不好。这是有利的一面，但是变革不能仅仅有一面声音，需要多种声音的互动。在舆论制造中，不能因此而压抑不同的声音，不同的声音可以使变革的方案更合适，更为各方所接受。

4．执行方案

执行方案的重心在于如何把理想化的方案变成现实性的操作问题。变革设计有理想的性质，变革方案一定和变革的最后结果是不一样的。此外，变革方案往往是领导群体制定的，在执行的时候，权力就从几个人分散到所有人。因此，在执行方案时，应思考这个方案执行的可能性怎么样，能不能被大家接受，最后能不能真的变成大家所期望的那样。这实际上是理想化对方案进行和现实的结合之后的操作化设计或调整。

5．评估

对方案实施情况要进行评估。评估时既要注意到效益的硬性指标，也要注意到心理性软性指标。硬性指标对于组织来说就是效益；软性指标就在于对员工的心理影响是怎么样的，员工的心态是积极的还是消极的，对组织的认同是更强还是更弱，员工的满意度是什么，等等。

6. 反馈调整

对评估发现的问题进行回馈和矫正。

变革不是一件很容易的事情，更不是一个人的事情。“长官意志”的随意变革带来太多不良后果应引以为戒。

四、有效变革的方法

首先，重塑个体态度，“自下而上”激发变革愿望，消除变革阻力。方式是创造共同目标、愿景。

其次，参与式变革。让员工参与到变革中，尤其是参与变革的计划与决策过程。这能够极大地提高员工的变革认同，获得变革支持。

再次，争取合力支持。这实际上就是利益的平衡问题。变革的过程是利益重新分配过程，比较好的结果是妥协，不好的结果是分裂。合力是妥协的结果。妥协可以避免发生很多不必要的冲突，整合物力人力。

最后，处理好现在到将来的过渡性问题。变革意味着新旧的替换，但由于各种原因，不能做到彻底的改变。中国人提出“新人新办法，老人老办法”，这是技巧性的东西，起到很好的过渡性作用。

思考题

1. 组织变革的动力与方式是什么？
2. 如何理解组织变革的理论？
3. 组织变革的心理阻力表现在哪些方面？
4. 组织变革的操作程序如何设计？
5. 社会变革的注意事项是什么？

第五编　领导有效性

“领导”是组织的带领者与“管理”的实施者。领导的作用不言而喻。

那么，领导需要什么样的品质？什么样的领导行为才是好的？这是领导有效性研究需要回答的问题。同时，领导的独特责任是决策，在西蒙看来，管理即决策。那么什么是决策？决策的机制如何？什么样的决策是好的决策？为什么一群聪明人会做出“愚蠢”的决策？这些可以从领导心理回答的。

领导心理的分析，从根本上需要在情感价值–工具理性框架下进行。领导行为与管理活动无疑是领导者的个人选择，而决定其选择的是领导者的心理，是其情感价值心理取向与理性工具心理的互动。价值性领导更倾向于价值追求，工具理性领导更倾向于效益算计，二者的互动决定了领导行为模式。

第十四章　有效领导

本章重点

一、领导的实质
二、影响力的心理机制
三、西方代表性的有效领导理论
四、如何理解马基雅维利主义
五、领导中心模式的有效性问题
六、领导意识
七、有效领导力建设

明主不用其智,而任圣人之智;不用其力,而任众人之力。(《管子·形势解》)

下君尽己之能,中君尽人之力,上君尽人之智。(《韩非子·八经》)

古人这些话中蕴含了领导的方式和着力点。

一个组织需要领导,优秀的领导也造就着组织。领导的心理分析涉及四个因素:领导者、下属、工作任务和情景。本章围绕这些因素讨论领导的有效性问题。

第一节　领导与领导力

一、领导的概念

"领导"(leadership)是人们熟悉的概念,但给领导下一个清晰的定义是很困难的。

领导的基本含义为影响他人的过程。领导者(leader)即指运用各种领导方式影响他人的人。在组织中,领导是领导者影响和形成下属(个人、团队、组织或集群)工作任务行为的过程。①

领导的本质是通过与人互动而影响人,是通过动员人来进行工作。但领导与管理是有差别的:"管理"是提高组织稳定性,使组织更好运作的过程;"领导"则是提高组织适应性,使组织更有效地发展和变革的过程。

二、权力与权威

1. 权力

(1) 权力的含义。

布劳认为,权力是"个人或群体将其意志强加于他人的能力,尽管有反抗,这些个人或群体也可以通过威慑这样做。威慑的形式是:撤销有规律地提供报酬或惩罚"②。默顿的定义为,权力是将自己的意志强加于人的能力。③

(2) 权力的特征。

第一,动态性。权力是一种动态过程,在行动中才能表现出来,若没有行动,则权力只是一种潜在的力量,只是一种可能。权力也是变化的,也就是说,某种权力是否有影响力或影响力大小是不同的。如同样是皇帝,其影响力就有不同,有的皇帝能权倾朝政,而有的则名不副实。

第二,强制性。强制性是权力的重要特征。布劳举例说,当顾客把钱付给售货员,售货员就必须把商品拿给顾客,这看起来好像是顾客的权力在作用,其实是交易。在交易中只有权利交换,而没有权力参与。只有一个人拿着枪对准

---

① Henry P. Sims et al., "When Should a Leader be Directive or Empowering? How to Develop Your Own Situational Theory of Leadership," *Business Horizons*, Vol. 52, No. 2, 2009, pp. 149—158.

② 〔美〕彼得・布劳:《社会生活中的交换与权力》,孙非等译,华夏出版社 1988 年版,第 139 页。

③ Robert Merton, *Contemporary Social Problems: An Introduction to the Sociology of Deviant Behaviour and Social Disorganization*, New York: Harcourt Brace Jovanovich Inc., 1976, pp. 76—80.

售货员,让售货员把钱或货物拿给他,而售货员迫于武力威胁,很不情愿地把钱或货物拿给持枪人时,这才是持枪人权力的表现。权力实质上是一种我让你做而你就必须服从于我而不得不做的力量。

第三,地位性。权力与身份地位是联系在一起的。古语“名不正,则言不顺;言不顺,则事不成”,说的是权力与地位的关系。假如没有地位,权力就无从谈起。只有当名和实结合之后才有充分的权力。

第四,资源性。权力意味着对资源的占有。资源包括金钱、财富、武力、声望和有价值的社会关系等。不占有资源,虽有名分地位,也是无权的,比如败落贵族,身份犹存,却无权力。掌握资源的多少是权力大小的基础,对权力的争夺本质上是对地位和资源的争夺。

(3) 权力的来源。

第一,组织性权力。即以组织制度为基础的强制、奖赏、决策权,是组织赋予领导者的各种各样的权力,如奴隶主支配、鞭打奴隶是奴隶社会赋予他们的权力。组织通过奖惩、决策权或其他看不见的方式影响组织人,如当组织解散时,是重组还是破产?表面上看决策好像领导没有发挥什么权力,但实际背后却发挥了很大作用。

第二,资源性权力。即领导通过控制资源而体现权力。资源可以是知识性的无形资源,也可以是物质性的实有资源,如金钱、人员、能源等,还可以是社会关系的,如与高层的个人关系。

第三,领导与下属的关系。当一个领导与下属的关系很好,下属愿意服从于他的权力时,就增加了领导的权力。

2. 权威

权威就是对权力的一种自愿的服从和支持。马克斯·韦伯认为,任何一种形式的组织都以某种形式的权威作为基础,没有权威,组织就失去了其存在的条件。他对权威进行了历史的考察,认为正当的(或称为合法的)权威不外乎三种历史形态,即传统型权威、魅力型权威、法理型权威。①

(1) 传统型权威(traditional authority)。这是一种最古老的权威形式,来自于习俗、惯例、经验、祖训等。由传统权威支配的社会组织,统治者依照传统形成的组织规则来治理臣民,芸芸众生对长官的服从来自于传统赋予长官的固有尊严。传统型权威的本质是“顺从”。

① 〔德〕马克斯·韦伯:《经济与社会》(上卷),林荣远译,商务印书馆2004年版,第238—329页。

传统型权威支配下的社会组织有三种亚形态,即族长制、世袭官僚制与封建制。族长制是传统权威统治的最初级形态,起源于氏族社会,但它大量存在于各种社会形态之中,即便在现代社会也不乏这种组织形态的存在。各种家族制企业、乡土社会组织以及初级形态的帮会等,仍较多地表现出传统权威特征。世袭官僚制与封建制是传统型权威的两种进化形态,是社会组织在发展过程中规模扩大与制度细化的结果,是由氏族组织向国家及其他大型组织转变时出现的更高级形态。

(2) 魅力型权威(charisma authority),又可称为超人权威或神授权威,它建立在非凡人格、英雄气概、创业奇迹的基础上。所谓魅力,即一个领袖人物的超越凡俗的品质,它可以是不同凡响的气质、人品、性格、学识、智慧和能力,也可以是凡人不能理解的神授魔力。

魅力型权威的核心是个人崇拜,这种组织所依赖的往往是某种信仰,而不是强制性因素。所以,要维持个人崇拜组织的生存发展,领袖人物就必须不断以某种新方式来表现他的魅力。这种权威是最不稳定的,也是不能持久的。一般来讲,伴随着领袖魅力的失去,组织就会转化为传统型组织或法理型组织,这种转化过程即社会学中常说的"祛魅"。

(3) 法理型权威(legal authority),是指建立在相信规章制度和行为规则的合法性基础之上的权威。法理型权威以规则为统治的出发点和归宿。法律和规章有契约式的,也有强制式的,但法理型权威的形成依赖于法律和规章所表现出来的理性。

这种权威下的组织关系是法定的,组织的行为规则体现了理性。它是现代社会中最为普遍的权威类型。

三、影响力

领导影响力指领导权力真实或实际发挥作用的大小程度,其影响因素有:

权力,即领导拥有的权力大小。一般来说,权力越大,影响力也越大。但也有权力不大,而实际影响力大的情况。

传统因素,即文化中对领导的认知。按照霍夫斯提德的说法,领导的权力距离影响到领导权力的大小程度。在东方文化中,由于权力距离大,领导的影响力就大。

职位因素,即领导者的职位大小决定着影响力的大小。职位越高,影响力也越大。

资历因素,即领导者本人的资历因素。一般说,资历越深,影响力也越大。

非权力性影响力——品德。“德”对东方文化来讲是很重要的，是决定影响力大小的重要因素。人们不一定佩服某个能力很强的人，但很可能佩服一个品德很高的人，这与文化背景密切相关。

四、领导的正当性

领导权力的行使需要被领导者的心理认同，此即权力的正当性。任何权力拥有者都会试图为自己的权力找到的正当性来源。

在中国古代社会，权力的正当性体现在“君权天命”学说上。

“君权天命”的国家权力学说有一个历史发展的过程。同诸多观念起源一样，中国权力思想与原始宗教有关。在早期社会，人的力量极其有限，面对强大的自然现象，如风、雷、电等，人类有恐惧和崇拜心理，这就是自然崇拜。到了商代，则演变为自然神崇拜和祖先崇拜，天神上帝在商人心里有至上的权威。周王朝建立，一方面他们需要对这个“蕞尔小国”竟然取得了天下有一个合理化的解释，另一方面也需要让商民放弃反抗，于是形成了德命匹配的思想。“天命靡常，惟德是辅”，在周人看来，尽管黄帝、颛顼、尧、舜、禹、成汤、周文等传说中的“明君圣王”都发迹于“天命”的眷顾，但“天命”眷顾他们的原因却是因为他们本身的“德”，也就是靠他们自身的努力获得的，上天按照某一品质而授权给某人，即人的品质——德。该思想到了汉代董仲舒那里有了更为形象化的阐述，即天人相符说，认为自然灾变是上天对当权者品性的不满。因此，在中国历史上，每当遇到重大灾变，皇帝往往要自我检讨。“君权天命”学说有多方面的功能：

一是宣示权力的神圣性。按照“君权天命”学说，皇帝的权力是上天给的，皇帝是代表神圣的上天（不是西方的信仰之上帝）而管理国家的，故称天子。只要皇帝的行为符合神的旨意，就不能挑战。这样的思想对于民众有巨大的心理影响力。

二是制约至上权力。“君权天命”的核心成分是皇帝以德配命。因此，如果一个皇帝没有德，也就失去了做皇帝的资格，孟子所谓“杀暴君如诛匹夫”即从此出发。这样的思想演化为“天理”，古代谏臣以此作为精神力量来对皇帝进行规劝甚至斥责。这些行为的背后有一个共通的地方，即“君权天命”思想下君臣行为的德（天理），由此可见皇权神授思想的奇妙。

三是具有满足人的情感价值功能。“君权天命”的思想起到了为人的意义世界存在找到终极本源的功能。人在这个意义世界中，解决了心灵安顿问题。

在西方，权力的正当性也是与宗教信仰有关的。中世纪时欧洲所有国家所认同的是教皇代表上帝把权力授予某一个国家的皇帝。三权分立思想也与宗教信仰有关,基督教认为人是有罪的,人有不好的品性,应当通过法来控制。美国总统艾森豪威尔说:"我们的政治制度如果不是建立在一种深刻的宗教信念之上的话,它就失去了意义,至于是哪一种信念我倒不在乎。"①

在现代组织中,权力的正当性来自组织的授权,即领导者的权力正当性以组织制度授权的方式作用。

五、领导行为的范围

组织中,"领导"行为多种多样,总体而言,可以划分为这样几个方面:

(1) 组织再造。领导人的重要任务是在理念指引下进行组织设计与制度建设。

(2) 资源调配。领导通过资源分配进行组织管理。

(3) 干部管理。领导对各级干部的绩效评价、晋升等进行管理。

(4) 过程建设。领导对于组织运行过程进行管理,是过程建设者。

(5) 示范作用。领导需要道德示范,尤其是在伦理型社会。

六、领导分类

不同的理论视野形成不同的领导类型分类。一般来看,有如下几种:

1. 魅力型领导

"魅力"(charisma)一词在希腊语中的原意是"神赋的礼物"。魅力型领导往往产生于动荡不安的社会之中,常常出现在组织创造时期或转型时期。

"魅力型"领导指领导者拥有异乎常人的特质,有超自然的、超乎常人的、不同寻常的力量或特质左右下属,是领导通过本身的卓越才能和超凡魅力来影响下属,使既定目标得以实现。巴斯(Bass)认为,魅力是一种归因现象,它的产生取决于领导者的个性和行为特征,同时也与追随者的个性特征有关。②魅力型领导使追随者崇拜领导者,认同并渴望模仿领导者。魅力型领导观是古老的领导理论,在古今中外不同社会均有这样的理念。

豪斯(House)和阿迪蒂亚(Aditya)将 20 世纪 80 年代开始出现的包括魅力型领导、转化型领导以及领导归因理论等统称为"新魅力领导理论"。其共同特征是:都试图解释领导者如何带领组织完成艰巨任务;试图解释领导者如何激

---

① 〔美〕J. 布卢姆:《美国的历程(下册)》,杨国标译,商务印书馆 1988 年版,第 547 页。

② Bernard M. Bass, *Leadership and Performance Beyond Expectations*, New York: Free Press, 1985, p. 35.

发下属的动机，并赢得下属的信任和忠诚；强调情感取向的领导行为。

巴斯认为魅力型领导者具有以下七种心理特质：(1) 自信。领导透过自信心形成的自我形象的投射，不但可以协助领导者从容应对变化，也能维持部属对领导者产生信赖，造成一种近似于崇拜的认同感。(2) 自主。魅力型领导者具有高度的内控(internal locus)倾向，认为自己的命运由自己负责，强调内在导向、独创力、义务与责任的感受。(3) 洞察力。魅力型领导者不但能敏锐观察部属的情感、需求与价值观，还有能力去协助他们解决困难，表达他们不知或不能表达的事情。(4) 有效脱离内在冲突。魅力型领导者不但能有效化解这些冲突，保持自身的心理平衡与稳定，也能在部属违反团体规范时明确地予以解决。(5) 雄辩。优秀的辩论和演说技巧是魅力型领导不可或缺的要素。例如美国历年总统选举均十分重视候选人的电视辩论会，而企业界的知名领袖如比尔·盖茨、史蒂夫·乔布斯等人，也无不是顶尖的演说家。(6) 高度活动力。巴斯认为，充沛的精力和活动力，乐观、主动与使命感，是魅力型领导者应具备的心理特质。(7) 表达能力。魅力型领导除了要善于塑造愿景外，还必须拥有充分表达愿景的能力。所谓的表达能力是指利用各种语言和非语言符号，激发他人情感的能力，包括迷人的声音、眼神和表情，加上肢体语言和流利的演说技巧等，以激励部属的行动。①

2. 交易式领导

交易式领导(transactional leadership)指通过对下属工作行为进行外在或内在奖励的方式而进行领导行为，其特征是“交换”，即在领导者与部下之间存在着一种契约式的交易。领导给部下提供报酬、实物奖励、晋升机会、荣誉等，以满足部下的需要与愿望；而部下则服从领导的指挥，完成其所交给的任务以作为回报。

巴斯(Bass)和阿维里奥(Avolio)将交易型领导维度分为权变报酬及例外管理两个主要方面：(1) 权变报酬。指领导者给予员工适当的奖励，避免使用处罚，以增强员工工作的诱因。权变报酬分承诺的权变报酬和实质的权变报酬，前者指领导者保证会按员工的表现给予应得的奖赏，后者指领导者按员工的表现情况为其提供的实际奖赏。(2) 例外管理。指对下属的错误与不合乎标准的行为加以纠正、反馈或处罚的历程，分为主动例外管理与被动例外管理。前者是指领导者主动监控并修正成员的偏差行为，强化规则以确保成员达成目

① 陈致中：《魅力型领导理论综述及对管理者的启示》，《现代科学管理》2013 年第 6 期，第 33—35 页。

标。后者则是指领导者平时并不对成员的行为进行干预,只有当成员发生偏差行为时才会采用权变式惩罚或其他修正行动。①

交易型领导明确地规定角色分工和任务分配,领导方式包括:控制、评估、调度、结果等。交易型领导的具体特征是:

(1) 明确的界限。在角色和功能、技术流程、控制幅度、决策权以及影响力范围等方面都有清晰的界限划分,所有的因素及其相互作用都被置于管理和控制之下,以期达到预想的结果。

(2) 井然的秩序。对交易型领导来说,任何事情都有时间上的要求、地点上的规定以及流程上的实用意义。通过维系一个高度有序的体制,交易型领导得以长时间、系统性地获得比较一致的结果。

(3) 规则的信守。交易型领导十分注重规则,对业务经营的每一层面都设定了具体的操作标准与方式,任何背离程序、方法和流程的行为都被视为要加以解决和清除的问题。也就是说,工作结果必须是可预测的,不允许意外发生。

(4) 执着的控制。交易型领导厌恶混乱的和不可控的环境,他们力图使组织获得有序结构。所以,他们的领导方式往往是强力型的,企业内部通常缺乏"湿润感"。

好的交易式领导是好的沟通协商者,是权威主义者,是进取或攻击性的,他们往往是他们所创造的利益关系的最大利益获取者。

3. 转换型领导

转化型领导(transformational leadership)是指领导者通过帮助下属以新观念看待老问题,使下属看到美好前景而激发出积极性和创造性,包括动机激发、智力激励、理想化的影响及个人化的考虑。转化型领导理论最初由伯恩(Burns)于1978年在《领导》一书中予以概念化,他根据对政治领导的分析,提出领导是一个连续体,一端是交易型领导,另一端是转化型领导。巴斯认为,转化型领导主要是通过让下属意识到所承担任务的重要意义,激发下属的高层次需要,促使下属为了团队或组织的利益而超越个人利益,并产生超过期望的工作结果。

交易型与转化型的载体不一样,交易型是报酬交换性的,转化型是一种理想愿景性的,两者的领导方式存在差别。转化型领导理论则把部下对工作任务的情绪反应、自尊、价值观以及领导者的信任和信心等作为变量。

巴斯和阿维里奥指出转化型领导行为的四维结构:(1) 领导魅力。领导者

① 刘金栋、郑向:《变革型领导和交易型领导理论研究综述》,《企业活力》2012年第10期,第86—88页。

以自信、自尊树立良好形象，成为下属的模范与榜样。（2）愿景激励。领导者建构出伟大的理想或愿景，激励下属超越个人私利，共同为完成伟大事业而奋斗。（3）智力激发。领导者通过提出假设、建构问题，并用新方法解决旧问题的方式激发下属的创新意识及创造能力。（4）个性化关怀。领导者关心每一位下属的发展需求。[①]、

转化型领导除了关注结果，协商沟通，控制交换外，还注重创造吸引人的愿景，故而可以说转化型领导是愿景式的和魅力方式的。转化型领导不是交易型领导的对立面，而是交易型领导的扩展，是魅力和交易的结合。

4. 超越型领导

超越型领导（transcendental leadership）基于贡献的互换关系（contribution-based exchange relationship），在这种关系中，领导通过提供公正的外部奖励，诉诸内部动机，发展下属的超越动机。超越型领导对结果感兴趣，试图发展下属的超越动机。他们着力于下属的需要，尤其是为他人服务、对社会作出贡献的超越需要，从而赢得他们的信任，促进他们的发展，而不是操控他们的需要。

好的超越式领导不仅需要沟通与控制交换的能力，也需要真诚、创造与沟通愿景的能力，即牺牲自己利益、服务他人的品质，这与服务型领导（the servant-leader）不同。服务型领导只是把服务作为自然感情的方式，而对超越型领导来说，服务是一种与下属互动的习惯，这种习惯是思想情感式的。[②]

超越型领导还致力于本体性真理并以此教育下属。领导方式是回应性的、价值观中心的、整体性的，他们是对话的大师和隐形的命令者。费尔霍姆（Fairholm）指出，领导可以在五个层次展开，即科学管理（scientific management），卓越管理（excellence management），价值观领导（values leadership），管理信任文化领导（trust cultural leadership）和整体心灵领导（awhole-soul /spiritual leadership）。超越式领导关注人的整体性，是人物质的身、逻辑和理性的心理、情感的心、终极的灵的整合。其他领导则只是前三者的不同方面。[③] 超越型领导是终极信仰式的领导。

---

① 刘金栋、郑向：《变革型领导和交易型领导理论研究综述》，《企业活力》2012 年第 10 期，第 86—88 页。

② Pablo Cardona, "Transcendental Leadership," *Leadership and Organization Development Journal*, Vol. 21, No. 4, 2000, pp. 201—207.

③ Louis W. Fry, "Toward a Theory of Spiritual Leadership," *The Leadership Quarterly*, Vol. 14, No. 5, 2003, pp. 693—727.

七、领导理论的发展趋势

领导的理论研究，早期“英雄理论”（Heroic Conception of Leadership）认为，领导是不同于一般人的，改变世界的英雄。这种思路后来演变为领导的品质理论视野，认为领导者的某些品质决定了领导的效果。相关理论在20世纪早期心理学中有很大影响。1948年，斯托格迪尔（Stogdill）回顾了有关领导的研究，得出结论说，很清楚，影响领导的不仅是品质，还有情境。[①] 事实上领导行为更为复杂，心理学出现了领导行为研究理论，认为领导有两种行为：关注员工或关注任务领导的行为研究激发了领导的情境或背景因素研究，随着研究的深入，学者认为领导过程不是单一的固定因素，而是多种因素的综合作用，于是出现了权变理论。

领导有效理论发展的突出领域是对魅力型领导、转换/转化型领导与超越型领导的研究。魅力型领导本质上属于转换型领导方式，强调通过领导者的个人魅力因素改变员工的目标、挑战、抱负，激励组织行为，属于思想刺激。[②] 转换与超越型领导则关注领导以什么样的方式改变下属的心理图式，从而实现领导效果。这一过程可能与领导人的特征、品德、价值观等相关，也与其他特质相关。沿此思路，出现了诸如诚信（可信或真诚）领导理论，即通过领导的可信性实现领导功能；信仰性理论，即通过领导的终极信仰方式，实现领导功能；伦理领导，即通过诚实、正直和公平进行领导；正直领导，即通过领导言辞与行动的一致性，实现领导功能。

虽然领导理论取得了巨大成果，但实际上的领导过程是极为复杂的。领导发生在特定组织的社会-文化结构中，组织背景结构和文化有很大作用，于是出现背景性领导（contextual leadership）。从历史上看，至少存在两类另外的领导类型，即意识形态领导（ideologues）和实用主义领导（pragmatics）。魅力、意识形态和实用主义领导在危机状态、意义寻找、经验类型、影响目标和因果关系点等方面是不同的。[③]传统领导研究是属于领导中心的，然而领导也应是下属中心的，下属的信息加工过程和思想形式，如假设、信念、期望影响着对领导的解释，也

① Ralph M. Stogdill, "Personal Factors Associated with Leadership: A Survey of the Literature," *Journal of Psychology*, Vol. 25, No. 1, 1948, pp. 35—71.

② Bruce J. Avolio and William L. Gardner, "Authentic Leadership Development: Getting to the Root of Positive Forms of Leadership," *The Leadership Quarterly*, Vol. 16, No. 3, 2005, pp. 315—338.

③ Katrina Bedell-Avers et al., "Charismatic, Ideological, and Pragmatic Leaders: An Examination of Leader-Leader Interactions," *The Leadership Quarterly*, Vol. 20, No. 3, 2009, pp. 299—315.

制约着领导效果，于是，出现了强调下属作用的隐含领导理论（Implicit Leadership Theories，ILT）。[①]还有文化的领导原型（prototypical leader）共享性地制约人们对领导的期望，并影响了自己的工作绩效，决定了领导效果。[②]

领导研究趋势大致可以概括为：第一，整体观，即综合考虑领导的相关因素，整体性地理解领导过程与机制。如出现了领导品质和情境因素的整合，且结合其他相关因素的领导理论。第二，注重更深层地了解领导内在过程机制。如结合认知心理学和领导策略过程来理解领导机制，即领导和下属如何进行信息加工和互动，其中的调节因素是什么等。第三，与新的社会状态相关的领导理论出现。如 e 领导（E-leadership），即互联网情境下的领导模式。第四，跨文化领导研究日益受到重视。[③] 第五，研究方法多样，定性研究获得更大认可。从常规的宏观和微观研究到关注介乎二者之间的中观研究，从传统的定量方法到定性方法的领导研究越来越受到重视。[④]

领导研究趋势启示：第一，对“领导”的研究，普世的理论或模式是不合适的，应采用问题中心，针对领导对象进行研究。这意味着采用中观层面的或小型理论层面的解释理论是必要的。第二，领导现象其实是文化现象，所以，对领导的思考，应从领导行为发生的社会（制度）-文化背景中进行，构建解释框架。第三，在研究方法上，应包容地运用多种方法，采用与研究对象契合的方式进行。

第二节　领导品质理论

一、传统领导品质理论

领导的品质思路（trait-based leadership）最早来自高尔顿的研究，他在《遗传的天才》（*Hereditary Genius*）一书中，对领导品质有两个后来常被引用的基本定

---

① Jörg Felfe and Birgit Schyns，“Personality and the Perception of Transformational Leadership：The Impact of Extraversion，Neuroticism，Personal Need for Structure，and Occupational Selfefficacy，” *Journal of Applied Social Psychology*，Vol. 36，No. 3，2006，pp. 708—739.

② Lars-Eric Petersen and Jörg Felfe，“Romance of Leadership and Management Decision Making，” *European Journal of Work and Organizational Psychology*，Vol. 16，No. 1，2007，pp. 1—24.

③ Bruce J. Avolio et al.，“Leadership：Current Theories，Research，and Future Directions，”*Annual Review of Psychology*，Vol. 60，2009，pp. 421—449.

④ William L. Gardner and Claudia C. Cogliser，“Meso-Modeling of Leadership：Following James G.（Jerry）Hunt's Lead in Integrating Micro- and Macro-Perspectives of Leadership，” *The Leadership Quarterly*，Vol. 20，No. 4，2009，pp. 493—500.

义:其一,领导是改变历史进程的非凡的个体独特品质作用过程;其二,领导的品质是遗传的。在20世纪40—50年代以前,这个思路在领导研究中有决定性地位,但随后人们对这个思路的解释力产生了怀疑。不过,80年代后,随着魅力型领导和超越型领导模型的出现,这个思路又重新兴起。

领导有效性的品质视野,源于人类本能性的英雄史观。人类社会普遍有这样的认识,即领导是不同于一般人的,而是改变世界的英雄。领导的品质理论各有不同,但都赞同是领导者的某些品质决定了领导的效果。当前的领导品质理论在进化论心理学和行为基因科学影响下,既强调领导人格品质中的闪光一面,如大五品质(Big Five Traits)、核心自我评价、智力、魅力,也关注消极的一面,如自恋、自大、支配性、权术主义。① 学者仍努力概括出与领导效率有关的品质,如启发性、创新、沟通、关心下属利益、谦虚、善于说服、秩序、整体、参与、信心构建、鼓舞性、策略性、团队。②

目前领导的品质理论,已不是该思路最初所侧重的单一品质,而是多方面品质的整合,包括动机、价值观、认知能力、社会和问题解决能力及专业能力等方面,同时也是持久的、跨越情境性的品质。肯尼(Kenny)和托卡罗(Zaccaro)的统计研究发现,有49%到82%的领导效果变差的原因可由领导品质解释。③

二、胜任特征理论

在20世纪70年代出现了领导的胜任特征理论。该理论认为,决定领导效果的不一定是内在的品质,而是行为的综合因素,即胜任特征。胜任特征(competency)的拉丁文原意为"适合"。目前常用的斯宾塞(Spencer)的定义,指能将某一工作(或组织、文化)中有卓越成就者与表现平平者区分开来的个人的、潜在的、深层次特征,它可以是动机、自我形象、态度或价值观、某领域知识、认知或行为技能,或任何可以被可靠测量或计数的并且能显著区分优秀与一般绩效的个体的特征。

---

① Timothy A. Judge, Ronald F. Piccolo, Tomek Kosalka, "The Bright and Dark Sides of Leader Traits: A Review and Theoretical Extension of the Leader Trait Paradigm," *The Leadership Quarterly*, Vol. 20, No. 6, 2009, pp. 855—875.

② Gian Casimir and David A. Waldman, "A Cross Cultural Comparison of the Importance of Leadership Traits for Effective Low-level and High-level Leaders: Australia and China," *International Journal of Cross Cultural Management*, Vol. 47, No. 7, 2007, pp. 47—60.

③ David A. Kenny and Stephen J. Zaccaro, "An Estimate of Variance due to Traits in Leadership," *Journal of Applied Psychology*, Vol. 68, No. 4, 1983, pp. 678—685.

胜任特征的研究方法为行为事件,类似于质的研究的开放访谈,访谈框架不是标准化的而是事件性的,属于行为回顾访谈,要求被访谈者列举自己工作中的关键事件,包括成功事件、不成功事件各三件,并且要详细描述事件发生的原因、经过、结果、相关人物、涉及的层面以及影响后果等,同时要求被访谈者谈自己当时的想法。在访谈结束时让被访谈者自己总结一下事情成功或不成功的原因是什么,以及哪些因素在事件中起到了决定性作用。访谈者对所访谈的内容有不明白的地方要尽可能地追问,并详细记录。分析的线索为:第一,与工作绩效有密切的关系;第二,与任务情景相联系,具有动态性;第三,能够区分业绩优秀者与一般者。之后,经过内容整理、设计问卷、调查、统计分析,确定某一岗位卓越者的胜任特征。

目前大多数学者公认的经典胜任特征模型包括六个层次,即知识、技能、社会角色、自我概念、特质、动机。① 围绕这六个方面,可确定某一职位的领导的胜任特征。

三、德才兼备论

中国传统的领导思想可以称为"德才兼备"理论。

首先,德才论强调"德"的重要。"德"——《说文解字》说,"德者,得也,外得于人,内得于己。"在中国文化看来,"德"有最大的影响力,"以力服人者,非心服也,力不赡也;以德服人者,中心悦而诚服也。" ②

其次,在"德"的前提下强调"德""才"兼备。"才"主要指行政管理才能。《论衡》说,"任贤使能,治定功成。"康熙曾谈到:"观人必先心术,次才学。心术不善,纵有才学何用?"③这就是说,只有任用德才兼备的能人,国家才能得到治理,功业才会建成。毛泽东提出了"才德兼备"的干部标准和"任人唯贤"的干部路线,"共产党的干部政策,应是以能否坚决地执行党的路线,服从党的纪律,和群众有密切的联系,有独立的工作能力,积极肯干,不谋私利为标准,这就是'任人唯贤'的路线。"④

当然,德才的具体含义因时代不同而有不同标准。历史上,"德"是忠君、爱民,洁身。毛泽东赋予"德才兼备"新内容,即"懂得马克思列宁主义,有政治远

---

① D. C. McClelland, "Testing for Competence Rather than for Intelligence," *American Psychologist*, Vol. 28, No. 1, 1973, pp. 1—14.

② 《孟子·公孙丑上》。

③ 《康熙政要》。

④ 李源潮:《坚持德才兼备以德为先的用人标准》,《求是》2008 年第 20 期,第 3—6 页。

见,有工作能力,富于牺牲精神,能独立解决问题,在困难中不动摇,忠心耿耿地为民族、为阶级、为党而工作。"①

"德才兼备"是德与才的匹配。在数学世界里,无论如何操作,两个数的排列组合无非有两种形态。但在中国的"阴""阳"思维里,起码有五种阴阳平衡形态,即阴胜、阳胜、阴虚、阳虚、阴阳平衡。由此,德才之间有诸多组合。司马光在《资治通鉴》里分析智伯无德而亡时写道:"才德全尽谓之圣人,才德兼亡谓之愚人,德胜才谓之君子,才胜德谓之小人。"民间戏称,"德才兼备是正品(平衡),有德无才是次品(德胜),无德无才是废品(德虚),有才无德是危险品(才胜),才少无德是假品。"中国文化的魅力需要仔细琢磨才能体会。

如何识别人之德才,中国文化提供了许多方法。如《礼记·文王官人篇》提出了周文王六征法:一曰观诚,观察验证一个人是否真诚;二曰考志,考察度量一个人的心志;三曰视中,观察一个人的心;四曰观色,观察一个人的表情;五曰观隐,观察一个人的隐藏伪托之处;六曰揆德,考察度量一个人的道德。再如《诸葛亮集》中《知人性》中所述:"知人之道有七焉,一曰问之以是非而观其志;二曰穷之以辞辨而观其变;三曰咨之以计谋而观其识;四曰害之以祸而观其勇;五曰醉之以酒而观其性;六曰临之以私而观其廉;七曰期之以事而观其信。"这些至今对世人都有启发价值。

第三节　领导方式理论

品质理论之后,出现任务-关系取向维度的领导理论。20 世纪 40 年代后期,领导品质理论受到质疑。学者逐步同意,领导有两种行为:关注员工或关注任务,前者注重建立领导与员工的互信、双向沟通、和谐,注重员工的需要,后者则关注工作任务、工作程序、工作方法、工作绩效。如卢因(Lewin)的领导作风理论,布莱克(Blake)与莫顿(Morton)的"管理方格图"都是这一思路的成果。荷勒(Heller)和威尔波特(Wilpert)于 1984 年提出权变模型,在理论上探讨了决策行为、资源利用、工作满意和管理功效之间的关系,分析了各种权变量对决策行为及其结果的影响。如今,关于领导的研究不仅关注领导者,还关注下属、同伴、上级、工作场景和文化以及其他广泛的潜在性因素。人们逐步认识到,领导不是孤立的个人品质的作用,而是双向的、共享的、关系的、策略的、整体的、复杂的社会动力过程。在这个维度下,对领导风格、影响策略、权变理论、领导-成

① 李源潮:《坚持德才兼备以德为先的用人标准》,《求是》2008 年第 20 期,第 3—6 页。

员交换等方面进行了大量研究，也同样形成了各种各样的理论。[1] 这里介绍两种有影响的领导方式理论。

一、工作-员工领导方式理论

李克特和他的同事于 1947 年提出两种不同的领导方式：一种是工作导向型的领导行为。该领导方式关心工作过程和结果，通过密切监督和施加压力来获得良好的绩效。对领导者而言，下属是实现目标和绩效的工具，他们不关心下属的情感和需要，任务的完成情况是领导行为的核心。另一种是员工导向型的领导行为。表现为关心员工，有意识地培养与高绩效群体相关的人文因素，重视人际关系。该方式领导者把他们的行为集中在对人的关注而不是对生产的提高上，他们关心员工的需要、晋升和职业发展。员工导向的组织生产数量要比工作导向的组织高。组织中满意度高，离职率和缺勤率都很低；而在工作导向的生产单位中，员工的满意度低，离职率和缺勤率都比较高。最后研究者们得出这样的结论，即关心人比关心工作要好一些。员工导向的领导者与高群体生产率和高满意度成正相关。

在具体的行为方式上，他们进一步把行为方式分为四类：

第一类是专制命令型，用强制和命令，靠合法权的支持来要求下属工作。

第二类是温和命令型，虽然也是运用合法权，但是更多地采取温和的态度和商量的方式。

第三类是协商型，和下属一起协商、讨论某个目标是否可行或某个方案是否合理，了解下属有什么问题和建议。

第四类是群体参与型，和下属一起制定和达成目标，而不是由领导来确定目标。

二、管理方格理论

1965 年美国得克萨斯大学的布莱克和莫顿提出了管理方格论，倡导用方格图表示领导方式。他们认为，在企业管理的领导工作中往往会出现一些极端方式，或者以生产为中心，或者以人为中心；或者以 X 理论为依据而强调靠监督，或者以 Y 理论为依据而强调相信人。为避免趋于极端，克服以往各种领导方式理论中“非此即彼”的绝对化观点，他们指出，在对生产关心的领导方式和对人

[1] Bruce J. Avolio et al.,“Leadership: Current Theories, Research, and Future Directions,” *Annual Review of Psychology*, Vol. 60, 2009, pp. 421—449.

关心的领导方式之间,可以在不同程度上互相结合而形成多种领导方式。他们使用自己设计的一张纵轴和横轴各九等分的方格图(图 14.1)表示其关系,纵轴和横轴分别表示企业领导者对人和对生产的关心程度。第 1 格表示关心程度最小,第 9 格表示关心程度最大。全图总共 81 个小方格,分别表示“对生产的关心”和“对人的关心”,它们以不同比例结合而形成不同的领导方式。

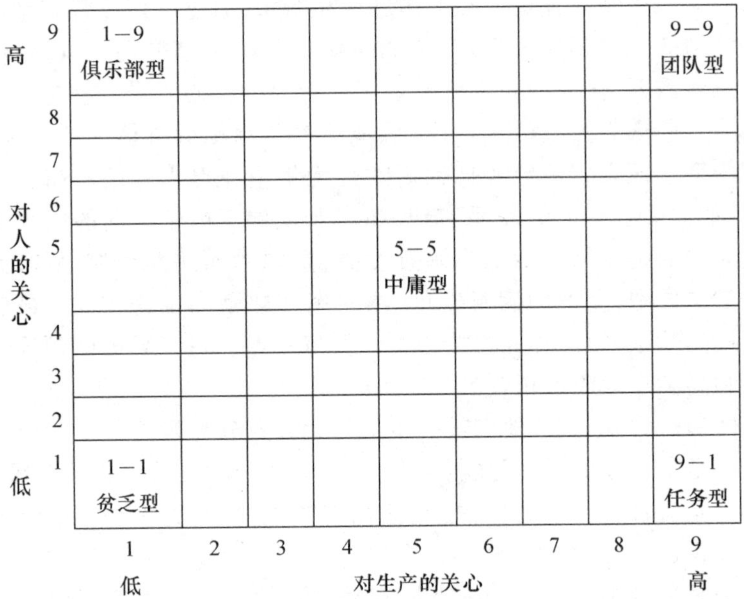

图 14.1　管理方格图

最典型的 5 个方格,也就是居于左上角的 1－9,右上角的 9－9,左下角的 1－1,右下角的 9－1 和正中间的 5－5。

1－1 被称为贫乏型管理。这种领导者以最小的努力完成必需的工作以维持组织中的身份。在这种状态下,领导者既不关心人也不关心生产,只要维持就可以了。

1－9 被称为乡村俱乐部型。领导者根本不关心任务和效率,只注重支持和关怀下属,对员工关怀备至,创建一种舒适友好的工作氛围。

9－1 被称为任务型领导。领导者只注重任务,而根本不关心员工的发展和他们的感受,对人的因素基本上采取漠视态度。

9－9 被称为团队型领导。领导者既关心工作也关心人,在组织内部形成一种相互信任和依赖的氛围,士气和工作效率都得到了很大提高。

5－5 被称为是中庸型领导。领导者维持足够的工作效率和令人满意的士气。在关心人上比较适度,在关心工作上也比较适度。

布莱特和莫顿认为9－9是最佳风格,既关心工作也关心人,只有如此,企业的绩效才能提高。

布莱克和莫顿还根据自己从事组织开发的经验,总结出五个阶段的培训:

阶段1。组织的每个人都卷入方格学习,并用它来评价自己的管理风格。

阶段2。进行班组建设,以健全的协作文化取代陈旧的传统、先例和过去的实践,建立优秀的目标,反省个人在职位行为中的客观性等。

阶段3。群体间关系的开发,利用系统性的构架来分析群体间的协调问题,恰当地利用好群体间的对抗以从中发现组织中存在的管理问题,利用这种有控制的对抗和识别,使各单元之间的合作关系不断改善并做下一次实施计划。

阶段4。设计理想的组织战略模型和公司的基本纲领:确定最低限度的和最优化的公司财务目标,在公司未来要进行的经营活动、要打入的市场范围、要怎样创造一个具有协力效果的组织结构、开发的目标等方面有明确的描述。

阶段5。实施贯彻。研究现有组织,找出目前营运方法与按理想战略模型的差距,明确企业应该在哪些方面进行改进。布莱克和莫顿认为,通过这样的努力,可以使企业逐步改变现有管理模式中的缺点,逐步进步到9－9的管理定向模式上。

第四节　权变理论

领导品质理论和领导行为理论有一个共同的缺陷,就是只关注领导者本身的特征,忽视了环境因素的影响,从而造成理论和实际的脱节。事实上领导品质和领导行为能否促进领导的有效性,受环境因素的影响很大。一种有效的领导行为在另一种环境下并不一定同样能有效。领导权变理论正是基于此而形成的理论视野。

权变理论认为,没有万能的领导品质和固定不变的领导方式,有效的领导是因工作的不同而不断变化的,不同的工作环境需要不同的领导方式。

权变理论从"适应变化"的原则出发,从领导自身行为特征、下属行为特征、周围环境三个方面来考虑领导方式的实际效果,其核心就是"权"和"变"两个方面。所谓"权"就是选择相应的因素,"变"就是对变化进行适应。

权变领导有效性理论同样有许多种,这里介绍三种代表性理论:

一、菲德勒权变模型

菲德勒于1967年提出领导权变模型(Contingency Model)。他认为不存在普遍适应的领导方式。有效的群体绩效取决于同下属相互作用的领导者的风格以及环境、领导者控制程度之间的匹配。

菲德勒分离出三项关键的环境因素,包括领导者与成员的关系、任务结构和职位权力。

1. 领导者-成员的关系

即领导者是否受到下级的喜爱、尊敬和信任,是否能吸引下级愿意追随他。

2. 任务结构

指工作团体要完成的任务是否明确,有无含糊不清之处,其规范和程序化程度如何。

3. 职位权力

即领导者所处的职位能提供的权力和权威是否明确充分,在上级和整个组织中所得到的支持是否有力,对雇佣、解雇、纪律、晋升和增加工资的影响程度大小。

菲德勒模型利用上面三个权变变量来评估情境。领导者与成员关系或好或差,任务结构或高或低,职位权力或强或弱,三项权变变量总和起来,便得到不同的情境或类型,每个领导者都可以从中找到自己的位置。他得出结论:任务取向的领导者在非常有利的情境下和非常不利的情境下工作得更好。而关系取向的领导者则在中度有利的情境下工作更好。

菲德勒认为领导风格是与生俱来的——个人不可能改变自己的风格去适应变化的情境。因此提高领导者的有效性实际上只有两条途径:(1) 替换领导者以适应环境。比如,如果群体所处的情境被评估为十分不利,而目前又是由一个关系取向的管理者进行领导,那么替换一个任务取向的管理者则能提高群体绩效。(2) 改变情境以适应领导者。菲德勒提出了一些改善领导者-成员关系职位权力和任务结构的建议。领导者与下属之间的关系可以通过改变下属组成而加以改善,使下属的经历、技术专长和文化水平更为合适;任务结构可以通过详细布置工作内容而使其更加定型化,也可以对工作只做一般性指示而使其非程序化,领导的职位权力可以通过变更职位充分授权,或明确宣布职权而增加其权威性。①

菲德勒模型强调为了提高领导有效需要采取什么样的领导行为,而不是从领导者的素质出发强调应当具有什么样的行为,这为领导理论的研究开辟了新方向。菲德勒模型也表明,并不存在一种绝对的最好的领导形态,企业领导者必须具有适应力,自行适应变化的情境。同时也提示管理层必须根据实际情况选用合适的领导者。

二、路径目标理论

美国学者罗伯特·豪斯(House)提出路径目标理论(Path-Goal Theory),认为领导的工作就是帮助下属达到他们的工作目标,提供必要的指导和支持,确保个人目标与集体目标相一致。领导者的激励作用在于:(1) 使下属的需要满足与有效的工作绩效结合在一起;(2) 提供了获得工作绩效所必需的辅助、指导和奖励。

路径-目标理论强调,领导者的效果取决于领导行为被下属接受的程度,即取决于下属对这种行为的认同。

豪斯区别了四种领导行为:

(1) 指导型。领导者让下属知道自己对他们的期望是什么以及完成任务的时间安排,并且就如何完成给予具体指导。

(2) 支持型。领导者十分友善,表现出对下属需要的关怀。

(3) 参与型。领导者与下属进行磋商,在决策之前充分考虑他们的建议。

(4) 成就型。领导者设定具有挑战性的目标,并期待下属表现出最佳水平。

路径-目标理论强调,领导者应该增加提供给下属奖励的数量和类型,使下属明确获得奖励的路径,即帮助下属明确领导者的期待,减少实现目标的障碍。只有下属认为有可能实现想要的目标时,他才愿意付出努力;只有当下属感知到某种奖励是源于他的哪种特定行为时,他才知道应该怎么做。领导者应该尽可能为下属制定通往目标的路径,并为此选择最合适的领导风格。领导行为应与变量互补、与变量协调,当领导行为类型与环境因素重复,或与下属特点不一致时,则领导效果不佳。

据此可以引申出下列结论:

(1) 与高结构化和规范化的任务相比,当任务不明或压力过大时,指导型

① Fred Edward Fiedler, *A Theory of Leadership Effectiveness*, New York:McGraw-Hil,1967.

领导会带来更高的满意度。

(2) 当下属执行结构化任务时,支持型领导会带来高绩效和高满意度。

(3) 对于感知能力强或经验丰富的下属,指导型的领导可能被视为多余。

(4) 组织中的正式权力关系越明确、越官僚化,领导者越应表现出支持型行为,降低指示型行为。

(5) 当工作群体内部存在实质性冲突时,指导型领导会带来更高的满意度。

(6) 内控型下属(即相信自己可以掌握命运)对参与型领导更为满意。

(7) 外控型下属对指示型领导更为满意。

(8) 当任务结构不明时,成就取向型领导将会提高下属的期望值,使他们坚信只要努力就会提高绩效。

三、综合模型

斯滕伯格(Sternberg)尝试从领导品质与权变结合的视野,提出了领导的综合模型(Synthesis of Wisdom, Creativity, and Intelligence, WICS)。他认为,领导固然是品质性在作用,但是这些品质性因素应当是变化而不是僵化的,领导的行为要依赖于情境,而对情境特征的判断则依赖于领导者对情境的评估和决策,环境极大地影响着领导行为。领导有效性与技能和态度有关,技能是领导行为的熟练运用和自我提炼。领导的效果由三个核心因素决定,即智慧、创造性和智力。三因素的结合构成了领导有效性的综合模型。这个模型可以把其他因素结合起来,如考虑到领导的工作取向或员工取向,提出了领导者自身取向,如社会评价技能、问题解决技能、经验积累,还结合了性格与动机、创造性、价值观、智慧等因素。

斯滕伯格提出了创造性领导的概念。领导创造性指领导者能够产生新奇、高质量和与当前任务合适的技能和态度。创造性领导的特点是:

(1) 问题再界定。他们不是如常人那样看问题,而是有自己的认识问题的方式。他们能够根据自己的判断,对问题性质作出准确判断。

(2) 问题和解决方式。能够对问题和主意是否合适作出评价。

(3) 推销自己解决问题的方法。他们不仅能够提出方法,还能够推销自己的主张,让别人接受。

(4) 能够自我体认知识如何帮助和阻碍创造性思维。一些有创造性的领导容易受他们过去有效方式的影响,而成为当前解决问题的障碍。

(5) 愿意承担必要的风险。

（6）乐意战胜困难和挑战。

（7）自信。相信自己有能力解决问题。

（8）愿意承受不确定性。对于解决问题过程中的不确定性，能够忍受。

（9）愿意发现能够激发自己的外在强化。创造性领导都是内在动机型，但他们也乐意发现外界激励对自己进行鼓励。

（10）不断地成长。

创造性领导还有三个技能：选择编码、选择比较和选择结合。他们能够从大量的常规信息中发现独特的、对问题解决有实质性作用的信息，然后对这些信息进行比较，并把信息结合，从而达到最好的效果。

对于智力，斯滕伯格提出了许多相关概念，如学术智力、分析智力、实践智力和智慧：学术智力指处理计算性问题的智力；分析智力指个体记忆和分析信息的心理过程或技能；实践智力，指从生活经验中形成的解决日常问题的技能和态度，其中默认知识很重要，它指教科书和他人没有教到的知识，而是自我体悟的知识；智慧指能够达到共同好处，兼顾自己、他人和组织利益的心理品质。有智慧的人表现出这样的特点：有丰富的生活知识和思考问题程序，能够对问题有符合实际的判断；有丰富的、背景性的生命经历，能够根据具体情境对生命进行理解；是相对主义者，不绝对化看问题；持不确定性态度，对问题没有绝对化态度。

他认为，不成功的领导者表现出几个缺陷：盲目的乐观主义、自我中心、全知全能感、不易约束，认为可以凭借他们的聪明逃脱外界约束。道德隔离为权宜之计而离开道德约束。①

第五节　领导实践与艺术

一、马基雅维利主义

领导过程是权力运用的过程，涉及理念、人、事的诸多方面。无论是否承认，领导过程涉及权术问题。

在西方，马基雅维利对权术问题进行了学理讨论。马基雅维利（Machiavelli，1469—1527）是意大利政治家和历史学家，他在《君主论》中提出了自己的治

① Robert J Sternberg, "WICS: A Model of Leadership in Organizations," *Academy of Management Learning and Education*, Vol. 2, No. 2, 2003, pp. 386—401.

国思想,主张为达目的可以不择手段。现在,马基雅维利常常被理解为权术和谋略的代名词,其基本主张为:

首先,马基雅维利对一切政治概念和政治方略的阐释都是以人性恶为前提的。马基雅维利认为,人的共同本性是趋向于恶的,只要他们一有机会,就总要依这种恶之本性行事。恶之本性的具体体现不一而足,如忘恩负义的、弄虚作假、怯懦软弱、生性贪婪。

其次,马基雅维利有独特的国家观。马基雅维利认为人类最初和动物一样,是分散活动的,追求权力和财富是人最基本的欲望。为了更好地限制人们的欲望,避免冲突,保卫自己,人们从自己的队伍里选举最有力、最勇敢的人担任领袖,并颁布了反对欺凌弱者的法律,确定了刑罚,由此产生国家。国家的目的就是保障每个人自由地使用财产,保障人民的安全,为世俗谋幸福。统治者如何实现国家的目的?他主张国家的根本问题是统治权,统治者应以夺取和保持权力为目的。他认为政治就是权力,没有权力,社会就没有稳定和安全,国家就没有统一和秩序。至于谁应当握有权力,则是谁具备夺取权力的必要手段,谁就应该成为独享权力的统治者,而不必是道德高尚的人或上帝的特殊代表。

再次,马基雅维利君主共和的政体观。其政体观的思维逻辑是:共和政体是理想的政体,但鉴于当时的意大利四分五裂、腐败不堪,它只能实行君主专制政体。结构允许一个民族中的各个阶级发挥公民活力、政治奉献和政治牺牲精神。

最后,马基雅维利赞同务实权术观。他认为,在依靠军队和法律的基础上,君主必须施展一定的政治权术。马基雅维利极力主张确定政治权术的基本原则是目的检验,为达目的可以不择手段,不管手段是善的还是恶的,不管是巧取的还是豪夺的。如果君主行为完美正直、言而有信,那么,这种君主是值得称颂的。他指出,所有干大事、成大业的君主,对信义都非常轻视,正是这种背信弃义的君主才能征服信守诺言的君主。

马基雅维利的实际建议是:(1) 君主的政治行为不应受到道德规范的束缚而应完全以实效为原则。一个君主要保持自己的地位,知道怎样做并非良好的事情,必须知道视情况的需要而选择使用或不使用这一手段。(2) 君主应当经常做弱小邻邦的保护者,但不要增加他们的力量,应当抑制大的邻国,无论在任何时候,都不要容忍一个强大的外国得势。(3) 君主必须懂得如何运用人性和兽性。凡是聪明的君主,都应该同时仿效狐狸和狮子,因为狐狸狡猾虽有余,却不能抵御豺狼;狮子虽凶猛有余,却不免落入陷阱。君主要学会同时扮演狮子和狐狸这两种角色,既要凶猛,又要狡猾,也就是善于采取暴力和欺骗相结合的方法。(4) 必须保护公民的私人财产,否则会招致人民的憎恨而导致灭亡,因为人们忘记遗产的丧失远没有忘记父亲之死来得快。(5) 必须重视法律和军队的作用。建立一个国家同维护一个国家不同,当一个国家真正建立之后,自由、公平的法律和健康的宗教是十分必要的。国家的生存取决于法律的完善程度,因为完善的法律是产生公民全部爱国美德的源泉。世界上有两种斗争方法:法律和武力。前者是人类特有的,后者是属于野兽的。前者常有不足,因而必须诉诸后者。雇佣军是不可靠的,必须建立一支以自愿服役为基础的常备军。(6) 君主应当使人民畏惧,但不应当使人民憎恨。①

马基雅维利式领导者的主要特征是:(1) 缺乏人际关系中的情感;(2) 缺乏对传统道德的关注,持功利性而不是道德观点;(3) 对他人持工具性而不是理性观点;(4) 关注事件的完成而不是长期目标。

二、"领导中心模式"

组织中的领导行为不是领导者个人的行为选择,而是受组织制度制约的。"领导中心模式"即中国制度下的领导行为方式。

"领导中心模式"可界定为,组织实际存在着的第一领导人在组织决策-资源分配-晋升-绩效评价诸方面的起点和终点作用的现象,即组织第一领导人在组织中处于核心或中心地位,这是中国社会-文化中决定的领导现象、组织现象和管理现实。②对于这一概念,可以从下面几方面进一步阐明:

1. "领导中心模式"与"领导核心"有同也有异

相同之处为,在任何组织中,"领导"均起关键作用;不同之处是,"领导中心模式"是一种实际存在的,甚至为正式制度反对的现象,是组织的最高领导者因其在组织决策,人财物的调配,岗位安排、晋升,组织气氛的权力或影响力,自觉不自觉地导致组织的一切活动以领导人的意图、爱好或偏向来发展的现象。"领导中心模式"是基于中国社会的组织体制和社会-制度-文化而形成的具有中国特色的组织现象,与组织的正式制度授权的领导核心不同。

2. "领导中心模式"不是独裁

表面上看,"领导中心模式"有独裁嫌疑,其实不然。"独裁"源自古罗马的军事独裁官,指罗马共和国在遭遇战争时临时中断共和,授命军事统帅可以不

① 〔意大利〕马基雅维利:《君主论》,张志伟等译,陕西人民出版社 2001 年版。
② 景怀斌:《公务员职业压力:组织生态与诊断》,中央编译出版社 2011 年版,第 171—201 页。

受罗马法本身限制，具有短期独裁权力，战争结束后独裁官即卸任交权于议会，议会则不追究其在独裁期间的行为。独裁者指在专制政体下或通过民主体制取得到国家最高权力的领导人。显然，“领导中心模式”中的领导者并不是独裁者。首先，独裁指一个国家范围，而领导中心则是一个组织。其次，“领导中心模式”不是依靠暴力或武力，而是运用制度化权力便利或文化方式而形成的领导至上的组织“现象”。“领导中心模式”甚至为正式的制度反对或限制，如中国正式制度明确地强调民主。再次，“领导中心模式”不是单向控制，而是下属和部属为个人利益或人情关系而自我放弃“民主”权力，主动“配合”领导意图，从而使具有组织最终决定权的领导人拥有实际的、而非名义上的“决定权”。最后，“领导中心模式”对组织的控制往往通过“权谋”方式，而不是制度或暴力方式，如以暗示、第三方声音而达到目的。

3．“领导中心模式”不是制度契约管理

现代组织提倡制度管理或契约管理，而“领导中心模式”事实上是超越制度管理的。在“领导中心模式”中，决定组织的并不是制度安排，而是现实规则。如公务员的正式制度明确强调了领导的受制约性，强调民主集中，但实际上领导并不为制度所制约，而是“大权在握”，成为实际的组织中心，具有决定性地位。

4．“领导中心模式”是“上级取向”的

现代领导研究中，任务-员工取向是研究范式之一。“领导中心模式”既不是任务取向，也不是员工取向，而是上级取向，即围绕上级的要求、标准、任务，甚至意图而开展工作。这导致奇异的领导行为——对上级的关注；而对于下级，则是基于领导上级指示或意图下的“任务取向”。

5．“领导中心模式”不是“家长式领导”

“家长式领导”近年来受到关注，是一种“严明的纪律与权威、父亲般的仁慈及道德的廉洁性的领导方式”。[①]“家长式领导行为”分为威权、仁慈以及德行三个维度。威权指领导者不容许下属挑战自己，下属要毫无保留地服从，在工作中对下属进行严格控制；仁慈指领导者为了笼络下属，关心下属的行为，表现为关心下属的身体健康以及家庭生活，帮助下属应对生活以及工作上的问题，在下属有急难时也会伸手援助；德行指领导者要表现出高于下属的个人操守或修

① 郑伯埙等：《家长式领导：三元模式的建构与测量》，《本土心理学研究》2000 年第 14 期，第 1—50 页。

养水平,树立正直、尽责、无私、不贪图公家便宜的个人形象,以此赢得下属的敬仰和顺从。家长式领导行为反映了中国传统社会文化的特征,是在差序格局、关系取向的群体社会中,领导者在和下属的长期交互过程中形成的"有效"行为模式。

在西方学者看来,家长式不仅仅是中国的,这一概念可以追溯到马克斯·韦伯那里。韦伯认为,家长式是合法权威的一种形式。家长式领导依赖于对领导者的个人忠诚和无条件服从。在韦伯看来,这就是传统型权威的起源。家长式领导表现出以类似父亲般指导下属职业发展和个人生活的特点,是一种将强烈纪律性、权威与父亲般仁慈结合起来的领导方式。权威指领导行为的决断和控制;仁慈指对下属个人生活状况的个体化关注。这样的方式在中东、东亚、拉丁美洲盛行。家长领导方式在西方文化中被认为是负面性的,被解释为仁慈的独裁者,有隐性或内在的歧视。①

显然,"领导中心模式"与家长式是不同的:第一,"领导中心模式"是一种管理方式、组织运作方式,而不完全是领导方式,而家长式则主要指领导方式而言;第二,"领导中心模式"不是建立在仁慈之上的,是以上级意图或其任务要求为取向的,因此常常出现为上级而压制甚至蔑视下属的感受与利益的情况;第三,如果说家长式是传统中国文化的话,"领导中心模式"则是中国传统与现代理性绩效取向的结合,是西方与中国传统模式的"混血";第四,"领导中心模式"表现的不是权威-仁慈,而是利益和心理的交换,是正式规则的个人化利用。

6."领导中心模式"不仅仅存在于公务员组织

"领导中心模式"突出表现在公务员组织中,但在其他类似组织中也存在,如国有企业,国家大型学校、医院、科研部门,甚至是私人企业也不同程度地存在。

"领导中心模式"受权力制度历史惯性、愿景效应、品德领导观、战争模式延续和权力定势等因素影响。其深层机理是,以国家(或宏大组织)的愿景-理念为基础,以高阶组织第一领导人的心理接纳为依据,构成纵向层级领导核心,以次级组织第一责任人通过对人财物,特别是晋升为控制方式,运作管理次级组织,从而达到组织有效性的目的。"领导中心模式"的特征为:第一责任人为最后决定者、对上责任链条、同心圆的领导结构、绩效评价领导化、权力感效应、制

① Ekin K. Pellegrini and Terri A. Scandura. "Paternalistic Leadership: A Review and Agenda for Future Research," *Journal of Management*, Vol. 34, No. 3, 2008, pp. 566—593.

度虚化、组织运作人际化、组织文化领导化等。此模式是政治—利益—人的有效统合，是国家—组织—个体利益中的国家优先，具有快速、有效的动员能力，尤其是在领导人品质带动下，这些功能可以发挥到极致。

但在现代社会条件下，“领导中心模式”受到两方面的挑战。其一，传统的愿景-理念受到利益寻租挤压，致使愿景-同心取向不能由上至下贯通。其二，利益分中心化使过去的组织运作机制无法发挥作用。

面对这样的挑战，权力理性制度化和愿景重建是两个可能的方式。其中，权力理性制度化，即改变领导的全方位权力，使一元权力结构发展为三元权力结构，即赋予责任人组织决策权、任内常规管理权，使其具有管理组织的能力；进行建立第三方评价权，由第三方对领导人进行责任评价和效益评价；资源支配权分散，建立委员会票决制度，以真正的委员会集体决策方式行使资源分配权。而愿景重建，即构建人性化职业精神，从人性善推出人的责任和职业义务，以此进行权力自我控制。①

三、领导艺术

“领导艺术”是人们熟悉的概念，但要给出一个确切的定义并不容易。就词组看，领导艺术由“领导”和“艺术”两个概念构成。领导是影响人的过程，而艺术则是人的情感表达的物化方式，如绘画、音乐等。艺术的最高标准是真、善、美。“真”是体现事物规律的程度，“善”是人的美好情感及其现实利他行为，“美”则是使人愉悦、舒畅。用艺术的特征表达领导行为，意味着领导方式只有达到很高的水平或境界，才能够说是领导艺术。

由此，这里给出领导艺术的大概定义，它是领导者的领导方式有效性、奇妙影响性的结合，是领导者个人特质与被领导者、情境的有机契合。领导艺术体现在许多方面，如决策的艺术、应变的艺术、协调的艺术、授权的艺术、用人的艺术、激励的艺术，等等。大致可分为三个层次：决策和用人艺术，沟通、协调、开会、讲话、激励和授权基本艺术和形象设计艺术。领导艺术的特征为：一是知识性，即领导艺术是以知识积累为基础的。没有一定的知识积累，就提高不了领导艺术。二是实践性。领导经验来自领导实践。留心处处皆学问。三是随机性，根据实际情况而有不同的领导方式。四是差异性，不同行业和岗位有不同

① 景怀斌：《公务员职业压力：组织生态与诊断》，中央编译出版社 2011 年版，第 171—201 页。

的领导艺术。[①]

领导艺术和领导的有效性是有差别的：有效的领导不一定有"领导艺术"，如奴隶式的管理，可能在一定时候是有效的，但它不是"艺术"的；反之，有领导艺术的领导者一定是很有效的领导。

例如，毛泽东在长期的实践中形成了高超的领导艺术，他指出，领导工作概括起来有两件大事：一是"出主意"，二是"用干部"。出主意属于决策的范畴，而用干部则属于用人、影响人的范畴。用人和影响人的实质是赢得所用之人的认同，赢得广大干部和人民群众的认同。通过一般与个别相结合、领导与群众相结合而赢得认同。[②]概言之，毛泽东基于宏大坚定的信念，实事求是的态度，辩证的思维，"度"的把握，基于人民的信仰认同、理念认同、人格认同、胜利认同等展示了独特的领导艺术魅力，带领一代人取得了天下，建立了新国家。

总之，领导艺术是有能力的领导者在长期的领导经验中通过对领导方式的升华而形成的，是能力、经验、智慧等方面的综合结晶。其机制如图 14.2 所示：

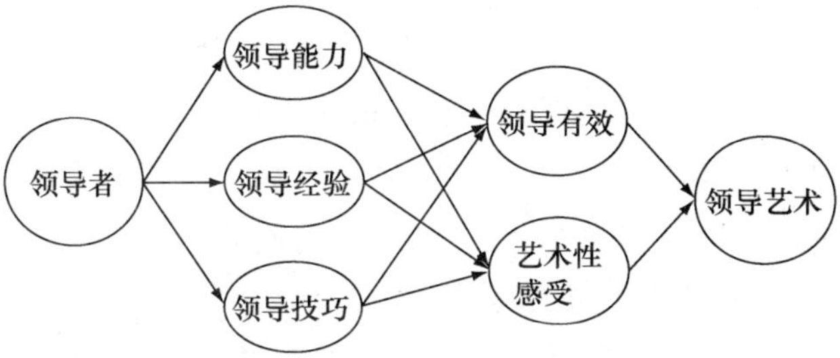

图 14.2　领导艺术结构图

四、领导力的培养

领导力培养是实践性的，可考虑以下几个方面：

1. 领导空间

任何的领导行为都发生在一定的空间下，这即是领导空间结构。领导空间有领导者、员工（被领导者）、环境、目标行为（任务）。只有当它们同时存在，才成为真正的领导过程。

① 吴德贵：《论领导艺术十个基本问题》，《人事天地》2011 年第 11 期，第 48—50 页。

② 刘峰：《关注民心 赢得认同——毛泽东领导艺术精髓》，《新东方》2003 年第 11 期，第 5—8 页。

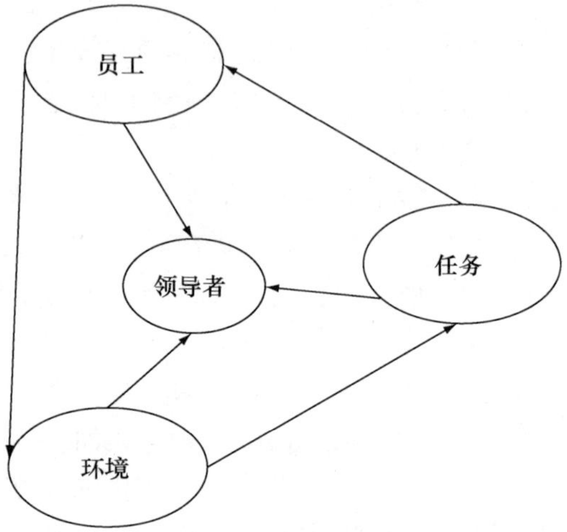

图 14.3　领导空间示意图

从图 14.3 可见,领导者事实上是任务目标的激发启动者,也就是说在全部活动中,领导者处于中心地位。领导要评估员工、环境和任务,使各种合力指向于任务,从而达到组织目标。可见,领导力的培养应以领导能力为中心。

2. 培养领导者视野

领导视野意味着能够对事物进行整体性和前瞻性的判断。

整体性(横)意味着具有全部的而不是个别的,关系地而不是孤立地把握问题;前瞻性意味着发展性(纵),是历史的、将来的规划能力, 这实际上是战略分析能力。

3. 研究人的心理,做共情式领导

领导是通过人而工作,对人的把握是领导发挥人的作用的切入点,因此,作为领导要研究人、理解人,为此共情心理品质是重要的。在此方面,可向领袖人物学习,如研读毛泽东的著作、邓小平的著作等。

4. 学会授权

领导过程是通过权力发挥的,授权是权力发挥作用的一种方式,因此,学会授权也是领导力培养的重大问题。

5. 善于沟通

沟通是权力作用的方式之一,通过沟通了解问题,并使权力发挥作用。

6. 把握权力需要

每个政治人物都有权力需要,但其欲望的强烈程度是不一样的。组织内对权力的认知,组织对权力争夺的控制,是任何历史朝代都要面对的问题。理性把握权力需要是重要的。

7. 善于自省和总结经验

自省即自我反思自己领导过程中的问题和效果。只有自省才能够发现自己的不足和优势。没有自省的领导者往往会把责任归咎于下属,而这既不能解决问题,也不能让下属感到心理温暖。自省是提高领导水平的重要方式。

思考题

1. 代表性的领导品质理论是什么?
2. 试述领导胜任特征理论。
3. 试述管理方格理论的要点。
4. 试述领导权变理论的含义。
5. 如何理解领导魅力?
6. 如何理解领导艺术?
7. 领导有效性研究的理论视野是什么?
8. 试述"领导中心模式"的含义与特征。

第十五章 决　　策

本章重点

一、决策的实质

二、中国传统决策思想

三、西方决策的代表性理论

四、群体决策思维现象与矫正

五、决策的制度-心理机制

“抗美援朝”是现代中国社会的重大事件。抗美援朝决策不是一朝一夕完成的，而是决策链条，即从 1950 年 6 月 25 日朝鲜战争爆发至 10 月 19 日中国人民志愿军入朝作战，至少经过了四个阶段：“备而不用”“立足于帮”“我们要管”“一波三折”。

对毛泽东出兵抗美援朝的决策，彭德怀曾经作过这样的评价：“这个决心不容易定下，这不仅要有非凡的胆略和魄力，主要的是具有对复杂事物的卓越洞察力和判断力。历史进程证明了毛主席的英明正确。”

抗美援朝出兵决策表明，毛泽东等领导人以国家安全为最高利益，从国际力量对比及互动当中观察和判断局部性的突发事变，预作多种判断和多种准备，并能根据复杂多变的情况作出灵活、机敏、果敢的抉择。能扬己之长、避己之短，充分利用对手的弱点及其失误，确保出手即胜、初战即胜。抗美援朝稳定冷战背景下的周边局势，冲破美国的封锁遏制，创造有利于国内和平建设的外部环境，奠定了良好的开端。正所谓化挑战为机遇。①

这一案例显示，社会现实中的“决策”，绝不是算术式的“算计”，而是要统合复杂因素所进行的艰难判断。正因为如此，决策不仅考验着领导人的智慧，也决定着一个组织的存亡。

第一节　决策的含义与视野

一、决策的概念

对“决策”可以有不同理解。其中，西蒙给出了具有代表性的操作性定义，即决策过程分为情报、设计、选择和评价四个阶段。在情报和设计阶段，通过信息收集与分析，给出解决方案的多个选项；在选择阶段，根据每个选项所具有的特征，将投入与产出进行比较，选择最优或最符合意图的方案，进而对方案进行评价。②决策是诸多学科关注的研究领域，数学、心理学、经济学、神经科学等对此都有大量研究。

决策研究的理论视野目前有理性人视野、有限理性视野和组织视野等。

二、群体决策

群体决策指群体联合行动的抉择过程。群体决策有不同分类，根据其基本假设的不同可划分为两类：个体之间有利益冲突的群体决策和个体之间没有利益冲突的群体决策。前者为社会选择理论，后者为集体决策理论。一般来说，群体决策效果要好于个体决策。但群体决策是复杂的过程，群体中的各方既可能为了共同利益而参与同一行动，也可能为不同利益而参与同一行动。③

群体决策中既存在着为组织利益牺牲个体的现象，也存在着自私、个人目标和社会利益不一致、搭便车等现象。此外也会导致现社会困境和组织惰性现象。群体决策研究主要集中在群体决策能力与决策结果、决策规则优化、最佳

① 李捷：《对抗美援朝决策过程阶段特性的几点分析》，《中共党史研究》2010 年第 12 期，第 14—26 页。

② 〔美〕赫伯特·西蒙：《管理行为：管理组织决策过程的研究》，杨砾等译，北京经济学院出版社 1988 年版，第 77—116 页。

③ 毕鹏程等：《群体思维理论的发展及其实证研究综述》，《管理科学学报》2004 年第 4 期，第 75—84 页。

群体结构和群体规模、领导在群体决策中的影响、群体成员互动与决策等方面。①

目前,群体决策研究有四个视野:群体作出决策的功能过程,群体决策的不完美性,群体决策的极化,群体决策的群体思维。②这些不同视野的研究都有丰硕的研究成果。

第二节 决策理论

一、"庙算"决策模式

中国传统的决策思想典型地体现在"庙算"决策模式中。"庙算",一般理解为庙堂的策划,指朝廷的重大决策。传说这是春秋战国时期的战争决策方式——当遇到国家战事时,国君和大臣集中于祖庙,议于明堂,通过一定的仪式,拟定克敌制胜的战略方针,从而对战争全局进行指导。

"庙算"决策为《孙子兵法·计篇》描述:

> 兵者,国之大事,死生之地,存亡之道,不可不察也。故经之以五事,校之以计,而索其情。
>
> 一曰道,二曰天,三曰地,四曰将,五曰法。道者,令民于上同意也。故可与之死,可与之生,而不畏危;天者,阴阳、寒暑、时制也;地者,远近、险易、广狭、死生也;将者,智、信、仁、勇、严也;法者,曲制、官道、主用也。凡此五者,将莫不闻。知之者胜,不知之者不胜。
>
> 故校之以计,而索其情。曰:主孰有道?将孰有能?天地孰得?法令孰行?兵众孰强?士卒孰练?赏罚孰明?吾以此知胜负矣。将听吾计,用之必胜,留之;将不听吾计,用之必败,去之。计利以听,乃为之势,以佐其外。势者,因利而制权也。
>
> 兵者,诡道也。故能而示之不能,用而示之不用,近而示之远,远而示之近。利而诱之,乱而取之,实而备之,强而避之,怒而挠之,卑而骄之,佚而劳之,亲而离之,攻其无备,出其不意。此兵家之胜,不可先传也。
>
> 夫未战而庙算胜者,得算多也;未战而庙算不胜者,得算少也。多算胜

---

① Tatsuya Kameda et al., "Democracy under Uncertainty: The Wisdom of Crowds and The Free-rider Problem in Group Decision Making," *Psychological Review*, Vol. 118, No. 1, 2011, pp. 76—96.

② Donelson R. Forsyth, *Group Dynamics*, 5th ed, Wadsworth, Cengage Learning, CA, 2010.

少算,而况于无算乎!吾以此观之,胜负见矣。

分析这段话,庙算决策有这样几个特征:

(1) 重视决策谋划的重要性。

孙子强调,战前庙算,是取胜的必要条件。先计后战,避免个人决断受情绪因素的影响。

(2) 给出了"庙算"的决策要素与程序。

孙子提出了"五事七计"的庙算知胜决策模式。"五事"即"道、天、地、将、法"。"七计"即"主孰有道、将孰有能、天地孰得、法令孰行、兵众孰强、士卒孰练、赏罚孰明"。"五事"侧重于决策静态内容,七计则侧重于双方实力的动态对比分析。

(3) 凸显了中国传统决策特征:

第一,根据条件进行决策。根据决策的约束条件、决策目标而提出不同方案,有所谓上、中、下三策,对不同方案的可行性、实施效果进行评估,最后作出决策。其中,"道、天、地、将、法"为五个相关条件群。①

第二,辩证的决策思维。如"极"则"反",动与止,福与祸,柔与刚,明与智(即自知与知人);②再如,强调"奇正谋略"。"奇"指根据战场情况运用计谋,攻其无备,出其不意,打击敌人于措手不及。"正"指按照通常的战术原则,以正规的作战方法进行战斗。奇正结合,根据问题需要采用灵活的策略作战。

第三,"时""势"权变观。传统决策强调"择人任势"。《孙子兵法·势篇》中说"故善求战者,求之于势,不责于人,故能择人而任势"。强调应注意"势",不是去寻找所谓完人,而是利用"适合"的人选制造有利的态势。利用"微妙而难以测度"的势使事件朝着决策者的意图发展。此外,"因形用权"即通过表现于外部的形貌而因势制宜、因情指法,以取得胜利。③

庙算决策也蕴含着相关的心理学思想:

第一,战争的正当性或根本理由。人的行为总是以自我合理化的理由为基础的,"正义之师"给人无往不胜的心理底气。孙子的"道"固然可以从多方面理解,但其根本之"道"无疑具有道义正当性之意,它构成了行为正当性理由的基础。

---

① 陈建国:《条件分析——中国传统决策思想的瑰宝》,《中国软科学》1988 年第 2 期,第 38—42 页。

② 周非:《中国传统行为决策思想述评》,《辽宁大学学报(哲学社会科学版)》1998 年第 6 期,第 34—37 页。

③ 同上。

第二,选择将领的心理标准。领导者对于任何组织来讲都是重要的。孙子认识到并提出了心理性质的选将标准——“将者,智、信、仁、勇、严也;法者,曲制、官道、主用也。凡此五者,将莫不闻。知之者胜,不知之者不胜。”

第三,心理战。战争是力量的较量,但凡关涉人,力量均因人的心理而变化。孙子的诡道论——以人为的方式改变较量的力量,“故能而示之不能,用而示之不用,近而示之远,远而示之近”是这一思想的体现。

二、有限理性决策理论

有限理性理论是以西蒙为代表的认知与决策学说。西蒙的基本观点是,决策是管理核心,有限理性的决策标准是满意原则。这是建立在其相关研究之上的,他认为:

(1) 人类的理性行为由任务环境和运算能力结构所决定,故而研究决策问题应从问题结构和人的特征来分析。

(2) 生活和管理中的所有问题可分为两类。一类结构良好,可用有限的规则概括所有或大部分要素间联系的问题。这类问题可称为算法问题,存在唯一满意解,微观经济学中经济人决策模式即适合这类问题。另一类没有统一结构,或者说非结构化或结构化程度低的问题。由于决策者在决策过程中不可避免地要受到其个人素质的限制,包括价值观、经验技能、知识深度、对决策目标的了解程度以及信息的沟通、资料的完备程度,这类问题没有唯一解,可称为启发式问题,只能寻求某种可接受解。

(3) 解决问题的过程有两个心理成分——价值判断和手段选择。价值与事实,目的与手段是问题解决难以分离的要素。西蒙认为,以往的经济学往往只注重研究决策结果的理性问题,而忽视了决策过程的研究。为此,他提出决策的分解,即价值判断和手段选择。

(4) 解决问题没有最优化,而只有满意化。如果任务是高结构化的,任务指向的理性分析就很有效果,如线性代数的系统算法。然而,当任务是很少结构性的,或者结构是不可知的,则必须使用所谓的弱方法。在这种情况下,经验就很有用。再认、经验法则等启发式方式常常是决策的方式。[①] 相对而言,运筹学难以真正解决启发式问题。

在组织决策层面,西蒙强调组织因素对决策的作用。他认为,组织不仅塑

① H. A. Simon, “The Human Mind: The Symbolic Level,” *Proceedings of the American Philosophical Society*, Vol. 137, No. 4, 1993, pp. 638—647.

造和发展了人的习性,还以组织的方式授权于某些人,使其有影响组织和他人的力量,组织信息沟通结构确定了制定决策的信息环境。就组织决策而言,西蒙认为:

(1) 从过程看,决策由找出制定决策的根据、找到可能的行动方案、在诸行动方案中进行抉择、对已选择的方案及其实施进行评价等环节构成的。

(2) 从作用因素看,决策中价值与事实,手段与目的交织而难以截然分离,对决策产生作用。

(3) 组织结构因素影响决策。组织目标、组织的正式结构与非正式结构、组织的领导、权威、群体、信息沟通、角色、组织认同等都会对决策产生影响。[①]

可见,有限理性的组织决策理论有突出的整体和动态特征。

三、垃圾箱理论

决策的垃圾箱理论(The Garbage Can Theory)是从组织的视野对决策的解释,由詹姆斯·马奇(James March)、科恩(Michael D. Cohen)、奥尔森(Johan. G. Olsen)等人于 1972 年提出。[②]

垃圾箱理论是基于人的有限理性形成的。马奇等认为,人的有限理性表现在:(1) 在信息认知方面的约束。如注意力、记忆力、理解力、沟通等方面的有限性。(2) 应对和处理信息方面的有限性。人们在态度、个性等的作用下,以自己的方式处理信息,如编辑简化、分解、启发式、框架等解释、分析信息等,均表现出有限性。(3) 风险认知、风险评估、风险承担、风险的组织结构因素对决策均有影响。由于人的有限性,决策更多是满意原则。

垃圾箱理论还基于适当性原则来分析决策,即认为,人们的行动通过遵循与身份一致的规则而与情境相符合,决策是由于遵循规则和实现身份而产生的。决策者在决策时会考虑三个问题,识别问题,即处于什么样的决策情境;身份问题,我是什么样的人,这个组织是什么样的组织;规则问题,在组织情境下如何行动。其中,身份识别与经验、其他人的榜样会对决策产生影响。在规则的遵从中,会出现分析、讨价还价、模仿、学习等行为方式。组织的决策又是权力的,会采用控制、交易等方式进行。

马奇等认为,决策往往是在模糊情况下进行的,模糊性不仅体现在对外部

---

① 〔美〕赫伯特·西蒙:《管理行为:管理组织决策过程的研究》,杨砾等译,北京经济学院出版社 1988 年版,第 44—75 页。

② 〔美〕詹姆斯·马奇:《决策是如何产生的》,王元歌、章爱民译,机械工业出版社 2013 年版,第 154—160 页。

现实解释的模糊性，相互矛盾的信念，也体现在自我如偏好、身份等的模糊性，组织表现出松散的耦合。

由于这些条件或影响因素作用，组织决策是时间过程性的，流动性参与是其典型特征。参与决策人员前后可能完全不同，同样的议题由于不同人员出席讨论，结论也可能与原先规划不同。不同的舆论、利益团体或是游说团体也都会施加影响力。决策就是在“组织化的无序”状态下以类似垃圾桶里的随机配对方式，动态性地形成的。

马奇等认为，最终决策类似发生在垃圾筒内的淘金过程。决策常常决定于四股力量，即问题、解决方案、参与人员和决策的机会。第一，就问题而言。决策问题林林总总，有大有小，但可以由三项特征来描述，即问题浮现的时点、解决问题所需的能量、路径结构。第二，方案速度。当问题与选择（决策的机会）配合时，会有解决方案流产生，流动速率是指系统内产生解决方案的速率。第三，决策参与者。组织的固定人员，学术界、舆论界、民间团体乃至一般老百姓，都可能加入某一政策的争辩且企图影响最后的决策。第四，选择机会。组织的决策时机，称为政策之窗。政策的决定要等待恰当时机，机会一来，决策就可定案。如果错过机会，代表政策之窗关闭，则需等待下一次机会的出现。

在“垃圾箱”决策模型中，有三种可能的结果：第一种，问题解决。即恰当的问题由合适的参与者在恰当的决策机会中找到了恰当的解决方案。第二种，忽略问题。在问题不明朗的情形下，解决方案已经作出，但这与原来的问题已经没有关系。第三种，问题无关。问题已经转移到其他方案上，原来的方案可以得到采纳。在“垃圾箱”决策模型看来，大多数决策结果是第二种或第三种情况。

决策垃圾桶理论把决策看做是动态的过程，有独到之处；但也过度忽视了决策的理性成分。

四、渐进决策论

渐进决策理论由查尔斯·林德布洛姆提出，这一理论是针对理性决策理论的缺陷，从“决策实际上如何做”而不是“应如何做”的角度出发而提出的。[①]

林德布洛姆认为，理性决策理论存在明显不足：首先，理性决策要求先有一个既定的问题，然后才有制订方案、选择方案和实施方案等阶段。然而在实际生活中，决策者面临的问题并非完全既定。即使面对既定问题，不同的人往往

---

① 丁煌：《林德布洛姆的渐进决策理论》，《国际技术经济研究》1999 年第 3 期，第 21—27 页。

有不同看法，从而无法完全准确地界定问题。其次，理性分析并非万能。对一项复杂的决策而言，分析永远是无穷的，有时甚至还会造成错误。同时，由于受到时间和费用的限制，决策也不可能无止境地分析下去。最后，决策还会受到个人价值观的影响，仅依靠理性分析并不能很好地解决问题。

渐进决策理论的特点是：

第一，决策是渐进过程。政策的制定是在过去经验的基础上，经过逐渐修补的渐进过程来实现的。

第二，强调质量转换。渐进决策看上去似乎行动缓慢，但这是决策效果累积的过程，是量变到质变的过程。其实际变化往往要大于一次重大的变革，通过变化的逐层累积，最终达到根本变革的目的。

第三，稳中求变。渐进决策步子虽小，却可以保证决策过程的稳定性，达到稳中求变的效果。渐进的方式也比较容易获得相关利益方的支持。

渐进主义决策模式虽然能够有效地解决矛盾、冲突和争端，但它最大的弊端是可能带来谁都不满意的结果。渐进主义决策模式也有很大的滞后性，不利于问题的迅速解决，甚至可能带来新问题。

五、制度-心理机制

本书认为，长期以来，认知与决策研究一直在个体层面展开。无论是理性论、有限理性论，还是生态理论，均有意无意地认为，决策是个人的理性或非理性选择。这虽然从心理层面揭示了决策的内在机制，但没有充分考虑人的社会存在特征——现代社会是组织化生存，离不开制度的规约。任何经济、政治、社会都是人为性的有序的结构社会，是规则、惯例、习俗和行为信念的复杂混合体，它们构成了人日常行为的选择方式，并决定了达到预期目标的路径。因此，决策研究不能仅仅关注人的心理过程，还应关注制度的作用，用制度-心理机制理解决策。

1. 决策制度

制度对决策的作用表现为：

（1）组织体制。一般来说，有什么样的体制就有什么样的决策体制。例如，当代中国政府的制度框架是由《宪法》所规定的政治制度结构系统和由《党章》所规定的党政结构系统构成。在实际运作中表现为中共组织、行政机关、人大、政协等机构多位一体，形成以中共组织为主导的政府决策与执行机制。

（2）组织决策制度直接决定了决策的方式。决策不是自发的、随意的自然过程,而是在组织决策规约下进行的。如中国组织的民主集中制决策制度,此外,一些大型组织对于决策有专门的规定,这些规定决定了决策的现实与过程。这些决策程序各自表述不同,但一般都对重大决策的界定、程序及配套建设提出了各自的规定。

(3) 制度给定了决策者的作用。一个组织对于决策有特定的赋权。例如,民主投票制度是以投票的方式给定了决策权力,而在中国,政体制度和决策制度凸显了第一决策者的地位。中国政府组织实际存在着“领导为中心模式”,第一领导人在组织决策、资源分配、晋升、绩效评价等方面有起点和终点的作用。

2. 决策者的心理

任何决策都是由人作出的。决策的心理因素是决策者的思想观念和心理特征。从已有的研究看,诸多心理因素影响着领导人的决策:(1) 价值观。特别是终极观和意识形态。(2) 隐性知识。是个体性的经验积累。(3) 认知与决策风格。指个体处理信息时接受、记忆、思维和解决问题的稳定态度、倾向或习惯化策略。(4) 领导风格。如高不信任领导更多看到威胁和负面敌意,更可能运用武力来解决中性问题,有更多武力决断性。(5) 影响策略(influence tactics)。权力也是关系概念,是在个体或集体行动者之间结构化不平衡的资源交换,如资源控制,诉诸专家等来施加影响。(6) 压力。压力包括正式和非正式的。(7) 自我服务。决策中同样出现自我服务偏差现象,即把成功归于自己,把失败归于外部。(8) 非理性心理。凡是人都具有非理性心理,在决策中也常常表现出与最优决策相偏离的心理特征,如过度自信、从众心理、框架依赖、损失规避等造成认知偏差。

上述所有因素及其他可能因素构成了领导(个体)对外部的解释框架。框架指通过选择、强化现实的某些成分,压制其他成分来构建关于社会问题的原因、道德性质和可能的纠正方法的心理现象。框架也指人们通过特定的概念化解释,重新定位他们对问题的认识的心理过程。[①]

3. 决策的制度-人效应

制度和心理的互动使决策表现出制度-人双重特性。即制度给予基本限定,而领导人有不同程度的自主或主导性。制度-人的互动,即制度的心理化带

① Dennis Chong and James N. Druckman, "Framing Theory," *Annual Review of Political Science*, Vol. 10, 2007, pp. 103—126.

来决策模式和方式,真实、实际地推动组织的决策过程。①

第三节　提高决策水平的措施

一、预防团体思维

团体思维(groupthink)也有人翻译为团体迷思,指在决策过程中,由于团体成员倾向于将自己的观点与团体一致,从而不能客观分析问题,导致严重负面后果的团体决策现象。

一般认为,团体思维最早由美国心理学家贾尼斯(Irving Janis)于1972年提出。② 贾尼斯对团体思维的定义为,一种思考模式,团体成员为维护团体的凝聚力、追求团体和谐共识,而不能现实地评估其他可行办法的过程。贾尼斯通过研究猪猡湾事件、偷袭珍珠港事件、朝鲜战争、越南战争、古巴导弹危机、水门事件等美国重大决策事件,参照各个事件的环境、决策过程、决策结果,归纳出团体迷思的模型,包括八项诱发的前置因素、八项表现形式并提出了应对群体决策。

1. 八项诱发因素

(1) 群体有高度凝聚力。成员有高度的同质性,有一个很强势的领袖,使之相同的观念和风格为大家接受。

(2) 群体隔绝外界的信息沟通。

(3)命令式领导。

(4) 决策制度、规范缺乏。

(5) 群体成员背景和价值观的相似性。

(6) 组织突然面临强大的外界压力。

(7) 团体没有信心寻求比领导所提出的更好的方案。

(8) 成员自尊心低落。

2. 八项表现形式

(1) 无懈可击错觉。群体过分自信和盲目乐观,忽视潜在的危险及警告,

---

① 景怀斌:《政府决策的制度-心理机制:一个理论框架》,《公共行政评论》2011年第3期,第33—66页。

② James K. Esser, "Alive and Well after 25 Years: A Review of Groupthink Research," *Organizational Behavior and Human Desion Processes*, Vol. 73, No. 2/3, 1998, pp.116—141.

意识不到决策的危险性。

(2) 集体合理化。集体通过将已经作出的决策合理化,忽视外来的挑战。将时间花在如何将决策合理化上,而不是重新对它们的客观性进行审视和评价。

(3) 对群体道德深信不疑。成员相信群体所作出的决策是正义的,不存在伦理道德问题。

(4) 对外偏见。认为任何反对他们的人或者群体都是邪恶和难以沟通或协调的,不屑与之争论;或者认为这些人过于软弱、愚蠢,认为自己群体既定的方案会获胜。

(5) 对异议者施加压力。对于怀疑群体立场和计划的人,群体总是立即给予反击,但常常不是以证据来反驳,而是冷嘲热讽式的。为了获得群体的认可,多数人在面对嘲弄时会变得没有了主见而与群体保持一致。

(6) 自我审查。对于议题有疑虑时总是保持沉默,忽视自己心中的疑虑,认为自己没有权力去质疑多数人的智慧。

(7) 全体一致的错觉。群体的意见看起来是一致的,产生群体统一的错觉。表面的一致又会使群体决策合理化,甚至可以使很多荒谬、罪恶的行动合理化。

(8) 心灵守卫。某些成员会有意扣留或隐藏那些不利于群体决策的信息和数据,或者是限制其他成员提出不同意见,以此来保护决策的合法性和影响力。

3. 消除团体迷思的建议

群体成员了解群体思维现象的原因和后果。

领导者应当保持公正,不要偏向任何立场,防止不成熟的倾向影响群体决策。

领导者应该引导每一位成员对提出的意见进行批评性评价,鼓励提出反对意见。

应该指定一位或多位成员充当反对者的角色,专门提出反对意见。

将群体分成小组,并将他们分别聚会拟议,然后再全体聚会交流分析。

如果问题涉及与对手群体的关系,则应花时间充分研究一切警告性信息,并确认对方会采取的各种可能行动。

预备决议后,应召开"第二次机会"会议,并要求每个成员提出自己的疑问。

决议达成前,请群体之外的专家与会,并请他们对群体意见提出挑战。

每个群体成员都应当向可信赖的有关人士就群体意向交换意见,并将他们的反应反馈给群体。

几个不同的独立小组,同时就有关问题进行决议。最后决议在此基础上形成。

保罗·哈特(Paul 't Hart)把贾尼斯的集体思维传统用在政府管理中。[①]他把集体思维理解为,"拥有重大项目或者政策决定权的高层小团体运作中的错误"的行为,概括出政府群体思维的特征:

- 小组很小;
- 小组相当清晰地确定下来,是一群"圈内人";
- 小组以组长为基础,有高度集中的决策模式;
- 小组关心的安全漏洞或者其他限制导致它在高度秘密下进行;
- 小组在巨大的压力下行动;
- 小组作出具有极大风险的决策,涉及巨大的利害关系和危险;
- 小组在处理非常迫切和紧迫的议题;
- 小组的糟糕信念与手头要决策的内容有具体关系;
- 糟糕信念很肤浅,它们不是关于身份认同问题的;
- 最终承认缺陷的潜力往往存在。

二、提高决策水平的措施

1. 回到常识和现实层面

决策是复杂的过程,其内部学理机制并不能为单一理论所完整揭示。因此,任何决策理论都是现实决策的典型化解释。真正了解决策,不能不兼顾决策发生的真实环境,回归到决策的现实层面进行经验性理解。

2. 反省决策价值-理性状况与特征

越来越多的研究证明,与决策是理性的看法相反,决策更是价值的,当决策面对大量的信息且时间有限时,价值观作用更大。而在高层领导决策方面,信仰的作用极为重大。

理论上决策的依据千条万条,大概可以分属两个轴心,即价值感性和理性工具性,前者是个人的信仰系统及其价值观、意识形态的作用,后者是利益诉求

① Paul't Hart, *Groupthink in Government: A Study of Small Groups and Policy Failure*, Baltimore: Johns Hopkins University Press, 1994.

性质的投入与产出算计。这个轴心下的个体-群体-组织因素交织，成为复杂的决策网络，构成了决策的生态环节，影响着决策的进程。

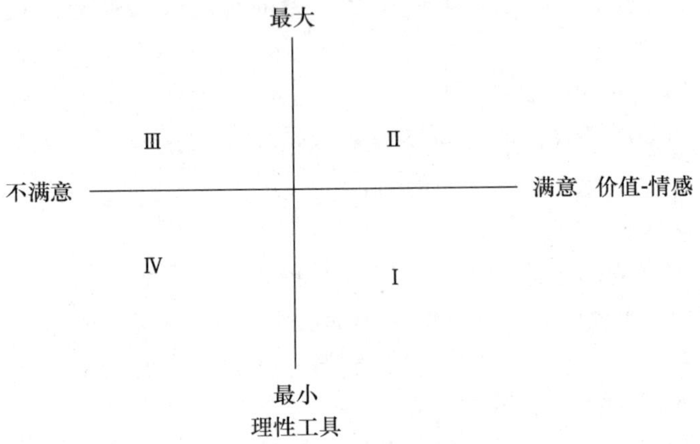

图 15.1 决策的理性-效益维度结构示意图

基于价值的最大满意与基于效益的最大效益化构成了四对关系，Ⅰ：满意-最小利益，Ⅱ：满意-最大利益，Ⅲ：不满意-最大利益，Ⅳ：满意-最小利益。当然，最理想的是满意-最大利益。公共决策要回避不满意-最小利益化。

3. 以制度程序修正谬误

决策是制度的，也是人的。制度对人有极大的规约，人是在“制度”的舞台上起舞的。要最大限度地降低人的随意性，制度设计是重要的。

决策制度建设应关注以制度程序修正决策可能的错误，这要通过程序设计，保证不同利益群体、个人有机会发表意见，也要保证信息的多样性，更需要尊重不同利益方，从而使决策能够集思广益，有前瞻性和策略性。

思考题

1. 决策的含义与视野是什么？
2. 什么是中国的庙算决策模式？
3. 决策的有限理性主要有哪些观点？
4. 决策的垃圾箱理论要点是什么？
5. 决策的渐进理性观点包括哪些？
6. 决策的制度-心理基本观点有哪些？
7. 团体思维的表现与预防有些方面？

第十六章　管理心理的核心问题

本章重点

一、心理世界与管理实践的关系
二、制度-心理机制与管理战略设计
三、价值观与组织建设
四、管理者的素养与管理能力

物有本末，事有终始，知所先后，则近道矣。(《大学》)

研究和学习管理中的心理问题，除了掌握基本知识外，也需要对管理行为核心进行反思。管理心理与行为发生于组织空间，指向于组织任务，体现在个体-群体-组织层面的不同方面，涉及大量的组织-个人问题。如何总体把握其核心问题，是关系全局理解的"大"问题，也是该领域的学问之"道"。

第一节　管理心理的基本特征

一、社会形态与管理行为

管理是维护和实现人类组织活动正当性、有效性的人财物的统合方式与过程。正因为如此，人类组织管理活动无不是对不同历史社会形态的反映与体现。在这个意义上，"管理"必须体现社会形态特征，并与之契合。

人类文明的社会形态经历了三种形态，即农业时代、工业时代及资讯时代。相应地，人类的管理也应有三种形态，即农耕社会管理形态，工业社会管理形态及目前尚处于发展萌芽阶段的信息社会管理形态。

农业时代的生产方式是自然性质的，人类靠天（农田、海洋、猎物）吃饭，自然条件决定了农业社会形态。这一形态下管理的根本任务是如何最大限度地提高自然力，保证人的生存并维护社会的精神和道德秩序。对自然的管理促进了农耕活动效益最大化，其方式是通过信仰、道德、强制促成了人力的集合，形成了复杂组织和国家。通过管理，人的力量集合发挥了巨大的效果，如都江堰工程、大运河工程、罗马城等奇迹。

工业时代的生产方式是机器化。西方近代以来自然科学的发展使人类的生存方向和方式发生了改变，由土地依赖转变为机器依赖，通过机器发明与改进，人类的力量产生了奇妙的延伸，机器成为工具和人类力量。其管理方式是人类行为的机器化，人与机器配合并成为机器的一部分。工业化时代的标准思维模式是大规模生产、大规模销售和大规模传播，人成为机器的一部分。人类借此上天入海，获得巨大成功。

现代社会处于信息时代，随着 Web 2.0 技术的发展，传统媒体依靠权力和财富建立起来的壁垒被拆除，人类进入“自媒体”（We Media）时代。互联网使人类的心理状态发生改变，时间感、空间感、现实的知觉、自我感在互联网中发生变化。互联网使线性的要素主义为特征的现代思维模式可能转变为后现代主义的非线性的思维模式，对社会结构、对组织机制等有极大的影响。

信息社会的社会形态挑战着传统的管理理论和思想。这一形态可能产生管理的重大转变，带来全新的管理思想，带来管理的革命。

二、管理的文化性

文化是以终极信仰为核心的思想观念体系。以“终极观”为核心的文化通过神圣或至上存在认定而获得生命存在意义和价值的根本理念。它既是人生目的、动力，也是人生原则，其作用内在可获得心灵安顿，外在可产生德性行为，从而使人体悟生命的意义和价值感。文化不仅决定了文明的形态，更决定了管理的模式。

特定文化中的管理方法、方法论，即称为管理模式。这表现在：第一，文化以终极观为核心的意义认知提供了社会认知图式。第二，文化决定组织结构。文化极大地决定了一个组织的框架。第三，文化决定了管理制度。表面上看管理制度是具体的管理规定，但这与人性认定有密切关系。如果认为人性是好的,那么就会用亲和、宽松的方式进行管理,如果认为人是懒惰的、自利的,则会用控制、惩罚的方式进行管理。而人性的理解是与文化的性质分不开的。第四,文化影响到一个组织的运作过程。如在中国的组织中,人情的因素明显,而在西方组织中,责任因素明显。中国的情感管理与中国的人情社会有关,而西方的科学管理与其契约思想有关。第五,管理本身即为文化的一个有机方面。管理既体现着文化的性质,也成为文化的载体。

三、组织的二重性

组织是有意识地协调两人以上的群体互动和力量的合作体系。组织规定个人的责任和成员之间的关系,最优化地调动成员的积极性。

组织按照是否营利可以分为三类:政府部门(第一部门)、企业界的私部门(第二部门)和非营利组织(第三部门)。政府部门主要是公共管理部门,是基于国家立法而进行社会管理的组织;企业组织主要是私人性的,以追求利益为目标;非营利组织(Non-Profit Organization,NPO)则不以营利为目的,它通常支持或处理个人关心或者公众关注的议题或事件,如艺术、慈善、教育、环保等,具有弥补社会需求与政府供给间落差的功能。某些专家认为非营利组织和企业最主要的差异是:非营利组织受到法律、道德约束,不能将盈余分配给拥有者或股东,因而具有独立、公共、民间等特性。虽然非营利组织的运作不是为了追求私人利益,但非营利组织还是必须产生收益以提供其活动的资金。

可见,无论任何组织,就其自身存在来说,都要实现任务效益最大化。政府组织是为了最大程度、最有效地履行政府任务,企业组织是为了最大经济效益化地实现企业目标,而非营利组织同样具有理性要求,要最大限度地实现其服务社会的目标。因此,组织理性是组织的必然要求。

但是,当考虑组织的服务对象时,组织的功能就可能发生变化。如当政府组织转向大众时,其结构因素就成为民众-政府-社会任务。这个时候,其重点就要由自身理性转变为社会价值标准和理性原则的结合。

管理具有二重性,即管理的自然属性和社会属性。管理的自然属性是指对人、财、物、时间、信息等资源进行组合、协调和利用的管理过程,体现出超越社会制度和社会文化的共同性。管理的社会属性是指管理发生在一定的社会文化、政治、经济制度中,必然受到生产关系的制约和社会文化、政治、经济制度影响的特性。

超越阶级分析,就个人与组织的关系看,管理的二重性体现在人与组织存在一致性和紧张的二重关系。这是因为,人是利益和意义化的生存体,个人与组织的利益、要求或期望不是必然一致的，管理对人有压抑、控制的一面。

由此，更为深刻的问题是，管理如何促进人的发展。这既是现代管理的任务，也是组织应承担的责任。在这个意义上，组织不仅仅是生产性的，还是人的成长性组织。这意味着对劳动者进行管理教育是管理心理学的一个重要任务，应运用管理心理学，让员工成为可管理的、健康的、具有效率的组织人。

四、组织行为的制度-心理特性

组织是以制度为核心的，针对现代组织以制度方式规定了人的权利和责任。对制度作用的机制有不同解释 。

在理性选择制度主义看来，制度提供了与其行为者相关的信息、协议的执行机制、对背叛行为的惩罚等等确定性信息，从而对行为者的心理期望形成影响。具体表现在：(1) 行为必须被限定在一定的范围内，如果遵循规则会有怎样的利益，如果不遵循会得到怎样的惩罚。(2) 在同一制度框架范围内行动的相关方会采取的行为的基本方式是怎样的，这会对自己的利益形成怎样的影响。(3) 自己在行为互动中应当采取怎样的作为才能够达到目标。(4) 在行为者互动的过程中，不同行为者的行为会有怎样的变化，对这种变化可以采取怎样的替代方案。

社会学制度主义的基本观点是，制度不仅仅是人类基于效率的判断和利益的获取而采用的，还有超越所谓的理性的一面，是一种具有意义判断作用的文化实践模式。(1) 制度为行为提供了“认知版本”。由此，在不同的制度环境下，行为者会形成不同的身份认同、自我印象和偏好判断。(2) 制度为行为提供了“规范版本”。遵循制度的行为就具有道德上的优势地位，而违反制度的行为则处于道德上的劣势。

作为个体活生生的生命存在，人又是观念的、意义性的。人的“意义”体现在信仰—价值观—态度层次上。个体具体情境下的心理往往是意义化认知的结果，是个体在其神经心理系统、心理内容基础上与环境信息互动而产生的。

因此，制度-心理是解释组织行为的必要框架。制度的特性和心理的特性说明，现实中的人的组织行为是制度-心理互动的结果。理解人的组织行为，需要在制度-心理互动机制下进行。

第二节　管理心理研究

一、“经验世界”与“理论世界”

现代社会是理性社会。自科学革命以来，经验理性、科学归纳成为时代精神。在这个时代精神的推动下，自然科学、社会科学，甚至人文科学有了巨大发展，人类获得了前所未有的科学知识。在此成就下，也产生了一种观念或习惯做法，即以科学取得一切，以科学取代经验世界。

这是不全面的。科学与生活经验或常识世界的关系是：科学是对经验世界的理论概括或理论总结。科学是人类在理性时代的认知范式，是以理性、归纳、证实、怀疑等为特质的知识系统。科学不完全等同于真理。起码在科学哲学的历史主义学派看来，科学是历史的、发展的、范式的，是特定历史时期人们认知活动规范的约定俗成的知识系统。

就科学与经验世界的关系看，一方面，科学来自经验世界知识的典型化归纳。科学反映了经验世界，但科学理论不是对经验的绝对反映，二者不是“可逆”的等同关系。另一方面，经验世界是发展的，科学理论往往落后于经验世界。这一点在现代社会更是如此。苏联解体曾使一些学者得出“历史的终结”，然而，不期然的金融危机又使西方样板为人质疑。互联网改变了生活于其中的人类的生活方式，但人类所了解的关于互联网对人、对管理造成的影响的理论又有多少？因此，不能以“理论”支配经验，而只能以“理论”分析“经验”。

由此可得出管理心理学的一个基本原理：经验世界是管理学理论的最好老师，管理理论不等同于经验世界。管理理论应用于管理实践，一定要与实践结合。

二、中国视野、问题中心与心理层面

长期以来管理心理学（管理学）教科书存在“以西判中”的做法。对于管理这一有突出文化属性的，甚至本身亦为文化现象的人类活动，“以西判中”无论如何都不是唯一的知识阐述和应用模式。思考中国管理不能忽视三种资源：中国传统、近现代整个中国转型管理经验、西方理论。它们的关系不是后者替代前者，而是后者补充、滋养前者。由此，应以中国文化为中心或基点，兼顾西方理论，对中西方管理理论进行梳理。

为此，管理研究应当提倡“问题中心”的研究模式。现代学科分界只是知识

的典型化处理方式而非问题本身。学术可以有自己的视野，但应用应回归问题本身。问题中心的解释是管理的基本落脚点。

“问题中心”的研究不意味着否定心理学研究的独特性。心理学注重从心理过程与心理规律来解释人的行为、社会现象，其经验科学、思维方式能够对管理问题理解提供最基本的解释，这是其他学科不能替代的。

三、心理世界的二维轴心

心理世界由三个系统构成并以两个轴心方式作用。

人是管理的核心，而人的核心是心理，因为心理是活动的动因和伴随物。在这个意义上，人生活在自己的心理世界里。

人的心理世界是意义世界。人以“意义”方式构造了自己的心理世界。心理世界是类似于自然世界的精神生活空间。用比喻的说法，心理世界有高山、峡谷、海洋和沙漠。心理的高山是人生的目标或期望，心理的峡谷是人的心理深层动机系统，心理的海洋是人的心胸，而心理的沙漠则可能是人的心灵弱点。

人的心理世界状况与人的生活环境、知识结构、生活经历和自我省思有关。不同生活环境决定着人的心理世界，如美国人的心理与中国人的心理不同，沿海人的心理世界与西部高原人的心理世界不同。但在同样的环境下，人的心理世界又取决于他的知识结构。一个知识渊博的人，其心理世界博大，而没有知识的人，其心理世界只是简单外界的映象。心理世界的另外一个影响因素是人的生活经历，一个经历丰富的人，其心理世界也是丰富多彩的。还有一个就是人的自我反思。自我反思往往带来生命价值的终极追问，这样的追问使人对生命存在有根本性思考，可以更好地展开心理世界。才能对心灵有深刻的理解，从而达到中国人所说的生命境界。

人的心理世界是由三维构成的，即心理内容系统、认知系统和神经心理系统。心理内容指个体已有的心理符号-意义系统，包括动机、态度、价值观、信仰，其中主要成分就是价值观，核心是信仰；认知系统则是个体对事物认识的心理过程及相关心理因素，包括感知过程、记忆、思维过程等；神经心理系统指个体与生俱来的、稳定的影响其心理活动的生理机制，它是心理活动的物质基础，离开了神经心理系统，心理无从谈起。但是，神经心理机制不同于心理机制，二者是相辅相成的。个体的心理内容、认知系统和神经心理特征共同塑造了个体特征，使个体在认知、性格、能力等方面表现出独特性。

人的心理世界是两个轴心方式作用的：一是理性工具心理系统，二是价值情感心理系统。理性工具心理系统指在心理上以效率、理性为核心的心理内容、认知和心理特征。如做事追求效率,以有用无用来认知事物,以理性为性格特征;而价值情感系统则是以价值情感为核心的心理内容、认知和心理特征。如做事源于终极的价值信仰,以是否满足终极信仰为原则评价行为的价值等。生命价值更大程度上是自我认定,而不一定以“科学”为原则,基督教、儒家思想对人的社会行为的支配即为例证。

人同时拥有理性工具心理系统和价值情感心理系统,都会对人产生作用。例如,人们有时以效益原则来判断自己行为的价值,有时则以信仰为依据判断行为的正当性。但在很多情况下,人的心理世界是以价值情感心理系统为核心的,信仰对人有决定性作用。

人的理性工具心理系统和价值情感心理系统也是发展变化的,在物质需求没有得到满足时,理性工具系统作用大,但在其基本需求得到满足时,价值情感作用增大。这是个动态变化的过程。

所以,两个心理系统是管理的心理依据。管理者要以动态的原则对其进行把握和应用。

第三节　管理者的自我管理

一、管理者的“利他”与“功利”

管理通过对人、财、物的有机协调达到组织最大效益化。因此,如何对待人就成为管理的一个出发点。

在对“人”的态度上,传统管理往往采取控制性方式,即通过控制人来进行管理。这样的习惯已经不完全适合现代社会的状况。现代管理,管理应当是助人,而是通过帮助人成长来管理。通过帮助员工的成长来实现组织的发展。如此,也可以把组织责任和个人责任协调起来,把人性中光辉的东西展现出来。

管理者也是社会人,既有自己的需要,也有自己的私心。管理的岗位决定了管理者要把握和控制自己的私利,在一定程度上利他和奉献。

特别是在中国文化背景中,由于中国文化是伦理文化,传统上一直强调通过人的道德品质进行管理,组织对管理者的利他性道德榜样有很高的心理期待。因此,管理者要表现出适度的利他性。

二、刚性管理与柔性管理

制度管理可以说是刚性管理,而利用人的心理特点,特别是情感需要进行的管理则可以说是柔性管理。

制度管理是组织基本的、普遍性的管理，柔性管理则是针对性的或个别性的管理。

制度管理按照规则执行，柔性管理则依管理者的运用之妙而起作用。

完整的管理既要有制度管理，也要有柔性管理，二者同样重要。不应厚此薄彼，应将制度管理和柔性管理相结合运用。

三、管理者的素养

管理是管理者对人财物的优化利用。管理者判断问题的准确与否，解决问题的效果怎样，在很大程度上取决于自身素质。管理者如何具有优良的管理者素质？应注意以下方面：

1. 具有管理（心理）意识

不能说学习了管理心理学就可以提高管理效率。关键是要有管理心理意识，在心理上意识到管理，不能仅凭感觉进行管理。如此，能够对事物进行全面考虑，统合思考，从而更好地把握事情的发展。

2. 具备职业责任与职业素养

一个管理者应当有职业责任，即一旦从事某种岗位，就要有岗位所要求的责任感，亦即职业精神。职业精神要求对职业负责、尽力，做某个工作，即便不喜欢，也要依照岗位责任把工作做好。同时，管理者也要有从事某种职业的基本素养，如相应的知识、技术和能力。

3. 想做事与能做事的结合

“想做事”与“能够做事”是有差别的，“想做事”是一种动机愿望，“能做事”是一种能力。“想做事”的愿望很强却没有本领时，它有可能不是好的作用反而是反的作用。因此，要将动机与专业知识相结合。

4. 专业管理与经验管理

专业管理是通过管理的知识和技能进行管理，是需要专门训练后才具有的管理能力。而经验管理是依据生活经验而进行的管理。在现实中，管理者往往是由专家走上管理岗位的，由于专家往往是成功者，所以更容易以自己的经验为依据进行管理，这其实是不恰当的。现代管理需要专业管理，经验管理不应占主要地位。

思考题

1. 如何理解心理世界的内容与结构?
2. 试述管理的制度–心理框架基本含义。
3. 如何理解管理的二重性?
4. 管理者如何自我管理?
5. 试述管理的中国文化视野的实质。

主要参考文献

《中国大百科全书(心理学卷)》,中国大百科全书出版社 1991 年版。

〔奥〕弗里德里希·希尔:《欧洲思想史》,赵复三译,广西师范大学出版社 2007 年版。

〔德〕马克斯·韦伯:《新教伦理与资本主义精神》,于晓、陈维纲译,三联出版社 1987 年版。

〔荷〕霍夫斯泰德:《跨越合作的障碍——多元文化与管理》,尹毅夫等译,科学出版社 1996 年版。

〔美〕S. L. 麦克沙恩、M. A. F. 格里诺:《组织行为学》,机械工业出版社 2010 年版。

〔美〕丹尼尔·A. 雷恩:《管理思想史》,孙建民等译,中国人民大学出版社 2009 年版。

〔美〕丹尼尔·贝尔:《资本主义的文化矛盾》,赵一凡等译,生活·读书·新知三联书店 1992 年版。

〔美〕道格拉斯·诺斯:《制度、制度变迁与经济成就》,刘瑞华译,时报出版社 1994 年版。

〔美〕赫伯特·西蒙:《管理行为:管理组织决策过程的研究》,杨砾等译,北京经济学院出版社 1988 年版。

〔美〕孔茨:《管理学》,黄洁纲、范照译,上海人民出版社 1990 年版。

〔美〕马斯洛:《马斯洛人本哲学》,成明译,九州出版社 2003 年版。

〔美〕米拉德·J. 艾利克森:《基督教神学导论》,陈知纲译,上海人民出版社 2012 年版。

〔美〕詹姆斯·马奇:《决策时如何产生的》,王元歌、章爱民译,机械工业出版 2103 版。

〔意〕马基雅维利:《君主论》,张志伟等译,陕西人民出版社 2001 年版。

〔英〕罗素:《西方哲学史》,何兆武、李约瑟译,商务印书馆 2010 年版。

冯友兰:《中国哲学史新编》,人民出版社 1989 年版。

景怀斌:《公共危机心理:SARS 个案》,社会科学文献出版社 2006 年版。

景怀斌:《公务员职业压力:组织生态与诊断》,中央编译出版社 2011 年版。

景怀斌:《心理意义实在论》,暨南大学出版社 2005 年版。

李泽厚:《论语今读》,三联出版社 2004 年版。

苏秉琦:《中国文明起源新探》,三联书店 1999 年版。

孙彤:《组织行为学教程》,高等教育出版社 1990 年版。

许倬云:《中国文化与世界文化》,广西师范大学出版社 2006 年年版。

余英时:《中国文化史通释》,三联书店 2011 年版。

景怀斌:《孔子"仁"的终极观及其功用的心理机制》,《中国社会科学》2012 年第 4 期,第 46—61 页。

景怀斌:《政府决策的制度-心理机制:一个理论框架》,《公共行政评论》2011 年第 3 期,第 33—66 页。

Bernard M. Bass, *Leadership and Performance Beyond Expectations*, New York: Free Press, 1985.

Department of Health and Human Services, *Mental Health: A Report of the Surgeon General*, PA: U. S. Public health Service, 1999.

Donelson R. Forsyth, *Group Dynamics*, *5th ed.*, Wadsworth, Cengage Learning, CA, 2010.

James M. Nelson, *Psychology*, *Religion*, *and Spirituality*, New York: Springer Science + Business Media, LLC, 2009.

Leonard H. Skipton et al., eds., *The Wiley-Blackwell Handbook of the Psychology of Leadership*, *Change*, *and Organizational Development*, Oxford: John Wiley and Sons, Ltd, 2013.

Paul't Hart, *Groupthink in Government: A Study of Small Groups and Policy Failure*, Baltimore: Johns Hopkins University Press, 1994.

Philip Sheldrake, *A Brief History of Spirituality*, New Jersey: Blackwell Publishing, 2007.

Richard Madsen et al., *Meaning and Modernity*: *Religion*, *Polity and Self*,

Berkeley and Los Angeles: University of California Press, 2002.

Albert O. Hirschman. "Having Opinions-One of the Elements of Well-being," *American Economic Review*, Vol. 79, No. 2, 1989, pp. 75—79.

Arnold B. Bakker and Evasngelia Demerouti, "The Job Demands-Resources Model: State of the Art," *Journal of Managerial Psychology*, Vol. 22, No. 3, 2007, pp. 309—328.

Bruce J. Avolio et al., "Leadership: Current Theories, Research, and Future Directions," *Annual Review of Psychology*, Vol. 60, 2009, pp. 421—449.

Calvin Morrill and Danielle S. Rudes, "Conflict Resolution in Organizations," *Annual Review of Law and Social Science*, Vol. 6, 2010, pp. 627—651.

Changming Duan and Clara E. Hill, "The Current State of Empathy Research," *Journal of Counseling Psychology*, Vol. 43, No. 3, 1996, pp. 261—274.

Charles S. Carver and Jennifer Connor-Smith, "Personality and Coping," *Annual Review of Psychology*, Vol. 61, No. 1, 2010, pp. 679—704.

Cristina B. Gibson, Laura Huang, Bradley L. Kirkman, and Debra L. Shapiro, "Where Global and Virtual Meet: The Value of Examining the Intersection of These Elements in Twenty-First-Century Teams," *Annual Review of Organizational Psychology and Organizational Behavior*, Vol. 1, 2014, pp. 217—244.

Crystal L. Park, "Making Sense of the Meaning Literature: An Integrative Review of Meaning Making and Its Effects on Adjustment to Stressful Life Events," *Psychological Bulletin*, Vol. 136, No. 2, 2010, pp. 257—301.

Daniel R. Ilgen, John R. Hollenbeck, Michael Johnson, and Dustin Jundt, "Teams in Organizations: From Input-Process-Output Models to IMOI Models," *Annual Review of Psychology*, Vol. 56, 2005, pp. 517—543.

Daphna Oyserman et al., "Rethinking Individualism and Collectivism: Evaluation of Theoretical Assumptions and Meta-analyses," *Psychological Bulletin*, Vol. 128, No. 1, 2002, pp. 3—72.

Dean Tjosvold, Alfred S. H. Wong, and Nancy Yi Feng Chen, "Constructively Managing Conflicts in Organizations," *Annual Review of Organizational Psychology and Organizational Behavior*, Vol. 1, 2014, pp. 545—568.

Dennis Chong and James N. Druckman, "Framing Theory," *Annual Review of Political Science*, Vol. 10, 2007, pp. 103—126.

Ekin K. Pellegrini and Terri A. Scandura. "Paternalistic Leadership: A Review and Agenda for Future Research," *Journal of Management*, Vol. 34, No. 3, 2008, pp. 566—593.

Elinor Ostrom, "Coping With Tragedies of The Commons," *Annual Review of Political Science*, Vol. 2, No. 1, 1999, pp. 493—535.

Fahri Karakas, "Spirituality and Performance in Organizations: A Literature Review," *Journal of Business Ethics*, Vol. 94, No. 1, 2010, pp. 89—106.

Ferris, G. R. &K. M. Kacma, "Perceptions of Organizational Politics," *Journal of Management*, Vol. 18, No. 1, 1992, pp. 93—116.

Gary P. Latham and Craig C. Pinder, "Work Motivation Theory and Research at the Dawn of the Twenty-first Century," *Annual Review of Psychology*, Vol. 56, No. 2, 2005, pp. 485—516.

Gerd Gigerenzer and Wolfgang Gaissmaier, "Heuristic Decision Making," *Annual Review of Psychology*, Vol. 62, No. 1, 2011, pp. 451—482.

Harry C. Triandis, "Collectivism and Individualism as Cultural Syndromes," *Cross-Cultural Research*, Vol. 27, No. 2, 1993, pp. 155—180.

Harry C. Triandis, "The Psychological Measurement of Cultural Syndromes," *American Psychologist*, Vol. 51, No. 4, 1996, pp. 407—415.

Herbert A. Simon, "Invariants of Human Behavior," *Annual Review of Psychology*, Vol. 41, No. 1, 1990, pp. 1—19.

Herbert A. Simon, "Public Administration in Today's World of Organizations and Markets," *Political Science and Politics*, Vol. 33, No. 4, 2000, pp. 749—756.

James K. Esser, " Alive and Well after 25 Years: A Review of Groupthink Research," *Organizational Behavior and Human Desion Processes*, Vol. 73, Nos. 2/3, 1998, pp. 116—141.

Jennifer M. Kohler and David C. Munz, "Combining Individual and Organizational Stress Interventions: An Organizational Development Approach," *Consulting Psychology Journal Practice and Research*, Vol. 58, No. 1, 2006, pp. 1—12.

Joel Podolny et al., "Revisiting the Meaning of Leadership," *Research in Organizational Behavior*, Vol. 26, No. 1, 2005, pp. 1—36.

Johannes Siegrist, "Adverse Health Effects of High-Effort/Low-Reward Conditions," *Journal of Occupational Health Psychology*, Vol. 1, No. 1, 1996, pp. 27—41.

John T. Cacioppo et al., "Sociality, Spirituality, and Meaning Making: Chicago Health, Aging, and Social Relations Study," *Review of General Psychology*, Vol. 9, No. 2, 2005, pp. 143—155.

Jonathan Bendor. "Herbert A. Simon: Political Scientist," *Annual Review of Political Science*, Vol. 6, 2003, pp. 433—471.

Katrina Bedell-Avers et al., "Charismatic, Ideological, and Pragmatic Leaders: An Examination of Leader-Leader Interactions," *The Leadership Quarterly*, Vol. 20, No. 3, 2009, pp. 299—315.

Louis W. Fry, "Toward a Theory of Spiritual Leadership," *The Leadership Quarterly*, Vol. 14, No. 5, 2003, pp. 693—727.

Mark R. Leary and Nicole R. Buttermore, "The Evolution of the Human Self: Tracing the Natural History of Self-Awareness," *Journal for the Theory of Social Behaviour*, Vol. 33, No. 4, 2003, pp. 365—404.

Michael Peterson, John F. Wilson, "Work Stress in America," *International Journal of Stress Management*, Vol. 11, No. 2, 2004, pp. 91—113.

Michele J. Gelfand et al., "Cross-Cultural Organizational Behavior," *Annual Review of Psychology*, Vol. 58, No. 2, 2007, pp. 479—514.

Pablo Cardona, "Transcendental leadership," *Leadership and Organization Development Journal*, Vol. 21, No. 4, 2000, pp. 201—207.

Paul DiMaggio, Eszter Hargittai, W. Russell Neuman and John P. Robinson, "Social Implications of the Internet," *Annual Review of Sociology*, Vol. 27, 2001, pp. 307—336.

Peter C. Hill and Kenneth I. Pargament, "Advances in the Conceptualization and Measurement of Religion and Spirituality: Implications for Physical and Mental Health Research," *American Psychologist*, Vol. 58, No. 1, 2008, pp. 64—74.

Ralph M. Stogdill, "Personal Factors Associated with Leadership: A Survey of the Literature," *Journal of Psychology*, Vol. 25, No. 1, 1948, pp. 35—71.

Richard S. Lazarus, "Coping Theory and Research: Past, Present, and Future," *Pychosomatic Medicine*, Vol. 55, No. 3, 1993, pp. 234—247.

Robert A. Karasek, "Job Demands, Job Decision Latitude, and Mental Strain: Implications for Job Redesign," *Administrative Science Quarterly*, Vol. 24, No. 2, 1979, pp. 285—308.

Robert J. Sternberg, "WICS: A Model of Leadership in Organizations," *Academy of Management Learning and Education*, Vol. 2, No. 2, 2003, pp. 386—401.

Solomon E. Asch, "Opinions and Social Pressure," *Scientific American*, Vol. 193, No. 5, 1955, pp. 31—35.

Stevan E. Hobfoll, "Conservation of Resources: A New Attempt at Conceptualizing Stress," *American Psychologist*, Vol. 44, No. 3, 1989, pp. 513—524.

Tatsuya Kameda et al., "Democracy under Uncertainty: The Wisdom of Crowds and The Free-rider Problem in Group Decision Making," *Psychological Review*, Vol. 118, No. 1, 2011, pp. 76—96.

Timothy A. Judge, Ronald F. Piccolo, Tomek Kosalka, "The Bright and Dark Sides of Leader Traits: A Review and Theoretical Extension of the Leader Trait Paradigm," *The Leadership Quarterly*, Vol. 20, No. 6, 2009, pp. 855—875.

William L. Gardner and Claudia C. Cogliser, "Meso-Modeling of Leadership: Following James G. (Jerry) Hunt's Lead in Integrating Micro- and Macro-Perspectives of Leadership," *The Leadership Quarterly*, Vol. 20, No. 4, 2009, pp. 493—500.

后　记

如果说前言侧重于介绍作者的学术意图，那么后记则可用来表达作者的感谢。

书中的诸多学术观点形成于作者近年来的相关研究。因此，应感谢这些研究的资助方。它们分别是：(1) 心理层面的儒家思想(13FZX004)，国家社会科学基金后期资助；(2) 政府公共问题认知与决策的制度-心理机制(10JJD630015)，教育部人文社会科学重点研究基地重大项目；(3) 公务员职业压力感的制度-文化-心理机制(706711090)，国家自然科学基金；(4) 民众SARS压力感的影响因素、行为后果模型及公共管理对策研究(70340011)，国家自然科学基金。

此书很大程度上是教学的产物。作者一直认为，一部好的大学教材，绝不是泛泛的知识收集，而应有教师的深度学术反思。这当然离不开教学的学术省悟。本人承担不同层级的教学任务，无论本科生还是博士生，对于他们来说，教学过程固然是知识的学习过程，但对本人来说，同样也是“学”与“思”的过程。不同层次的同学们的问题对本书多有启发。因此，也要感谢先后教过的同学们。

本书的前身是2009年科学出版社的《管理心理学》。从书稿成型、出版，再到如今，知识进展和作者的学术体悟已发生了很大变化。本书的风格已由课堂授课式转变为较严谨的学术式表达。但没有第一稿的基础与问题，就没有本书目前的框架与特征。在此，对于上一版有贡献的个人及出版社表示感谢。

这一版书稿能够如此呈现，赖于北京大学出版社徐少燕编辑的悉心组织和武岳编辑的细心审阅，书中有她们的心血，在此一并致谢。

作者谨记

2015年3月8日